陕西省"十四五"职业教育规划教材 GZZK2023–1–112　活页式

网络营销

主　编　王冠宁　杨　涛　郝建朋

北京理工大学出版社
BEIJING INSTITUTE OF TECHNOLOGY PRESS

版权专有　侵权必究

图书在版编目（CIP）数据

网络营销 / 王冠宁, 杨涛, 郝建朋主编. -- 北京：北京理工大学出版社, 2025.1.
ISBN 978-7-5763-4695-4
Ⅰ．F713.365.2
中国国家版本馆CIP数据核字第2025MY5584号

责任编辑：李慧智	文案编辑：李慧智
责任校对：王雅静	责任印制：施胜娟

出版发行 / 北京理工大学出版社有限责任公司
社　　址 / 北京市丰台区四合庄路6号
邮　　编 / 100070
电　　话 / (010) 68914026（教材售后服务热线）
　　　　　 (010) 63726648（课件资源服务热线）
网　　址 / http://www.bitpress.com.cn
版 印 次 / 2025年1月第1版第1次印刷
印　　刷 / 河北盛世彩捷印刷有限公司
开　　本 / 787 mm × 1092 mm　1/16
印　　张 / 17
字　　数 / 368千字
定　　价 / 55.00元

图书出现印装质量问题，请拨打售后服务热线，负责调换

序

2022年党的二十大胜利召开，描绘了全面建设社会主义现代化国家的宏伟蓝图。面对风高浪急的国际环境和艰巨繁重的国内改革发展稳定任务，我国有效应对超预期影响因素冲击，实现了经济平稳运行、发展质量稳步提升。电子商务作为促消费、保民生、稳外贸的重要力量，保持了较强发展势头，在激发经济活力、促进灵活就业、提高发展信心等方面做出了积极贡献。电子商务拉动消费增长的作用持续提升，催生了一批新的职业形态，成为许多年轻人创业的主阵地、增加居民收入的新渠道。电子商务作为数字经济的重点领域，正在向生产端、用户端快速推进。未来，电子商务将在增强我国经济发展韧性、服务构建新发展格局、实现高质量发展中发挥更大的作用。

网络营销是电子商务专业的核心课程，具有重要的理论实践意义。王冠宁教授及团队在电子商务领域已有20余年的工作经历，为了把电子商务专业建设成国家骨干专业、省级一流培育专业、省级重点专业，把电子商务课程建成省级在线开放课程，团队已经积累了较为丰富的研究成果和宝贵的教学经验。

本教材与其他同类型教材相比，具有以下几大特点：

1. 思政引领，内容重构　本教材依专业教学标准、人才培养方案、"岗课赛创证"要求，遵循企业营销流程逻辑，创新"五阶段，渐进式"内容结构，将"能力递进，循环提升"的5个项目23个任务，以党的二十大精神"三进"为目标，按照"五意识四价值三精神"思政主线塑造思政点，形成"基本知识+产业前沿+课程思政"的"三融合"内容体系。

2. 项目导入，任务驱动　以乡村振兴项目为载体，按照网络营销流程进行任务分解，根据岗位、任务和大赛要求、"1+X"证书标准，进行内容的编写，培养学生发现问题、分析问题和解决问题的能力，通过"想一想""做一做""学而思"培养学生自主学习的能力。

3. 立体资源、新形态教材　教材采用活页式展现方式，方便学生随时添加新笔记、新内容。教材配合省级在线开放课程，建立微课视频、电子教案、习题库、试题库、素养园地等多形式、多种类、多终端的数字化立体教学资源库，便于培养学生自主学习、探索学习、碎片化时间学习,易于学生理解掌握应用,实现了"一书一课一空间"的新形态教材建设,服务于"信息技术+""互联网+""智能+"教育新形态。

本教材是王冠宁团队多年研究成果的结晶,系统地阐述了网络营销相关理论和实践操作,实战化项目导引、任务驱动、立体化资源库等特色鲜明,具有较高的学术性和实用性。

相信该书的出版可以对电子商务领域的研究、应用、人才培养起到积极的推动作用。

西安交通大学教授、博导 李琪

2024 年 8 月 23 日

前　言

为了提升高职院校新时代新商科人才培养质量，满足产业转型对高素质、复合型、创新型技术技能型人才需求，国务院印发的《国家职业教育改革实施方案》和教育部的"双高计划"（中国特色高水平高职学校和专业建设计划），要求促进产教融合、校企"双元"育人，坚持知行合一、工学结合，倡导使用新型活页式、工作手册式教材，提供丰富、适用和引领创新作用的多种类型立体化、信息化课程资源，实现教材多功能作用，并构建深度学习的管理体系。

在编写理念上，本教材以习近平新时代中国特色社会主义思想为指导，贯彻落实党的二十大精神，坚持立德树人、思政先行为根本，以产教融合、"岗课赛创证"有机融通为特征，按照校企"双元"开发、依托国家在线开放课程"网络营销"学习平台，较好地满足了线上线下混合式教学需求，通过教材建设大力推进"三教"改革；以乡村振兴项目为载体、遵循企业营销流程逻辑，根据岗位、课程标准、技能大赛和创新创业大赛的要求，按照"1+X"数字营销技术应用职业证书标准、"岗课赛创证"有机融通的编写思路进行设计开发，创新"五阶段，渐进式"内容结构，重构"能力递进，循环提升"的课程内容，培养有思想、能担当、懂技术、精操作、能管理、善运营的新时代新商科优秀人才。

本教材全面系统地介绍了网络营销的相关内容，以够用、实用为原则，依据企业网络营销实施运作流程，进行梳理和重构，分为网络营销基础知识、网络市场规划、网络营销组合策略、网络营销推广策略、网络营销策划方案及效果评估5个项目。每个项目设有知识目标、技能目标、素质目标、思维导图、项目简介、任务描述、任务分析、任务实施、导入案例、素养园地、任务总结、能力训练、项目总结、项目评价、知识回顾等15个栏目，同时有"想一想""做一做""学而思"版块培养学生自主学习的能力，"拓展知识""延伸阅读"和"扫一扫"版块拓宽学生的视野，提供数字化立体教学资源库，为全方位育人奠定教材基础。

本教材具有如下特色：

1. 培根铸魂，融入"五爱教育"

以习主席培根铸魂、启智增慧的精品教材理念为指导，按照"五意识四价值三精神"思政主线，积极宣讲爱党、爱国、爱社会主义、爱人民、爱集体，潜移默化地推进二十大精神进教材、进课堂、进头脑。

2. 内容重构，实现"理实一体"

教材以企业项目贯穿始终，根据实施流程进行任务分解，实现"教学做评理实一体化"。在完成任务中突破知识难点，培养核心技能，提升综合素养；"学而思"拓展了思维广度，"能力训练"和"知识回顾"实现了对知识技能掌握情况、团队协作及探究精神情况和表达能力及综合素质情况的全面考核。

3. 产教融合，融通岗课赛创证

专业教师和企业技术骨干组成校企双元编写团队，促进了"岗课赛创证"有机融通，带入行业前沿知识、新技术、新方法、新模式、新标准、新规范，拓宽学生的视野。

4. 活页形式，丰富立体资源

本教材是国家在线开放课程网络营销的配套教材，采用活页式展现方式，教材建设与课程建设、配套资源开发、信息化技术统筹推进，能够满足混合式教学的新形态一体化教材。学生扫描本页二维码可以进入在线课学习。

本教材由陕西工业职业技术学院王冠宁、杨涛和陕西创鑫会计师事务所（普通合伙）郝建朋经理担任主编，由宝鸡职业技术学院熊爱珍、陕西工业职业技术学院陈会玲和陕西财经职业技术学院刘振华担任副主编，陕西工业职业技术学院张焕、李婷、李思维、陕西国防工业职业技术学院崔健、陕西工商职业技术学院叶大鹏、陕西职业技术学院徐可塑、西安职业技术学院张薇参与了教材中部分内容的编写。具体分工如下：项目一之任务1和项目四之任务6由王冠宁编写，项目一之任务2由崔健编写，项目一之任务3和项目二之任务5由陈会玲编写，项目二之任务1、2由李思维编写，项目二之任务3由熊爱珍编写，项目二之任务4由李婷编写，项目三由刘振华编写，项目四之任务1、2由张薇编写，项目四之任务3由张焕编写，项目四之任务4由叶大鹏编写，项目四之任务5由徐可塑编写，项目五之任务1、2由杨涛编写，项目五之任务3、4、5由郝建朋编写。本教材由王冠宁负责总体策划、统稿和定稿。西安交通大学魏修建三级教授和陕西工业职业技术学院李选芒二级教授对本教材进行了审阅，并提出了宝贵意见。

本教材可作为高职高专院校和成人高校电子商务、国际贸易、市场营销、商务数据分析与应用等专业的教学用书，也可作为电子商务相关从业人员的培训教材。

在编写过程中参考了大量网络营销类书籍和相关资料，在此谨代表教材编写团队向各位相关作者致以诚挚的感谢。由于受能力水平和时间所限，书中难免有疏漏之处，恳请读者批评指正并反馈，团队各成员虚心接受及时改进。

编　者

2024 年 9 月

目 录

项目一　网络营销基础知识 ··· 1

　　任务1　了解网络营销岗位 ··· 2
　　任务2　认识网络营销 ·· 10
　　任务3　网络营销的基本理论 ··· 20

项目二　网络市场规划 ··· 32

　　任务1　了解网络营销环境 ·· 33
　　任务2　熟悉网络商务信息采集 ·· 41
　　任务3　掌握网络市场调研 ·· 50
　　任务4　分析网络市场 ·· 64
　　任务5　掌握网络营销规划 ·· 76

项目三　网络营销组合策略 ··· 89

　　任务1　熟悉网络产品营销策略 ·· 90
　　任务2　掌握网络营销价格策略 ··· 104
　　任务3　熟悉网络营销渠道策略 ··· 112
　　任务4　掌握网络营销促销策略 ··· 119

项目四　网络营销推广策略 ··· 129

　　任务1　认识搜索引擎 ·· 130
　　任务2　网络广告推广 ·· 143
　　任务3　内容营销与新媒体整合推广 ·· 157
　　任务4　微博、微信营销 ··· 169
　　任务5　场景营销和网络视频推广 ··· 181
　　任务6　大数据精准营销 ··· 194

项目五　网络营销策划方案及效果评估 ··· 214

　　任务1　认识网络营销策划方案 ··· 215

任务 2　撰写网络营销策划方案 …………………………………………………… 225
任务 3　实施网络营销策划方案 …………………………………………………… 235
任务 4　网络营销策划方案的实施效果评估 ……………………………………… 242
任务 5　撰写创业策划方案 ………………………………………………………… 250

参考文献 ………………………………………………………………………………… 264

项目一　网络营销基础知识

学习目标

知识目标：

1. 了解网络营销的发展及发展趋势。
2. 熟悉网络营销岗位及岗位能力要求。
3. 掌握网络营销的概念、特征、优势、内容等基本知识。
4. 掌握网络营销的基本理论。
5. 掌握网络营销与传统营销的关系。
6. 掌握网络营销与电子商务的关系。

技能目标：

1. 能够实时收集并分析网络营销发展趋势。
2. 能够根据网络营销岗位要求，结合自身情况规划自己的职业发展。
3. 能够将网络营销与传统营销进行融合。

素质目标：

1. 树立网络营销岗位的规划意识。
2. 培养创新意识和市场意识。
3. 提升融合理念（网络营销与传统营销的融合，第一、二、三产业融合）。

思维导图：

```
网络营销基础知识
├── 任务1 了解网络营销岗位
│   ├── 知识点 ── 了解网络营销发展
│   │         ── 熟悉网络营销岗位
│   │         ── 介绍互联网营销师与职业规划
│   ├── 技能点 ── 职业规划、岗位职责
│   └── 素养点 ── 实事求是、团队协作
└── 任务2 认识网络营销
    ├── 知识点 ── 掌握网络营销概念与内容
    │         ── 熟悉网络营销的特点与优势
    │         ── 了解网络营销的基本职能与目的
    │         ── 分析网络营销与传统营销
    │         ── 认识网络营销与电子商务关系
    │         ── 熟悉网络营销的模式
    ├── 技能点 ── 网络营销基本内容，网络营销模式
    └── 素养点 ── 创新意识、融合思维
```

项目简介：

西安市临潼区斜口街道白鹿观村地处半山区，全村辖区面积30平方公里，现有村民小组22个，截止到2023年村中有贫困户一百多户。辖区村民的主要经济来源以种植石榴和樱桃为主，村内另有湖畔星空露营地、半山星空露营地、灵泉山居民宿等热门景点，初步高架起农旅模式。从现状出发，该村希望通过电子商务将第一产业和第三产业融合发展，提高农户收入，促进集体经济发展。

任务1　了解网络营销岗位

任务描述：

根据该村现状及产业情况，该村希望通过网络营销将该村的农产品进行推广宣传，促进第一产业和第三产业融合，打造形成农旅结合新型产业形式，反哺集体经济。项目目标分解后，调研、撰写商业计划书。

任务分析：

1. 了解网络营销的发展趋势及网络营销岗位。
2. 分析网络营销有哪些优势及提供哪些内容。
3. 熟悉网络营销的模式。

任务实施：

网络营销岗位

活页式教学设计及反馈表			
授课对象 姓名 学号		本任务课时数	2
教学环境	机房、实训室	实操任务数	1
任务内容			
教学内容	了解网络营销发展的趋势、网络营销岗位和互联网营销师的成长要求。根据市场人才需求，结合自身优劣势进行自我分析，制定合理的学习目标，为实现自己的职业规划目标做好准备，形成适合学生自身发展的职业规划		

续表

实践内容	1. 搜集网络营销相关岗位类型 2. 分析网络营销相关岗位的技能要求、素养要求 3. 制作项目团队岗位职责PPT
课前准备	
导入案例	分析《2022年度中国电子商务人才状况调查报告》
技能基础	1. 分析关键词 2. 复习如何能够快速准确地利用搜索引擎进行信息查询和收集 3. 回顾如何利用Excel进行数据分析 4. 回顾如何制作PPT
学习准备	以小组为单位进行课前分析
学习重难点	
学习重点	1. 分析关键词 2. 进行信息的搜索、分析、整理、归纳 3. 制作PPT
学习难点	1. 分析自身优劣势,制定合理的学习目标,逐渐完善自己的职业规划 2. 项目岗位设置、制定岗位职责
课堂与课后	
点亮课堂表现 自评星级	☆☆☆☆☆
课后疑问记录	

导入案例:

据《2022年度中国电子商务人才状况调查报告》显示,2022年直播生态发生巨大变化。从统计来看,一类是主播(助理)、网红、达人方向的人才,一类是淘宝、天猫等平台的传统运营人才,一类是新媒体、内容创作、社群方向的人才,是企业迫切需要的三类人才。环比2021年数据,电商企业呈现两极分化现象:一方面新媒体从业人数占10%以下的企业占比在增加,同时新媒体从业人数占比30%以上的企业从17.82%上升为24.75%,说明传统电商模式向社群电商转型,存在较高的门槛。

(资料来源:网经社电子商务研究中心)

导入案例	
小组讨论问题:目前企业所需的网络营销人才应该具备哪方面的技能和职业素养?企业最关注的职业素养有哪些?	讨论草稿区:

步骤1：了解网络营销发展

想一想

我国网络营销的发展经历了几个阶段？

做一做

1994年10月27日，网络广告正式诞生，这标志着网络营销时代正式开启。1995年7月，全球最著名的网上商店亚马逊的正式成立，标志着网络开启线上销售业务范畴。1997年是中国网络营销的诞生年，中国网络营销的发展历程可以分为四个阶段。

一、网络营销的传奇阶段（1997年之前）

在1997年以前，中国已经有了互联网，但那个时候的互联网主要是为政府单位、科研机构所使用，还未用于商业，直到1996年，中国企业才开始尝试着使用互联网。此时网络营销的特点是：网络营销概念和方法不明确，绝大多数企业对上网几乎一无所知，是否产生效果主要取决于偶然因素。

二、网络营销的萌芽阶段（1997—2000年）

1997—2000年是我国网络营销的开始阶段。随着互联网在企业中广泛使用，电子商务呈现快速发展的趋势，越来越多的企业开始注重网络营销，发现了蕴藏在互联网中的商机，发现了互联网平台能够带来利润。

三、网络营销的应用和发展阶段（2001—2015年）

网络营销服务市场初步形成，企业网站建设发展迅速，专业化程度越来越高；网络广告形式不断创新，应用不断发展；搜索引擎营销向更深层次发展，形成了基于自然检索的搜索引擎推广方式和付费搜索引擎广告等模式；网络论坛、博客、RSS、聊天工具、网络游戏等网络介质不断涌现和发展。

四、网络营销多元化与生态化阶段（2016年之后）

2016年后新的网络营销平台和资源不断涌现，新旧网络营销方法日趋融合，网络营销的发展逐渐呈现思维生态化和多元化环境两个趋势。

学而思

目前网络营销主要应用在哪些方面？

步骤2：熟悉网络营销岗位

想一想

网络营销通常设置哪些岗位？各岗位的技能和素质要求分别是什么？

做一做

网络营销的岗位主要分为商务、技术、综合管理三大类。

一、商务类人才岗位

1. 企业网络营销业务（代表性岗位：网络营销人员）。利用网站为企业开拓网上

扫一扫：网络营销发展

拓展知识：网络营销事件

扫一扫：岗位描述1

业务、网络品牌管理、客户服务等工作。

2. 网上国际贸易（代表性岗位：外贸电子商务人员）。利用网络平台开发国际市场，进行国际贸易。

3. 新型网络服务商的内容服务（代表性岗位：网站运营人员或主管）。负责频道规划、信息管理、频道推广、客户管理等。

4. 电子商务支持系统的推广（代表性岗位：网站推广人员）。负责销售电子商务系统和提供电子商务支持服务、客户管理等。

5. 电子商务创业。借助电子商务这个平台，利用虚拟市场提供产品和服务，又可以直接为虚拟市场提供服务。

二、技术类人才岗位

1. 电子商务平台设计（代表性岗位：网站策划或编辑人员）。从事电子商务平台规划、网络编程、电子商务平台安全设计等工作。

2. 电子商务网站设计（代表性岗位：网站设计或开发人员）。从事电子商务网页设计、数据库建设、程序设计、站点管理与技术维护等工作。

3. 电子商务平台美术设计（代表性岗位：网站美工人员）。从事平台颜色处理、文字处理、图像处理、视频处理等工作。

三、综合管理人才岗位

1. 电子商务第三方平台综合管理（代表性岗位：电子商务项目经理）。要求既对计算机、网络和社会经济都有深刻的认识，而且又具备项目管理能力。

2. 企业电子商务综合管理（代表性岗位：电子商务部门经理）。从事企业电子商务整体规划、建设、运营和管理等工作。

步骤3：介绍互联网营销师与职业规划

想一想

如何做自己的职业规划？

做一做

一、互联网营销师

互联网营销师是指在数字化信息平台上，运用网络的交互性与传播公信力对企业产品进行多平台营销推广的人员。互联网营销师主要有直播销售员、选品员、视频创推员、平台管理员四大工种。

二、职业技能等级划分

根据《数字营销技术应用职业技能等级标准》（2021），技能等级分为3个等级：初级、中级、高级。

三、互联网营销师工作任务

1. 研究数字化平台的用户定位和运营方式，以及市场行情和竞品动态。

2. 接受企业委托，对企业资质和产品质量等信息进行审核。

延伸阅读：我国网络营销的发展阶段

扫一扫：岗位描述2

拓展知识：网络营销的岗位描述

延伸阅读：2023年度中国电子商务人才状况调查报告

拓展知识：数字营销技术应用职业技能等级标准

3. 选定相关产品。设计策划营销方案，制定佣金结算方式。

4. 搭建数字化营销场景。通过直播或短视频等形式对产品进行多平台营销推广。

5. 提升自身传播影响力。加强用户群体活跃度，促进产品从关注到购买的转化率。

6. 签订销售订单，结算销售货款。

7. 负责协调产品的售后服务。

8. 采集分析销售数据，对企业或产品提出优化性建议。

9. 制定营销策略。根据公司的业务目标和市场情况，制定相应的营销策略，包括品牌推广、产品推广、渠道推广等。

10. 进行市场调研。了解目标客户的需求和行为习惯，分析竞争对手的营销策略和市场表现，为制定营销策略提供数据支持。

11. 制订营销计划。根据营销策略，制订具体的营销计划，包括广告投放、促销活动、社交媒体营销等。

12. 实施营销活动。负责营销活动的实施和监控，包括广告投放、促销活动、社交媒体营销等，确保营销活动的效果达到预期目标。

13. 分析营销数据。对营销活动的效果进行分析和评估，根据数据结果调整营销策略和计划，提高营销效果。

14. 维护客户关系。与客户保持良好的沟通和合作关系，提高客户满意度和忠诚度，促进业务增长。

四、职业规划的制订

1. 认清自己的现状。可以从职业爱好、职业特长、工作能力、性格特点、价值观、主要优缺点这几个方面进行分析，也可以使用 MBA 的战略分析工具"SWOT 方法"来对自己进行分析。

2. 确定自己的奋斗目标。可以从"3 个 10"来考虑：

（1）10 天内我要达成什么目标？

（2）10 个月内我要达成什么目标？

（3）10 年内我要达成什么目标？

目标分为短、中、长期目标；又可分为岗位目标、职务目标、经济目标、成就目标。目标分类如表 1-1 所示。

表 1-1 目标分类

目标	内容
岗位目标	希望在什么岗位工作
职务目标	希望获得什么职位
经济目标	希望取得的经济收益
成就目标	希望取得的社会认可

做了以上的分析后，请观察 10 天内的目标和 10 个月内的目标是否有助于达成 10 年内的目标。如果不是，要重新进行选择；如果是，那就坚持下去吧！

3. 分析现状与目标的差距。当完成前面的两项功课，会发现自己的现状与目标差距很大，越是长期的目标越看似不可能实现。这时，要明白人类的天性会"高估现在，低估未来"，所以，不要被自己的目标吓到，要找出自己现状与目标的差距。

4. 制定行动方案，找出减少差距的方法。方案通常分为3个部分：

（1）寻找能够帮助实现目标的行业、企业与岗位。不要怕找不到，而放弃努力，记住，只要你目标明确，不断坚持，最终一定会得偿所愿。

（2）培训自己的技能，提升自我价值。可以在工作中学习，也可以选择培训班学习，所谓"活到老，学到老"。

（3）寻求帮助。寻找可以帮助实现长期目标的贵人、时机。

5. 开始行动。行动所要面对的就是"不确定性"。在寻找工作的过程中，每个人都会遇到许多工作机会，这些所谓的机会有的也许会让你偏离自己的方向，有的看似一般，却可能让你通向成功，需要仔细进行甄别。

所谓的职业规划就是：认识自己→明确目标→发现差距→制定方案→开始行动。当然知易行难，想得好不如做得好。职业规划在执行的时候，既要能够坚持既定方针，又要根据现实情况做出调整，掌握好"度"很重要。

> **学而思**
> 职业规划的步骤有哪些？写出自己的职业规划。

素养园地：

职业规范——爱岗敬业

职业规范是个人所从事职业内的行业道德，它包含了我们的公共道德，并在此基础上添加了各个行业内的基础准则。职业行为规范要求如下：（1）爱岗敬业，忠于职守；（2）诚实守信，宽厚待人；（3）办事公道，服务群众；（4）以身作则，奉献社会。

爱岗敬业是爱岗与敬业的总称。爱岗和敬业互为前提，相互支持，相辅相成。爱岗是敬业的基石，敬业是爱岗的升华。爱岗敬业指的是忠于职守的事业精神，这是职业规范的一部分。爱岗就是热爱自己的工作岗位，热爱本职工作。敬业就是要用一种恭敬严肃的态度对待自己的工作。爱岗敬业其实是人类社会中普遍的奉献精神。

任务总结：

完成本次任务，掌握网络营销发展趋势；了解网络营销的岗位职责及互联网营销师的标准；逐渐完善自己的职业规划，同时学会根据项目设定岗位并组建团队。

学习笔记

能力训练 1-1：

组建白鹿观村项目网络营销团队

实训计划活页				___年___月___日
实训名称	白鹿观村项目网络营销团队		团队名称	
实训目的	1. 了解网络营销的岗位职能 2. 根据项目要求设置岗位 3. 组建项目网络营销团队		任务准备	请团队成员先分析自身的优劣势及兴趣，了解项目的要求
素养目标	实事求是、团队协作			
实训任务	1. 通过各大招聘平台了解网络营销的岗位有哪些，以及每个岗位的职责 2. 对收集到的岗位信息进行分析、整理、归纳 3. 分析自身的优劣势，根据岗位职责，制定自己的学习目标 4. 完成白鹿观村项目网络营销团队组建并整理成 PPT，内容包含三部分：展示项目设置的岗位及岗位职责，团队成员、成员分工及职责，自己的学习目标等			
实训评价标准	1. PPT 的美观程度、布局、展示方式（30 分） 2. 内容的完整程度（30 分） 3. 实事求是的自我分析（20 分） 4. 学习目标的制定（20 分）			
实训评价	对内自评	小组互评		老师评价

白鹿观村项目营销团队组建方案

制定学习目标

任务 2 认识网络营销

任务描述：

根据该村现状及产业情况，该村希望通过网络营销将该村的农产品进行推广宣传，促进第一产业和第三产业融合，打造形成农旅结合的新型产业形式，反哺集体经济。根据项目特点和现状，分析制定网络营销模式，撰写网络营销模式方案。

任务分析：

1. 了解网络营销产生的环境和网络营销的概念、特点和目的、内容及优势。
2. 掌握网络营销的基本职能。
3. 分析网络营销和传统营销、电子商务的关系。
4. 熟悉网络营销的模式。

任务实施：

认识网络营销

活页式教学设计及反馈表				
授课对象 姓名 学号			本任务课时数	4
教学环境	机房、实训室		实操任务数	1
任务内容				
教学内容	掌握网络营销的概念和内容，熟悉网络营销的特点与优势，了解网络营销的基本职能与目的，分析网络营销与传统营销、电子商务的关系，熟悉网络营销的模式。根据教学内容分析白鹿观村项目的网络营销内容，正确选择网络营销的模式			
实践内容	1. 搜集白鹿观村项目中网络营销的内容 2. 分析网络营销的模式及相关要求 3. 制作网络营销模式方案的 PPT			
课前准备				
导入案例	麦当劳打造网络营销新玩法			
技能基础	1. 分析网络营销与电子商务的关系 2. 复习网络营销的内容、特点和优势 3. 理解网络营销的基本职能和目的 4. 科学选择网络营销的模式 5. 回顾如何制作 PPT			
学习准备	以小组为单位进行课前分析			

项目一　网络营销基础知识

续表

学习重难点	
学习重点	1. 网络营销的特点和目的 2. 网络营销模式 3. 网络营销与电子商务、传统商务的关系
学习难点	1. 分析网络营销的内容，准备找出其优势，制定科学合理的网络营销模式 2. 白鹿观村项目网络营销的内容及其优势分析、制定网络营销模式方案
课堂与课后	
点亮课堂表现自评星级	☆☆☆☆☆
课后疑问记录	

导入案例：

麦当劳打造网络营销新玩法

"樱花甜筒跑酷0元抢"是麦当劳在中国"O2O 模式"探索的新尝试。在百度地图上的麦当劳标志旁，出现的一支粉色冰激凌是麦当劳为新推出的樱花口味圆筒冰激凌量身定制的活动。

根据麦当劳提供的数据，这个在"十一"假期开展的为期10天的活动，获得了超过 2 000 万人次的页面访问量，50 多万次分享。在社交媒体上，获得了近 7 000 万人次的阅读量，并登上了新浪微博的搜索热门排行榜。

导入案例	
小组讨论问题：麦当劳都采用过哪些营销模式，各自的特点是什么？	讨论草稿区：

步骤1：掌握网络营销概念与内容

想一想

网络营销的内容包括哪些？

做一做

一、网络营销的概念

从营销的角度出发，网络营销可以定义为：网络营销是建立在互联网基础之上，

· 11 ·

学习笔记

拓展知识：
网络营销
正确理解

扫一扫
网络营销定
义与内容

拓展知识：
五粮液——
网络营销
案例

扫一扫：
网络营销特
点与优势

借助于互联网来更有效地满足顾客的需求和欲望，从而实现企业营销目标的一种手段。网络营销贯穿于企业经营的整个过程，包括市场调查、客户分析、产品开发、生产流程、销售策略、售后服务和反馈改进等环节。

二、网络营销的内容

网络营销作为新的营销方式和营销手段，内容非常丰富。一方面网络营销要为企业提供有关网上虚拟市场的消费者的特征和个性化需求；另一方面网络营销要在网上开展营销活动以实现企业的目标。网络营销的主要内容可以概括为以下几点：

①网络市场调研；②网络消费者行为分析；③网络营销策略制定；④网上产品和服务策略；⑤网上价格营销策略；⑥网上渠道选择与直销；⑦网上促销与网络广告；⑧网络营销管理与控制。

步骤2：熟悉网络营销的特点与优势

> 学而思
>
> 对白鹿观村项目中某个景点做网络营销时应该具备哪些内容？

想一想

如何确定网络营销的优势？

做一做

一、网络营销的特点

网络营销虽然本质上是营销，但由于其引入了网络和信息技术，因此它具备与传统营销不同的特性。

网络营销的特点有：①跨时空；②多媒体；③成长性；④交互式；⑤人性化；⑥经济性；⑦技术性；⑧高效性；⑨整合性；⑩超前性。

二、网络营销的优势

（一）网络营销与传统营销相比具有的优势

网络营销相比传统营销具有以下优势：①传播范围广；②交互性强；③针对性强；④受众数量可准确了解；⑤实时、灵活、成本低；⑥强烈的感官体验。

（二）网络营销优势具体体现在四个方面

传统营销的精髓集中在4P（产品、价格、渠道、促销）策略，而网络营销也有其营销组合。由于因特网本身的独特性，企业开展网络营销方式与传统营销方式差异很大，具有传统营销不可比的优势。

1. 产品方面。网络利用计算机的声、像及多媒体等功能将产品的性能、特点、品质以及为用户提供的服务展示出来。网络营销既可以满足消费者的个人需求，又能使消费者更大范围地选择产品。

2. 价格方面。网上产品的价格具有传统营销不可比拟的价格优势。网络营销中价格策略的制定，应当充分考虑每个消费者的价值观，消费者购物基本属于理智型，价格是否合适取决于其价值理念。企业要充分掌握消费者购买信息，使买卖双方能够充分相互沟通。价格策略的制定主要做法如下：

（1）提供价格查询。客观准确地提供同类产品或相关产品的不同厂商的价格目录，便于消费者了解行情及市场总体水平，为其做出理性判断提供必要信息。

（2）开发自动调价和智能议价系统。自动调价系统可根据季节、市场供求、促销状况等调整价格水平；智能议价系统是给消费者提供一个在网上直接协商价格的环境，以满足其心理需要。

（3）设立价格讨论区。对企业新上市的产品，可以通过该区了解消费者普遍接受的价格，为制定和调整产品的价格策略提供参考。

3. 渠道方面。由于网络本身就是渠道的最佳形式，整个交易过程都在"鼠标点击"过程中完成，网络营销可以实现消费者与厂商直接沟通，方便消费者购买，同时信息反馈也更加及时。渠道策略的制定主要做法如下：

（1）设立产品展示区。对产品的图像进行电脑技术设计，通过立体形象的声、影、形、色等虚拟的产品橱窗展现在网络用户面前，并且根据各国文化、季节等需要可以 24 小时为客户提供服务。

（2）选择合适的销售代理。网络营销面对全球顾客，企业可以在各国建立相应的销售代理网点，以保证销路畅通、按时送货。

（3）网络营销与银行结算联网，开发网络结算系统。将网上销售的结算与银行转账系统联网，使消费者能够轻松地在网上购物、网上结算。

4. 广告和促销方面。传统营销是单向的，同时企业成本也较高；而网络促销主要借助网络广告，企业可以根据消费者群体在互联网的浏览路径或者消费习惯，有针对性地将信息传输给消费者，使广告辐射到全球每个角落，并与消费者建立"一对一"的联系。

步骤3：了解网络营销的基本职能与目的

想一想

网络营销的基本职能有哪些？

做一做

一、网络营销的基本职能

实践证明，网络营销可以在网络品牌提升、网站推广、信息发布、销售促进、网络销售、客户服务、客户关系和网上调研这八个方面发挥作用。这八种作用也就是网络营销的八大职能，网络营销策略的制定和各种网络营销手段的实施也以发挥这些职能为目的。

1. 网络品牌提升。网络营销的重要任务之一，是在互联网上建立并推广企业的品牌。知名企业的线下品牌可以在网上得以延伸；一般的企业则可以通过互联网快速树立品牌形象，并提升企业整体形象。

2. 网站推广。网络营销最基本的职能之一，基本目的就是让更多的用户对企业网站产生兴趣并通过访问企业网站内容、利用网站的服务来达到提升品牌形象、促进销售、增进与顾客的关系、降低为顾客服务的成本等效果。

3. 信息发布。信息发布也是网络营销的基本职能，信息发布需要一定的渠道资源，这些资源可分为内部资源和外部资源。

延伸阅读：流量统计对营销的作用

扫一扫：网络营销的基本功能

内部资源包括企业网站、官方 App、第三方网络平台、微博、微信公众平台及用户电子邮箱等。

外部资源包括新闻网站、行业网站、搜索引擎、供求信息发布平台、网络广告服务资源、百度百科、问答平台、合作伙伴的网络营销资源等。

4. 销售促进。营销的基本目的是为增加销售提供帮助，网络营销也不例外，大部分网络营销的方法都与促进销售有直接或间接的关系，但促进销售的方式并不仅限于网上销售。

5. 网络销售。一个具备网络交易功能的企业网站本身就是一个网上交易场所，网络销售是企业销售渠道的延伸。

6. 客户服务。互联网提供了更加方便服务客户的手段，包括从形式最简单的常见问题解答（FAQ）到电子邮件、邮件列表、在线论坛以及各种即时信息服务等。线上客户服务具有成本低、效率高的优点，在提高客户服务水平方面具有重要作用，客户服务也会直接影响网络营销的效果。

7. 客户关系维护。良好的客户关系是网络营销取得成效的必要条件。网站的交互性、客户参与方式等，在开展客户服务的同时也增进了其客户关系。客户关系是与客户服务相伴产生的一种联结，良好的客户服务才能带来稳固的客户关系。

8. 网上调研。企业通过在线调查表或者电子邮件等方式在网上进行调研。相对传统市场调研，网上调研具有高效率、低成本的特点。因此，网上调研成为网络营销的主要职能之一，具有调研周期短、成本低的特点。网上调研不仅为制定网络营销策略提供支持，也是整个市场研究活动的辅助手段之一。

二、网络营销的目的

网络营销已成为产品和服务的主战场，企业从网络中获取巨大的资源和潜力，同时也面对世界范围内的竞争和商业经营模式转型带来的冲击、机遇和挑战。

1. 宣传企业品牌。可以从企业宗旨、历史、产品质量认证、企业荣誉、社会责任、形象代言人等多个角度，通过多种渠道的网络媒体进行宣传，树立企业品牌形象。

2. 吸引新顾客。根据目标市场、客户特点，针对性地选择宣传渠道平台。例如通过旗舰店、经销商、抖音等网络平台来拓宽网络销售的宽度和深度，吸引更多的新客户。

3. 提高转化率。在网络平台上，顾客可以完全自主、自由地决定在什么地点、时间进行交易，加之七日无理由退换货、第三方平台保障等机制，使网络营销的便捷性、可靠性和宽松感优于线下平台，大大提高了消费需求的转化率，增加了成交量。

4. 增加曝光率。网络时代是"眼球经济"时代，同质化产品竞争激烈的今天，首先要让别人看到"你"、记住"你"，这就需要高频度曝光率。

5. 增加用户的黏性和活跃度。通过网络营销可以增加用户的黏性。首先，企业要做好联机服务，提供高水准的客服；其次，要注意做好企业网站维护；再次，要用"好事件"营销，做好网络公关，树立企业的正能量。

综上所述，网络营销只是企业营销的一种模式而已，其目的和传统营销一样，就是开拓市场，增加盈利。为了持续地获取网络营销的红利，就必须用好网络资源，树

扫一扫：
网络营销的目的

立企业和产品形象，投其所好，增加消费者对企业的黏度和好感度。

步骤4：分析网络营销与传统营销

想一想

网络营销与传统营销的关系是怎样的？

做一做

网络营销和传统营销融合在一起，使其相互影响、相互补充、相互促进，使网络营销真正为企业服务。

一、网络营销市场要素发生了变化

1. 消费主体的变化。
2. 消费者购买力的改变。
3. 消费者购买欲望的改变。

二、网络营销对传统营销产生的冲击

（一）网络营销对传统营销策略的冲击

1. 对产品策略的冲击。
2. 对定价策略的冲击。
3. 对传统营销渠道的冲击。
4. 对传统促销活动的冲击。

（二）对传统营销方式的冲击

1. 对顾客关系的影响。
2. 对营销战略的影响。
3. 对企业跨国经营战略的影响。

（三）对营销组织的影响

1. 对企业内部结构的影响。
2. 对企业内部作业方式的影响。

步骤5：认识网络营销与电子商务关系

想一想

网络营销与电子商务的关系是怎样的？

做一做

一、网络营销与电子商务的关系

网络营销是电子商务中的一个重要环节。

（一）网络营销是电子商务的组成部分

网络营销要解决的问题是电子商务信息流与客户之间的双向沟通的问题，因而它是电子商务的重要组成部分。

> **学而思**
> 白鹿观村项目中网络营销的职能有哪些？

扫一扫：网络营销与传统营销

> **学而思**
> 网络营销与传统营销的消费主体发生了哪些变化？

延伸阅读：网络营销与传统营销的关系

拓展知识：鲁班的故事

扫一扫：网络营销与电子商务的关系

（二）网络营销推进电子商务

网络营销是推进我国企业电子商务进程的最重要、最直接的手段。

二、网络营销与电子商务的区别

电子商务与网络营销是一对紧密相连又具有明显区别的关系，初次涉足网络营销的人很容易对这两个概念产生混淆，因此，对于电子商务与网络营销的区别可以从以下两方面考虑：

1. 网络营销与电子商务的研究范围不同。电子商务的内涵很广，其核心是电子化交易，强调交易方式和交易过程的各个环节；而网络营销注重以互联网为主要手段的营销活动。根据对网络营销和电子商务的论述，发生在交易过程中的网上支付以及交易后的商品配送等问题，并不属于网络营销的范围；同样，电子商务体系中所涉及的安全、法律等问题也不是全部包括在网络营销中。

2. 网络营销与电子商务的关注点不同。网络营销的工作重点在于交易阶段前的宣传和推广，电子商务的工作重点则是实现电子化交易。网络营销是企业整体营销战略的一个组成部分，网络营销本身并不具有完整的商业交易流程，而是为促成交易提供的一种营销手段，起信息传递作用，是电子商务中的一个重要环节；而电子商务可以看作是网络营销的高级阶段。一个企业在没有完全开展电子商务之前，可以开展不同层次的网络营销活动。

步骤6：熟悉网络营销模式

想一想

网络营销模式有哪些？

做一做

一、网络销售

网络销售模式主要适合那些原来做服装、化妆品、珠宝饰品、食品、日化用品、玩具、家居类、母婴、文体书籍、家电数码、保健等快销品或其他类型的企业。一般来说，这些品类是单一品牌或者几个品牌，这类品牌商或者生产商都是可以借助网络直接实现交易的，也可以在网上开展网络分销，招募小卖家或者店铺来网络代理销售。当然，在网络上销售汽车等大宗商品也是有可能的。

网络销售类企业核心是销售转化率，需要从供应链整体提升。从产品质量、产品规划、品牌规划、网站（网店）平台、商品运营、促销活动、网络推广、仓储物流、财务评估等方面全方位地规划好，才能提升效果。

二、招商加盟和贸易批发

招商加盟与贸易批发是消费品类分销的传统企业模式，这些销售模式是利用网络来找代理商、批发商、经销商和销售商，或是项目连锁加盟以及对外贸易等通过网络来寻找联系目标客户。另外，连锁加盟、代理批发渠道商都可以借助网络获得更快发展。

该模式的核心是网站，网站的销售情况与客户体验都决定了最终的转化率。当然

延伸阅读：
网络营销
基础理论
形成

网站推广和线下约谈时的销售也是关键环节。该模式的网络传播策略：一是立足搜索引擎；二是寻找目标客户群主动传播推广；三是借助行业平台或者 B2B 平台。

三、线上沟通 + 线下成交

一般来说，提供中介服务、直接服务和大宗工业品的销售采购等类型的传统企业都属于线上沟通与线下成交相结合的类型。

该模式在形式与策略上都和招商加盟或者贸易批发模式相似。基本来说，线上很难直接成交，需要多次沟通或者线下沟通才能成交。招商加盟与贸易批发最大区别在于招商加盟的对象不是最终使用者，并且存在多次销售的情况，目标对象的目的是赚钱。而贸易批发的目标对象不管是企业还是个人，都是最终使用者，虽然存在后续服务，但一般都是一次销售（有的类型有重复购买或者转介绍购买）。

四、品牌传播推广

品牌传播推广的主要目的是通过网络传播品牌价值以及辅助线下销售。一般大众消费品类的企业都适合该模式，比如汽车厂商及众所周知的王老吉案例等。出于企业自身的某种考虑或者线上成交难等原因，他们把网络当作媒介，而不是电子商务平台来看。

这类企业主要通过门户平台广告、互动活动、话题炒作或者微信、SNS、微博等工具和方法来扩大品牌影响力。网络是有别于传统媒体的平台，互动和话题是网络传播的核心，深入研究网民心理和网络文化是该模式的核心。

> **学而思**
>
> 白鹿观村项目发展过程中运用哪些的网络营销模式呢？

拓展知识：网络事件营销——星巴克猫爪杯案例（圣杯之战）

素养园地：

商道：守法经营

《增广贤文》有曰：君子爱财，取之有道。这个"道"在市场经济中就是以法律为底线。

网络营销违法案件的背后是"魔高一尺，道高一丈""法网灰灰，疏而不漏"。

在网络营销中，一定要遵守广告法、产品质量法、反不正当竞争法、消费者权益保护法等相关法律规定，不做虚假宣传，依法依规诚信经营。否则，必将被顾客抛弃，或将受到法律制裁。

任务总结：

完成本次任务，掌握网络营销的特点和优势；熟悉网络营销的内容和模式；逐渐完善白鹿观村项目发展规划；同时能够根据项目的特点设定网络营销内容和模式并组建团队。

能力训练 1-2：

分析白鹿观村项目网络营销模式

实训计划活页			____年____月____日	
实训名称	白鹿观村项目网络营销模式		团队名称	
实训目的	1. 熟悉网络营销的特点、内容 2. 理解网络营销与传统营销、电子商务的关系 3. 掌握网络营销的常用模式 4. 根据项目进行网络营销模式的选择		任务准备	了解白鹿观村乡村振兴项目，根据项目特点进行模式分析
素养目标	实事求是、团队协作			
实训任务	1. 通过各大网络平台及成功案例了解网络营销的内容 2. 对收集到的网络营销内容的信息进行分析、整理、归纳 3. 分析自身的优劣势，根据网络营销的内容，制定自己的目标 4. 完成白鹿观村项目网络营销模式的选择并整理成 PPT，内容包含三部分：项目开展的内容、网络营销的模式、制定网络营销方案等			
实训评价标准	1. PPT 的美观程度、布局、展示方式（20 分） 2. 内容的完整程度（30 分） 3. 求真务实的做事态度（20 分） 4. 网络营销内容及模式方案的制定（30 分）			
实训评价	对内自评		小组互评	老师评价

白鹿观村项目网络营销模式

制定学习目标

任务 3　网络营销的基本理论

任务描述：

根据白鹿观村现状及产业情况，通过网络营销模式，借助于网络营销的基本理论对该村进行推广宣传，促进第一产业和第三产业融合，打造农旅结合的新型产业形式，反哺集体经济。根据项目的特点和现状，选择适合本项目的理论依据做支撑，并撰写网络营销方案。

任务分析：

1. 理解整合营销理论、软营销理论。
2. 掌握长尾理论和二八定律。
3. 熟练应用网络营销的基本理论。

任务实施：

网络营销基本理论

活页式教学设计及反馈表			
授课对象 姓名 学号		本任务课时数	2
教学环境	机房、实训室	实操任务数	1
任务内容			
教学内容	要求通过教学内容掌握整合营销理论、软营销理论、长尾理论以及二八理论。其中，前两项内容熟悉即可，后两项内容要求同学们掌握其理论内涵，并能学以致用		
实践内容	1. 搜集分析长尾理论、二八理论著名案例 2. 搜集分析成功的营销软文广告 3. 制作项目团队长尾理论调研报告 PPT		
课前准备			
导入案例	从 Google 运营模式成效，引导学生对长尾理论的学习兴趣		
技能基础	1. 分析关键词 2. 复习网络营销的基本职能 3. 回顾 4Cs 理论 4. PPT 制作技巧		
学习准备	以小组为单位进行课前分析		

续表

学习重难点	
学习重点	1. 分析关键词 2. 对信息进行搜索、分析、整理、归纳 3. 制作 PPT
学习难点	1. 长尾理论、二八理论内在机理及其在网络营销中的应用 2. 软营销在网络营销中的运用
课堂与课后	
点亮课堂表现 自评星级	☆☆☆☆☆
课后疑问记录	

导入案例：

Google（见图 1-1）是一个最典型的长尾公司，以占据了 Google 半壁江山的 AdSense 为例，其发展过程就是把广告商和出版商的"长尾"商业化的过程。以小企业和个人为例，此前他们从未打过广告，或从没大规模地打过广告，他们小得让广告商们不屑，甚至连他们自己也未曾想过可以打广告。但随着 Google 的 AdSense 服务把广告这一门槛降下来后，广告不再高不可攀。一方面，它是自助的、价廉的，谁都可以投放；另一方面，对成千上万的 Blog 站点和小规模的商业网站来说，在自己的站点放上广告已成举手之劳。Google 将这些数量众多的群体汇集起来，通过为其提供个性化定制的广告服务，形成了非常可观的经济利润。Google 目前有一半的生意来自这些小网站而不是搜索结果中放置的广告。数以百万计的中小企业代表了一个巨大的长尾广告市场。这条长尾能有多长，恐怕谁也无法预知。如果 Google 只是将市场的注意力放在 20% 的大企业身上，那么很难创造如今的辉煌。

图 1-1　谷歌 LOGO

导入案例	
请分析一下 Google 公司的"长尾"是指其哪部分的业务？并思考白鹿观村如何打造"长尾"？	讨论草稿区：

步骤1：熟悉整合营销理论

想一想

以白鹿观村为例，思考整合营销理论在网络营销中是如何运用的？

> **做一做**

一、整合营销的理论概念

整合营销理论（Integrated Marketing Communication，IMC）以消费者为核心重组企业行为和市场行为，综合协调地使用各种形式的传播方式。以统一的目标及传播形象，传递产品信息，实现与消费者的双向沟通；树立产品品牌在消费者心目中的地位；建立产品品牌与消费者长期密切的联系，使其更有效地达到广告传播和产品行销的目的。

二、整合营销的内容

一般来说，整合营销包含两个层次的整合：一是水平整合，二是垂直整合。

（一）水平整合

信息内容、传播工具及要素资源这3个方面组成了整合营销的水平层次。

1. 信息内容的整合。企业与消费者的所有有接触的活动，无论其方式是媒体传播还是其他营销活动，都是在向消费者传播信息。企业将所有这些信息内容进行整合，根据企业目标，对消费者传播信息。

2. 传播工具的整合。为达到信息传播效果的最大化，节省企业的传播成本，企业对各种传播工具进行整合。根据不同类型顾客接受信息的途径，衡量各个传播工具的传播成本和传播效果，找出最有效的传播组合。

3. 要素资源的整合。企业的一举一动、一言一行都是在向消费者传播信息，因此传播不仅仅是营销部门的任务，也是整个企业所要担负的责任。对企业的所有与传播有关联的资源（人力、物力、财力）整合也可以说是对接触管理的整合。

（二）垂直整合

垂直整合包括市场定位、传播目标、4P以及品牌形象的整合四个方面。

1. 市场定位的整合。任何一个产品都有自己的市场定位，这种定位是基于对市场细分以及企业的产品特征制订的。企业任何的营销活动都不能有损其市场定位。

2. 传播目标的整合。有了企业市场定位以后，再确立传播目标。想要达到什么样的效果？多高的知名度？传播什么样的信息？这些都要进行整合，有了传播目标才能更好地开展后面的工作。

3. 4P的整合。其主要任务是根据产品的市场定位设计统一的产品形象。各个要素之间要协调一致，避免互相冲突、矛盾。

4. 品牌形象的整合。是品牌识别和传播媒体的整合。名称、标志和基本色是品牌识别的三大要素，它们是形成品牌形象与资产的中心要素。品牌识别的整合就是对品牌名称、标志和基本色的整合，建立统一的品牌形象。传播媒体的整合主要是对传播信息内容及传播途径的整合，以最小的成本获得最好的效果。

三、网络整合营销4I原则

网络整合营销的4I原则分别是指趣味原则（Interesting）、互动原则（Interaction）、利益原则（Interests）、个性化原则（Individuality）。

（一）趣味原则

八卦是火爆的通行证，趣味性的广告更能吸引年轻人的眼球。中国互联网的本质是娱乐属性，在互联网这个"娱乐圈"中混，广告、营销也必须是娱乐化、趣味性的。当企业的营销人员对消费者说"你们是愿意听……啊，是愿意听……啊，还是愿意听……啊，绝不强求"之时，显然，制造一些趣味、娱乐的"糖衣"的香饵，将营销信息的鱼钩巧妙包裹在趣味的情节当中，是吸引"鱼儿们"上钩的有效方式。

（二）互动原则

网络媒体区别于传统媒体的另一个重要的特征是其互动性。充分挖掘网络的交互性，充分地利用网络的特性与消费者交流，才能扬长避短，让网络营销的功能发挥至极致。

（三）利益原则

"天下攘攘，皆为利往"——网络营销活动若不能为目标受众提供利益，必然寸步难行。广告的最高境界是没有广告，只有资讯；消费者抗拒广告，但消费者需要其需求产品的相关资讯。

（四）个性化原则

个性化的营销，投消费者所好，让消费者心理产生"焦点关注"的满足感，更容易引发互动与购买行动。网络媒体中，数字流的特征让这一切变得简单、便捷，细分出一小类人，甚至一个人，使一对一行销成为可能。

步骤2：熟悉软营销理论

想一想

以白鹿观历史典故村为例，思考软营销理论"软"的内涵是什么？

做一做

一、软营销理论概念

软营销又称柔性营销。与传统大规模的强势营销不同，软营销是指企业以友好的方式宣传自己，淡化营销过程中的商业活动，尊重消费者的感受与体验，在提供有价值的内容的同时，建设软实力，打造社会型企业。"软营销"与"强势营销"的根本区别在于软营销的主动方是消费者，而强势营销的主动方则是企业。

软营销的核心要义是把维护消费者的切身利益摆在第一位置。

二、软文营销概述

软营销包含软文营销。软文营销虽是软营销的一个大类，但不能代表软营销。撰写软文注意把以下四点：

（一）标题具有吸引力

标题具有吸引力是软文营销成功的基础。文章的标题犹如企业的形象，代表文章的核心内容，其好坏程度甚至可以直接影响软文营销的成败。所以在创作软文营销的

拓展知识：
"整合营销"
理论的源起
及应用

学而思

你认为在网络营销的整合营销核心是什么？

扫一扫：
整合营销

扫一扫：
软营销

第一步时就要赋予标题一个具有诱惑、震撼、神秘感的特点。

（二）排版清晰，布局精巧

文章排版清晰，巧妙分布小标题突出重点。高质量的软文排版应该是严谨、有条不紊的，文章上下连贯，标注清晰，从而突出重点，令人一目了然。在措辞方面，需要说服他人时，最好加入"据专家称""某某教授认为"等，来增加文章的权威性。

（三）契合嵌入时事热点

抓住时事热点，利用热门事件和流行词引入话题。时事热点，顾名思义就是那些具有时效性、最新鲜、最热门的新闻。再如，网络流行语可以捕捉用户的心理，引起用户的关注。

（四）广告内容自然融入

广告内容自然融入。一篇高质量的软文是要让读者读起来一点都没有广告的味道，就是要够"软"，读完之后读者还能够受益匪浅。

步骤3：掌握长尾理论

想一想

思考长尾理论的"长"是指什么？

做一做

一、长尾理论概念

长尾理论是指在某个特定领域内，销售量中，较小的产品数量总体上可以超过销售量大的产品数量，在数量与种类的关系中形成一条长而狭窄的曲线，故称之为"长尾"。少数畅销产品构成了"头部"，而销售数量较少的产品则构成了"尾部"。长尾理论模型如图1-2所示。

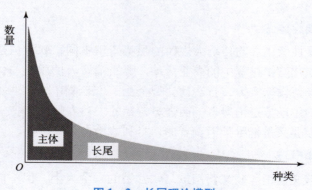

图1-2　长尾理论模型

简单地说，长尾理论是指当产品的存储量和流通的渠道足够多时，需求不旺或销量不佳的产品所共同占据的市场份额可以和那些少数热销产品所占据的市场份额相匹敌，甚至更大，即众多小市场汇聚成可产生与主流相匹敌的市场能量。

二、长尾理论的应用

长尾理论已经成为一种新型的经济模式，被成功应用于网络经济领域。例如，在音乐和视频领域里，传统的实体店销售模式主要围绕着畅销产品展开，那些较为冷门的音乐或电影则难以找到购买渠道。而在数字化的环境下，这些冷门的产品可以被上传到网络上，在全球范围内供消费者购买和享受。这样一来，消费者可以获得更多的选择，而那些较为冷门的产品也可以获得更多的曝光度和销售机会。

步骤4：掌握二八定律

想一想

白鹿观村农旅产品的"关键少数"客户有哪些？

做一做

一、二八定律

二八定律又称为帕累托法则（Pareto Principle），也被称为80/20法则、关键少数法则。此法则是由约瑟夫·朱兰根据维尔弗雷多·帕累托当年对意大利20%的人口拥有80%的财产的观察而推论出来的。这个结论对大多数国家的社会财富分配情况都成立。

二、二八定律在营销中的应用

（一）大客户

运用二八定律，可以发现针对大量使用者的营销意义在于赢得一个大量使用者所获得的销售量是很多个少量使用者的总和。

根据使用产品的数量或频率，可以将顾客分为：少量使用者、中等使用者和大量使用者。大量使用者虽然在所有使用者中占比较小，但其消费量却非常大。

（二）老顾客

二八定律中针对老顾客营销方面，与新顾客相比，老顾客会给企业带来更多的利益。精明的企业在努力创造新顾客的同时，会想办法将顾客的满意度转化为持久的忠诚度，像对待新顾客一样重视老顾客的利益，把与顾客建立长期关系作为目标。

老顾客对企业发展的重要性表现在以下几个方面：
1. 老顾客可以给企业带来直接的经济效益。
2. 老顾客可以给企业带来间接的经济效益。
3. 大量忠诚的老顾客是企业长期稳定发展的基石。

（三）关键顾客

二八定律可以帮助企业挖掘一些关键顾客的价值。营销策略的核心是对顾客价值进行全面分析的基础上将顾客进行细分，根据顾客重要程度合理分配资源，从全局的角度设计持久稳健的顾客发展战略。因此二八定律成功的关键是寻找为企业带来80%利润的20%的顾客在哪里并且留住他们。

学而思

如何理解"长尾"理论是对二八定律的最大叛逆？

延伸阅读：长尾概念的发现

扫一扫：二八理论

素养园地：

"见微知著"出自《韩非子·说林上》："圣人见微以知萌，见端以知末，故见象箸而怖，知天下不足也。"比喻观察小小的细节就可以洞晓大的影响或结果；通过事情的苗头，就能知道它的实质或发展趋势。结合长尾理论，做营销我们要能有见微知著的眼光，能在小品类中看到大市场。

任务总结：

我们要有辩证思维。在网络营销中，要坚持系统整合理念，要有润物细无声的软营销意识。一味的"软"未必能达成营销的目的，也要根据实际情况采取"软硬结合"的措施，既要关注"长尾"也应注重"关键少数"。

能力训练 1-3：

分析白鹿观村项目使用的基本营销理论

实训计划活页			____年____月____日	
实训名称	白鹿观村项目基本营销理论		团队名称	
实训目的	1. 熟悉整合营销理论 2. 理解软营销的概念 3. 掌握长尾理论和二八理论 4. 根据项目进行网络营销基本理论选择		任务准备	了解白鹿观村乡村振兴项目，根据网络营销的特点进行项目分析
素养目标	创新的意识、与时俱进的精神			
实训任务	1. 通过理论知识的学习，搜索整合营销理论的案例并进行分析 2. 搜集长尾理论案例并进行分析总结 3. 分析项目自身特点，选择相关理论，并在小组内进行讨论分析			
实训评价标准	1. 对于整合营销和长尾理论的案例进行的分析总结完成情况（20 分） 2. 根据项目基本营销理论讨论分析并整理成的笔记是否全面（30 分） 3. 创新的意识、与时俱进精神（20 分） 4. 网络营销理论方案的可行性（30 分）			
实训评价	对内自评	小组互评	老师评价	

白鹿观村项目基本营销理论讨论笔记

项目总结：

通过项目任务的完成，了解网络营销的发展趋势、岗位职责以及网络营销的基本内容；掌握网络营销的基本理论，网络营销的模式；完成项目岗位的设置及职责，组建网络营销团队，确定使用的网络营销模式，最后完成项目的网络营销方案。

项目评价：

	评价标准	成绩
队内自评	1. 掌握相应的知识点（20分） 2. 对项目了解的程度（20分） 3. 用实事求是的方法分析自己（30分） 4. 商业计划书完整程度（30分）	
各组互评	1. 对所学知识点掌握的熟练程度（30分） 2. 用实事求是的方法分析自己小组的完成情况（30分） 3. 商业计划书完整程度（40分）	
老师评价	1. 对岗位职能了解程度，项目团队成员岗位的设置及职能的合理性（30分） 2. 用实事求是的方法分析学生（30分） 3. 商业计划书完整程度（40分）	

知识回顾：

一、选择题

1. （　　）时候 ChinaByte 开通免费新闻邮件服务。
A. 1997 年 2 月　　B. 1997 年 3 月　　C. 1997 年 11 月　　D. 1997 年 8 月

2. （　　）ChinaByte 网站上出现了第一个商业性网络广告。
A. 1997 年 2 月　　B. 1997 年 3 月　　C. 1997 年 11 月　　D. 1997 年 8 月

3. 网络营销的终极目的是（　　）。
A. 开拓市场，增加盈利　　　　B. 增加用户的黏性和活跃度
C. 宣传企业品牌　　　　　　　D. 提高转化率

4. 下列关于长尾理论的说法中，正确的是（　　）。
A. 长尾理论不适用于数字产品的销售
B. 长尾理论是二八定律的延续和深化
C. 长尾理论强调的是大众文化和小众文化的等同
D. 长尾理论认为众多小市场可以汇聚成与主流大市场相匹敌的市场能量

5. 长尾（The Long Tail）这一概念是由《连线》杂志主编 Chris Anderson 在（　　）年的"长尾"一文中最早提出，用来描述诸如亚马逊之类网站的商业经济模式。

项目1
知识回顾
答案

A. 2004年　　　　B. 2016年　　　　C. 2008年　　　　D. 2014年

6. "网络时代由于成本和效率的因素，当商品储存、流通、展示的场地和渠道足够宽广，商品生产成本的急剧下降，以至于个人都可以进行生产，当商品的销售成本急剧降低时，几乎任何以前看似需求极低的产品，只要有人卖，就会有人买。这些需求和销量不高的产品所占据的市场份额与主流产品的市场份额相当，甚至更大。"这一描述是对以下哪种理论原理的描述。（　　）

A. 二八定律　　　B. 长尾理论　　　C. 4P　　　　　D. 4C

7. 以下关于网络营销表述准确的是（　　）。

A. 通俗地讲，网络营销就是企业营销的一种模式而已，其终极目的和传统营销一样，都是为了成交，从而实现收益。

B. 网络营销的目的就是利用数字化平台开展销售

C. 目的是利用大数据平台的互动性、跨时空性、市场广泛性、低成本性的优点开展销售

D. 就是为了不租店铺地开展销售

8. 营销的本质是（　　）。

A. 把商品卖出去

B. 宣传商品、企业

C. 影响选择、制造互动，使事情变得直观，让顾客轻易就能选择你所提供的商品或服务

D. 把销售人员推销给消费者，消费者接受了销售人员，就会进行消费

9. 1990年劳特朋先生在《广告时代》上面，提出营销的4C理论，"4C"是指（　　）。

A. 顾客、成本、便利、沟通　　　　B. 生产、销售、配送、售后

C. 生产、销售、服务、沟通　　　　D. 销售、售后、沟通、保障

10. 网络整合营销的4I原则不包括以下的（　　）。

A. 趣味原则　　　B. 利益原则　　　C. 互动原则　　　D. 个人原则

二、多选题

1. 网络营销思维阶段包含（　　）。

A. 技术思维　　　B. 流量思维　　　C. 粉丝思维　　　D. 生态思维

2. 网络营销具有（　　）特点。

A. 交互性　　　　B. 多媒体　　　　C. 技术性　　　　D. 跨时空

3. 网络营销的目的有（　　）。

A. 宣传企业品牌　　　B. 吸引新顾客

C. 提高转化率，增加曝光率

D. 增加用户的黏性和活跃度

4. 市场的三要素（　　）。

A. 人口　　　　　B. 购买力　　　　C. 购买欲望　　　D. 企业

5. 网络营销市场要素，除了人口、购买力、购买欲望之外，还有（　　）。

A. 速度　　　　　B. 精确性　　　　C. 渠道　　　　　D. 促销

三、简答题

1. 分析网络营销与电子商务的关系。
2. 如何理解长尾理论是对二八定律的最大"叛逆"？
3. 以白鹿观村为例，回答软营销中的"软"是指什么？你觉得一味的"软"和"软硬结合"哪种营销方式更好，为什么？

项目二 网络市场规划

 学习目标

知识目标：

1. 了解网络营销环境及商务信息。
2. 掌握网络调研的相关知识。
3. 掌握网络市场分析的各类工具。
4. 掌握 STP 战略的相关知识。

技能目标：

1. 能够实时收集并分析各类商务信息。
2. 能够根据项目确定主题，进行网络市场调研并撰写调研报告。
3. 熟练使用网络市场分析工具对收集的信息进行分析。

素质目标：

1. 具有实事求是、求实创新的精神。
2. 培养团队协作和服务意识。
3. 提升市场意识和知法守法意识。

思维导图：

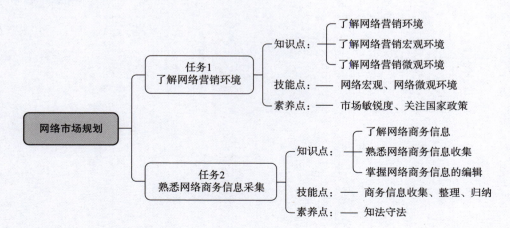

项目二 网络市场规划

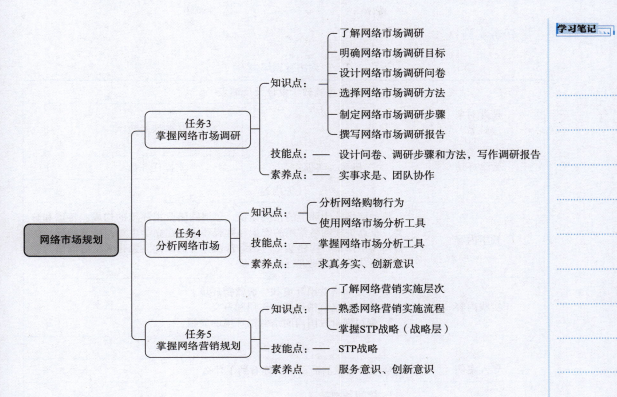

项目简介：

针对西安市临潼区斜口街道白鹿观村项目，从项目的现状出发，分析该项目的宏微观环境，通过调研分析市场，利用SWOT工具进行市场分析，确定目标客户，进行市场定位，确定STP战略，撰写市场规划报告，促进电子商务将第一产业和第三产业融合发展，提高农户收入，促进集体经济发展。

任务1　了解网络营销环境

任务描述：

依据项目概述，通过宏观和微观环境，对项目的整个营销环境进行分析；了解项目实施的网络营销环境；确定项目是否符合国家政策；以及企业微观环境是否具备条件；分析该项目是否适合开展。

任务分析：

1. 了解网络营销环境包含哪些。
2. 分析网络营销宏观和微观环境包含的要素以及各要素之间的作用。
3. 分析项目是否符合营销环境。

学习笔记

任务实施：

网络营销环境

活页式教学设计及反馈表			
授课对象 姓名 学号		任务课时数	1
教学环境	机房、实训室	实操任务数	1
任务内容			
教学内容	熟悉网络营销环境的相关知识，了解网络营销环境的构成、特点和分类。重点讲授网络营销的宏观和微观环境，建立学生对网络营销环境的整体知识体系，构建学生对网络营销环境的认知，强化学生对网络营销环境的认识，以便进行市场分析		
实践内容	1. 区分网络营销环境和一般营销环境 2. 认识网络营销环境的作用和意义 3. 撰写现阶段国内网络营销环境的简报		
课前准备			
导入案例	从电影宣发的活动中，你看到了什么		
技能基础	1. 访问各网站 2. 通过关键词收集相关的信息 3. 收集各类第三方咨询报告		
学习准备	以小组为单位进行课前分析		
学习重难点			
学习重点	1. 网络营销的环境概念 2. 网络营销的宏观环境 3. 网络营销的微观环境		
学习难点	1. 理解网络营销环境的构成要素 2. 区别网络营销的宏观和微观环境		
课堂与课后			
点亮课堂表现 自评星级	☆☆☆☆☆		
课后疑问记录			

导入案例：

从电影宣发的活动中，你看到了什么

2023 年这个暑期档可谓是非常热闹，《消失的她》《八角笼中》《超能一家人》《孤注一掷》等一众电影纷纷上映，不仅给大家的暑假安排好了满满的"档期"，也给大家创造出了很多喜闻乐见的话题。为什么大家对上映的电影耳熟能详呢？电影宣发功不可设。电影宣发指电影制作公司或发行公司通过各种渠道和手段来宣传和推广电影，以吸引观众，并提高电影的知名度和票房收入为目的。电影宣发的传统方式包括发布预告片、举办首映礼、召开发布会、路演等。近年来，通过网络新媒体手段进行宣发逐渐成为电影制作方的主要手段，例如，将拍摄花絮发布在网络上加深观众的参与度；将电影的高燃剪辑发布在自媒体上进行深度渲染；邀请网络达人参与首映礼或者进行线上首映礼等。电影的网络宣发比传统方式可获得更多的关注度和流量，使得电影行业在近些年有了更好的发展。

学习笔记

导入案例	
小组讨论问题：利用网络进行的电影宣发相比传统渠道有何优势？为何电影行业会选择网络进行营销？电影宣发网络化与网络营销环境有何关系？	讨论草稿区：

步骤1：了解网络营销环境

想一想

网络营销环境的构成有哪些要素？

一、网络营销环境的概念

网络营销环境是一个综合的概念，由多方面的因素组成。由于环境变化是绝对的、永恒的，因此对营销主体而言，环境的变化因素是不可控制的，但它也有一定的规律性，我们可以通过对营销环境的分析，将其发展趋势和变化进行预测和事先判断。

网络营销环境是指对企业的生存和发展产生影响的各种外部条件，即与企业网络营销活动相关联因素的集合。

企业的营销观念、消费者需求和购买行为等，都是在一定的经济社会环境下形成并发生变化的。因此，对网络营销环境进行分析是十分必要的。要进行网络营销环境的分析，首先必须掌握构成网络营销环境的五要素。五要素分别是提供资源、全面影响力、动态变化、多因素相互作用、反应机制等。

在这个信息化、数字化的时代，要了解网络营销环境的几个重要原因：

1. 把握市场趋势。通过了解网络营销环境中的新技术、新趋势和消费者行为的变化，可以做出及时的调整和创新，抢占市场先机。

2. 确定目标受众群。通过了解目标受众群的特点、兴趣和需求，可以实施更具针对性的营销活动，提高营销效果和客户满意度。

3. 选择适合的渠道。通过了解网络营销环境，可以选择最有效的渠道和媒体，提高品牌曝光量和营销效果。

4. 建立竞争优势与创新。通过了解竞争对手的营销策略、市场动态和行业趋势，进行差异化和创新性的营销，提升品牌声誉和市场份额。

拓展知识：网络营销环境的五要素

5. 数据驱动决策。通过收集、分析和利用数据,可以更准确地评估营销活动的效果,优化策略并做出更明智的决策。

二、网络营销环境的分类

根据网络营销环境对企业营销活动影响的直接程度,网络营销环境可以分为网络营销宏观环境与网络营销微观环境两部分。

步骤2:了解网络营销宏观环境

想一想

你认为宏观环境对市场的影响大吗?为什么?

> **学而思**
> 网络营销宏观环境包含哪些?

做一做

一、网络营销宏观环境概述

宏观环境是指网络营销所处的大环境及相关因素。一般来讲,宏观环境不会对企业的网络营销活动产生直接作用,但是会影响网络营销活动的基本层面。

宏观环境包含的6大要素分别是:人口、经济、自然、科技、政法和社会文化等。

二、宏观环境对营销活动的作用

1. 人口环境。人口的年龄结构、人口的增长、家庭状况、人口的受教育程度等,这些都直接影响着营销的决策制定和实施的目标人群。

2. 经济因素。经济环境直接影响的是消费者的购买力,只有准确把握实际的购买力水平才能制订恰当的营销计划。

3. 自然环境。是指自然界提供给人类的各种形式的物质资料,如阳光、空气、水、森林、土地等。因此关注自然环境变化的趋势,并从中分析企业营销的机会与威胁,制定相应的对策。

4. 科技环境。是社会生产力中最活跃的因素,它影响着人类社会的历史进程和社会生活的方方面面,对企业营销活动的影响更是显而易见。科技发展促进社会经济结构的调整,促使消费者购买行为产生改变,影响企业营销组合策略的创新,促进企业营销管理的现代化。

5. 政治环境。主要是指与营销相关的各种法律法规、政府组织和社会团体等。这是国家对经济进行宏观调控的方式和手段,也使消费者维权意识更为增强,这就要求营销人员加强自身的法律意识,尽量避免法律纠纷。

6. 社会文化环境。任何企业都处于一定的社会文化环境中,企业营销活动必然受到所在社会文化环境的影响和制约。为此,企业应了解和分析社会文化环境,针对不同的文化环境制定不同的营销策略,组织不同的营销活动。

步骤3:了解网络营销微观环境

想一想

一家公司如果要开展网络营销,你认为应该涉及

> **学而思**
> 目前电子商务相关的法律都有哪些,列举说明。

哪几个部门之间的协作？

做一做

一、网络营销微观环境概述

微观环境是指与企业紧密相连，直接影响企业营销能力和效率的各种力量和因素的总和。

微观环境（直接环境）包含的六大要素分别是：供应商、营销中介、竞争者、消费者、企业内部环境、社会公众等。

二、微观环境对营销活动的作用

1. 供应商。是指对企业进行生产所需而提供特定的原材料、辅助材料、设备、能源、劳务、资金等资源的统称。这些资源的变化直接影响到产品的产量、质量以及利润，从而影响企业营销计划和目标的完成。

2. 营销中介。是指为企业营销活动提供各种服务的企业或部门的总称。企业只有通过营销中介所提供的服务，才能把产品顺利地送达到目标消费者手中，因此对企业营销产生直接且重大的影响。

3. 竞争者。企业竞争对手的状况将直接影响企业的营销活动。最为明显的是竞争对手的产品价格、广告宣传、促销手段的变化，以及产品的开发、销售服务的加强都将对企业造成威胁。因此做到知己知彼，才能有效地开展营销活动。

4. 消费者。是指产品和服务的最终使用者，也是企业进行营销活动的最终目的。因此分析消费者的需求规模、需求结构、需求心理以及购买特点，是企业营销活动的起点和前提。

5. 企业内部环境。是指企业内部的物质、文化环境的总和，其中包括企业资源、企业能力、企业文化等因素。开展营销活动要充分考虑到企业内部的环境力量和因素，企业内部各职能部门的工作及其相互关系，直接影响着企业的整个营销活动。

6. 社会公众。是企业营销活动中与之产生联系的各群体总称。公众对企业的态度会对其营销活动产生巨大的影响，因为他们既可能有助于企业树立良好的形象，也可能妨碍企业的形象。

> 💡 **学而思**
> 网络营销的宏观环境不好，会造成什么影响？

> 💡 **学而思**
> 还有哪些微观环境在影响着网络营销活动？

素养园地：

社会担当——鸿星尔克为河南抗灾捐款

2021年7月，郑州水灾时，鸿星尔克的微博评论冲上热搜首位，起因是鸿星尔克为支持河南抗灾捐款5 000万元物资，网友因鸿星尔克的企业业绩不佳，却仍坚持大额捐款，集体"心疼"。"感觉你都要倒闭了还捐款这么多""宣传下啊，我都替你着急"，除了在热搜下发表关切评论，更有网友直接赠送鸿星尔克十年微博会员。截至7月23日15时，该微博热搜已经达7亿次阅读量，超13.7万次讨论。鸿星尔克官方捐款图文转发量，评论数也都超过20万次。除了微博留言，还有众多网友纷纷自发地进入鸿星尔克的淘宝、抖音直播间购买产品。根据阿里集团向时代周报记者提供的数据,7月22日晚,鸿星尔克淘宝直播间有超过200万人参与扫货,上架一款,抢空一款。截至7月23日,鸿星尔克淘宝直播间粉丝量已增至752.6万次,获赞38.9万次,数据还在进一步增长中。

任务总结:

完成本次任务,掌握网络营销环境对项目的影响;了解网络营销中宏观和微观环境包含的要素以及各要素对项目的作用;根据各要素对项目进行分析,确定项目是否可以实施。

能力训练 2-1：
分析白鹿观村项目的营销环境

实训计划活页			___年___月___日
实训名称	白鹿观村项目营销环境	团队名称	
实训目的	1. 了解网络营销的环境 2. 分析宏观环境和微观环境对项目的影响 3. 分析项目是否符合宏观环境	任务准备	请团队成员先了解网络营销环境，根据环境包含的内容对项目宏观环境进行分析
素养目标	培养爱国情怀和民族自豪感		
实训任务	1. 通过搜索乡村振兴的相关政策，分析电子商务在乡村振兴中的作用 2. 分析农产品的电子商务网络推广的宏观环境 3. 深入了解白鹿观乡村振兴项目的微观环境中各要素的作用 4. 完成白鹿观村项目网络营销环境分析报告		
实训评价标准	1. PPT的美观程度、布局、展示方式（30分） 2. 内容的完整程度（30分） 3. 体现的社会担当（20分） 4. 项目营销环境的可行性分析（20分）		
实训评价	对内自评	小组互评	老师评价

学习笔记

白鹿观村项目营销环境的分析报告

任务 2　熟悉网络商务信息采集

任务描述：

依据项目概述，搜集有关乡村振兴的农产品运营案例，分析这些案例成功的因素及原因，搜集乡村振兴及农产品相关的电子商务政策、行业信息、新技术、新模式、新规则，确定此次项目中的技术和模式。

任务分析：

1. 了解商务信息的分类、特点。
2. 熟悉网络商务信息收集的方式。
3. 整理、编辑网络商务信息。

任务实施：

网络商务信息采集

活页式教学设计及反馈表			
授课对象 姓名 学号		任务课时数	1
教学环境	机房、实训室	实操任务数	1
任务内容			
教学内容	熟悉网络商务信息的相关知识、商务信息的特点和分类。重点学习商务信息的特点，强化学生对网络商务信息正确的认知，难点是商务信息的收集与整理。收集过程中需掌握网络信息的安全		
实践内容	1. 收集乡村振兴农产品电商的发展趋势、运营模式 2. 撰写农产品电商现状及发展趋势的报告		
课前准备			
导入案例	第54次《中国互联网络发展状况统计报告》		
技能基础	1. 熟练使用关键词 2. 整理收集相关商务信息的级别		
学习准备	以小组为单位进行课前分析		
学习重难点			
学习重点	1. 网络商务数据的收集、整理及归纳 2. 网络商务数据的分级		
学习难点	1. 理解商务数据的级别 2. 掌握商务数据的作用及收集整理方法		

学习笔记

续表

课堂与课后	
点亮课堂表现自评星级	☆☆☆☆☆
课后疑问记录	

导入案例：

2023 年，我国互联网各类应用不断深化，用户规模持续增长，使用互联网的个人比例（Individuals Using the Internet）达到 90.6%。其中，网约车、在线旅行预订、网络购物、网络直播、互联网医疗的用户规模较 2022 年 12 月分别增长为 9 057 万人、8 629 万人、6 967 万人、6 501 万人和 5 139 万人，增长率分别是 20.7%、20.4%、8.2%、8.7% 和 14.2%。2022 年 12 月到 2023 年 12 月各类互联网应用的用户规模和网民使用率如表 2-1 所示。

表 2-1 各类互联网应用的用户规模和网民使用率（2022.12－2023.12）

应用	2023.12 用户规模/万人	2023.12 网民使用率/%	2022.12 用户规模/万人	2022.12 网民使用率/%	增长率/%
网络视频（含短视频）	106 671	97.7	103 057	96.5	3.5
即时通信	105 963	97.0	103 807	97.2	2.1
短视频	105 330	96.4	101 185	94.8	4.1
网络支付	95 386	87.3	91 144	85.4	4.7
网络购物	91 496	83.8	84 529	79.2	8.2
搜索引擎	82 670	75.7	80 166	75.1	3.1
网络直播	81 566	74.7	75 065	70.3	8.7
网络音乐	71 464	65.4	68 420	64.1	4.4
网上外卖	54 454	49.9	52 116	48.8	4.5
网约车	52 765	48.3	43 708	40.9	20.7
网络文学	52 017	47.6	49 233	46.1	5.7
在线旅游预订	50 901	46.6	42 272	39.6	20.4
互联网医疗	41 393	37.9	36 854	34.0	14.2
网络音频	33 189	30.4	31 836	29.8	4.3

（资料来源：第 54 次《中国互联网发展状况统计报告》）

导入案例	
小组讨论问题：通过这个案例，你获取了哪些信息，从中分析得出什么？	讨论草稿区：

步骤1：了解网络商务信息

想一想

你都见到过哪些形式的网络商务信息，特点是什么？

做一做

一、网络商务信息的概述

（一）网络商务信息的概念

网络商务信息是指存储于网络并在网络上传播的与商务活动有关的各种信息的集合，是各种网上商务活动之间相互联系、相互作用的描述和反映，是对用户有用的网络信息，网络是其依附载体。在商务活动中，信息通常指的是商业消息、情报、数据、密码、知识等。

（二）网络商务信息的特点

1. 时效性强。传统的商务信息，由于传递速度慢，传递渠道不畅，因而经常导致"信息获得了，但也失效了"的局面。网络商务信息可有效地避免这种情况。网络信息的特点是：更新及时，传播速度快，便于及时收集信息和发现信息，保证信息的时效性。

> **学而思**
> 举例说明常见的信息有哪些。

2. 准确性高。网络信息收集的主要途径是通过搜索引擎获取相关信息。在这个过程中，减少了信息传递的中间环节以及信息的误传和更改，有效地保证了信息的准确性。

3. 便于存储。网络商务信息可以方便地从因特网下载到自己的计算机上，通过计算机进行信息的管理。而且，在原有的各个网站上，也有相应的信息存储系统。自己的信息资料遗失后，还可以到原有的信息源中再次查找。

4. 检索难度大。网络商务信息不仅是企业进行网络营销计划和决策的基础，而且对于企业的战略管理、市场研究以及新产品开发都有着极为重要的作用。

（三）网络商务信息收集的要求

网络商务信息收集要求是：及时、准确、适度和经济。

1. 及时。是指迅速、灵敏地反映销售市场的最新动态。信息都具有时效性，其价值与时间成反比。提高时效性，是网络商务信息收集的主要目标之一。

2. 准确。是指信息应真实地反映客观现实。准确的信息才可能导致正确的市场决策；信息失真，轻则会贻误商机，重则会造成重大的损失。

信息失真通常有3个方面的原因：①信源提供的信息不完全、不准确；②信息在编码、译码和传递过程中受到干扰；③信宿接受信息出现偏差。

3. 适度。是指提供信息要有针对性和目的性。网络商务信息的检索必须目标明确，方法恰当，信息收集的范围和数量要适度。

4. 经济。是指如何以最低的费用获得必要的信息。追求经济效益是一切经济活动的中心，也是网络商务信息检索的原则。提高经济性，还要注意使所获得的信息发挥最大的效用。

（四）网络商务信息的分级

从网络商务信息本身具有的总体价格水平来看，可以将它分为四个等级依次为：第一级，免费商务信息；第二级，低收费信息；第三级，收取标准信息费的信息；第四级，优价的信息。

1. 免费商务信息。信息主要以社会公益性为主。占信息库数据总量的5%左右，如免费在线软件、实时股市信息等。

2. 低收费信息。这些信息是属于一般性的普通类信息。由于这类信息的采集、加工、整理、更新比较容易，花费也较少，是较为大众化的信息。这类信息约占信息库数据量的10%~20%，只收取基本的服务费用。推出这类信息一方面是体现社会普遍服务的意义，另一方面是为了提高市场的竞争力和占有率。

3. 收取标准信息费的信息。这些信息是属于知识、经济类的信息，收费采用成本加利润的资费标准。这类信息约占信息库数据总量的60%，是信息服务商的主要服务范围。网络商务信息大部分属于这一范畴。

4. 优质优价的信息。这类信息是有极高使用价值的专用信息，为用户提供更深层次的服务，是信息库中成本费用最高的一类。一条高价值的信息一旦被用户采用，将会给企业带来较高的利润，给用户带来较大的收益。

步骤2：熟悉网络商务信息收集

> **学而思**
> 我们经常搜索使用的信息属于哪一级？

想一想

你经常见到哪些商务信息的采集途径？

做一做

一、网络商务信息采集途径

（一）专题讨论

专题讨论方式是借用新闻组（Newsgroup）、邮件列表（Mailing Lists）和网上论坛、电子公告牌（BBS）的形式进行的。

（二）综合性搜索引擎

常用的综合性搜索引擎有：Google搜索引擎、百度中文搜索引擎、慧聪行业搜索引擎、新浪、搜狐、网易的分类搜索引擎、北大天网中英文搜索引擎等。

（三）国内部分涉及宏观市场信息的网站

中华人民共和国国家发展和改革委员会网站和商务部网站主页、中俄经贸合作网、中国-新加坡经贸合作网、上海合作组织经济合作网等双边或多边贸易网站。

（四）国内提供调研服务的网站

艾瑞公司的中国网络用户在线调研、中国互联网信息中心等。

（五）国外涉及调研服务的网站

国际营销协会（SMEI）和美国市场营销协会（AMA），为其提供了世界各国的主要市场调研类报告。

（六）数据库

1. 国外有关数据库。商业信息检索系统（DIALOG）是世界上规模最大、影响最广泛的综合性商业信息检索系统；史蒂芬斯数据库（EBSCOhost）是美国 EBSCO 公司为数据库检索设计的系统等。

2. 国内有关数据库。万方数据资源系统、中国知网、中文科技期刊数据库、中国科学文献服务系统等。

二、网络商务信息收集

（一）利用网络收集市场供应信息

企业的生产活动需要采购大量的原材料，利用网络可以收集大量原材料供应信息，诸如原材料的产地、价格、交货方式和支付方式等。通过分析比较，可以大大降低采购成本。

延伸阅读：
国内数据
各自的作用

（二）利用网络收集关税及相关政策信息

关税及相关政策信息在国际营销活动中占有举足轻重的地位。除了通过大型数据库检索外，还有以下几种方法可以用来收集关税及相关政策信息：

1. 向建立联系的各国进口商询问。这是一种实用、高效的事情，不但考察了进口商的业务水平，确认其身份，而且可以收集到最有效的信息。

2. 查询各国相关政府机构的站点。用户可以针对不同的问题去访问不同机构的站点，可以得到非常详尽的解答。

3. 通过新闻机构的站点查询。世界各大新闻机构（如 BBC、CNN、Reuters 等）的站点都是宝贵的信息库。

（三）利用网络收集新产品开发信息

1. 收集客户新产品构思。新产品构思的来源有很多，最重要的一种是用户的提问。国内一些大企业在这方面已经走出了第一步，如海尔集团。

2. 新产品专利信息的收集。新产品的开发不可避免地要涉及专利问题。一般查询国内的专利信息，可利用中国专利信息网、中国专利信息中心、中国知识产权网、万方数据库等网站。

国外有关专利信息的检索。日本特许厅（JPO）、欧洲专利局（EPO）、美国专利商标局（PTO/USPTO）等。

3. 高校和科研院所新产品信息的收集。高校都有自己研究的重点和强项。例如中国高校科技成果转化对接服务平台。

（四）统计信息的收集

收集统计数据，首选的网站是政府网站。例如，要了解互联网宽带接入用户发展情况，可以直接登录信息产业部网站查询统计信息栏目即可。了解美国电子商务发展的统计数据，到美国人口普查局的网站。

在收集统计资料时，应注意专业网站的调研报告。如 Scottish Enterprise 公司，是一家专门调查欧盟国家电子商务网站的公司，中国行业研究网、艾瑞市场咨询网等都是收集信息的专业网站。

步骤3：掌握网络商务信息的编辑

想一想

网络商务信息整理的步骤都有哪些？

> **学而思**
>
> 你比较熟悉的统计类或咨询类的网站有哪些？

做一做

网络商务信息的整理

通过对信息的合理分类、组合、整理，使零零散散的信息转变为系统信息，这项工作一般分为以下几个步骤：

1. 确定信息来源。对于重要的信息，一定要有准确的信息来源。
2. 浏览信息，添加文件名。下载文件后，分类保存，添加文件名。
3. 分类。分类的办法可以采用专题分类，也可以建立自己的查询系统。将各种信息进行分类，必须明确所定义的分类特征，把具有相同分类特征的信息归类。
4. 信息排序处理。各类别之间要有排序，在分类和排序的基础上，还应当编制信息的储存索引。
5. 初步筛选。在浏览和分类过程中，对大量的信息应进行初步筛选，确定完全没有用的信息应当及时删除。值得注意的是，有时有些信息单独看起来没有用，综合起来就可能发现其价值（比如市场销售趋势）。一些信息表面上是相互矛盾（例如了解新闻纸的市场行情），检索结果会出现信息供大于求或供不应求的情况，这时就要把信息进行科学的分类整理，进入加工处理环节。

素养园地：

知法守法——编造或散布虚假信息承担的法律责任

根据《中华人民共和国治安管理处罚法》第二十五条规定，散布虚假信息的行为涉嫌扰乱公共秩序，有下列行为之一的，处五日以上十日以下拘留，可以并处五百元以下罚款；情节较轻的，处五日以下拘留或者五百元以下罚款：

（一）散布谣言，谎报险情、疫情、警情或者以其他方法故意扰乱公共秩序的。

若散布谣言，公安机关可以依据上述规定对行为人进行处罚，派出所会依据规定，用传唤证对行为人进行传唤、查证、处罚。

如果散布虚假信息，构成犯罪的要依据《中华人民共和国刑法》（以下简称《刑法》）的规定追究刑事责任。

《刑法》第二百九十一条之一规定，编造虚假的险情、疫情、灾情、警情，在信息网络或者其他媒体上传播，或者明知是上述虚假信息，故意在信息网络或者其他媒体上传播，严重扰乱社会秩序的，处三年以下有期徒刑、拘役或者管制；造成严重后果的，处三年以上七年以下有期徒刑。

任务总结：

完成本次任务，掌握商务信息的分类、特点、分级、收集方式及筛选、整理；通过本任务知识的学习，完成对白鹿观村项目的宏观环境信息收集与整理，并撰写分析报告。

学习笔记

能力训练 2-2：
分析白鹿观村网络宏观市场信息

实训计划活页			___年___月___日	
实训名称	白鹿观村项目网络宏观市场信息收集	团队名称		
实训目的	1. 了解网络商务信息的分类、特点、分级 2. 掌握不同网络商务信息收集的途径、分类、筛选方式 3. 根据项目进行网络宏观环境的市场分析	任务准备	了解白鹿观村乡村振兴项目，根据项目特点进行宏观环境的市场分析	
素养目标	实事求是、团队协作			
实训任务	1. 分析项目时，需要了解项目宏观环境的信息，并进行分类、分级 2. 根据信息的分类分级，查询各类网站进行收集、筛选、归类和整理 3. 完成白鹿观村项目网络营销宏观环境的市场分析，制作PPT。其内容包含以下三部分：项目开展需要的宏观环境信息，收集信息并整理分析，形成分析报告			
实训评价标准	1. PPT的美观程度、布局、展示方式（20分） 2. 内容的完整程度（30分） 3. 实事求是的态度和知法守法的意识（20分） 4. 网络营销宏观市场分析报告的完成水平（30分）			
实训评价		对内自评	小组互评	老师评价

白鹿观村项目网络宏观市场分析

任务3　掌握网络市场调研

任务描述：

根据该村现状及产业情况，该村希望拓宽源石榴和樱桃的网络销售渠道，拟通过网络市场调研摸清网络用户的基本需求及行为特征，收集第一手资料，撰写网络市场调研报告，为今后能有效地开展网络营销工作提供决策建议。

任务分析：

1. 了解网络市场调研的概念及特点。
2. 分析网络市场调研的方法论及注意事项。
3. 制定网络市场调研问卷从而开展网络市场调研步骤。

任务实施：

网络市场调研

活页式教学设计及反馈表			
授课对象 姓名 学号		本任务课时数	4
教学环境	机房、实训室	实操任务数	1
任务内容			
教学内容	分析网络市场的内容，了解网络市场的调研方法、调研对象、调研渠道及调研费用要求，制定白鹿观村网络市场的调研问卷。在问卷星等网络平台发布调研问卷，组织调研对象积极参与网上问卷调研，并根据收集整理的网上调研问卷，撰写网上市场调研目报告，为白鹿观村做好网络营销提供理论依据		
实践内容	1. 制定调研问卷 2. 发布调研问卷 3. 收集整理网上的调研资料 4. 撰写调研报告		
课前准备			
导入案例	网络零售市场发展情况		
技能基础	1. 掌握问卷发布的途径 2. 回顾网络商务信息收集的途径 3. 回顾如何分析网络营销环境		
学习准备	以小组为单位进行课前分析		
学习重难点			
学习重点	1. 设计调研问卷 2. 开展调研步骤 3. 撰写调研报告		

续表

学习难点	1. 根据樱桃、石榴农产品的特点设计网上调研问卷 2. 将收集的调研资料撰写网络市场调研报告
课堂与课后	
点亮课堂表现 自评星级	☆☆☆☆☆
课后疑问记录	

导入案例：

网络零售市场发展情况

根据商务大数据对重点电商平台的监测显示，2023年，全国农产品网络零售额达5 870.3亿元，约为2014年的5倍。商务大数据显示，2023年，全国农村网络零售额达2.49万亿元。其中，农村实物商品网络零售额为130 174亿元，农产品的占比仅为4.5%。国家统计局数据显示，2023年全国网络零售额达15.43万亿元，同比上年增长11.0%。其中实物商品网上零售额为13.02万亿元，增长8.4%，占社会消费品零售总额比重为27.6%。

在线旅游、在线文娱和在线餐饮销售额合计对网络零售增长贡献率23.5%，拉动网络零售增长2.6个百分点。其中在线旅游销售额增长237.5%；在线文娱销售额增长102.2%，其中演唱会在线销售额增长40.9倍；在线餐饮销售额增长29.1%，占餐饮消费总额比重进一步提高到22.2%。电商新业态新模式彰显出巨大活力。

导入案例	
小组讨论问题：上面案例中的数据是如何获得，是怎样得到这些结论的？	讨论草稿区：

步骤1：了解网络市场调研

想一想

网络市场调研有哪些特点？调研内容、调研策略有哪些？

做一做

一、网上市场调研概念及特点

网络市场调研又称网上调查或在线调查，是指企业利用互联网作为沟通和了解信息的工具。对消费者、竞争者以及整体市场环境等与营销相关的数据进行调查研究。相关的数据包括客户需求、市场机会、竞争对手、行业潮流、分销渠道以及战略合作

拓展知识：网络调研的概念

伙伴方面的情况。

网络调研主要是要探索以下几个方面的问题：客户需求、竞争对手、行业发展潮流分析、分销渠道、战略合作需要，此外还有市场可行性研究、产品研究、包装测试、价格研究、消费者研究、形象研究、市场性质变化的动态研究、广告监测、广告效果研究等等。

网络市场调研是网络时代企业进入市场的主要手段。网络市场调研与传统的市场调研的特点比较如表2-1所示。

表2-1 网络市场调研与传统市场调研的特点比较

网络市场调研	传统市场调研
及时性和共享性	时效长
便捷性与低费用	费用相对较高
交互性和充分性	交互性差
可靠性和客观性	可靠性差
不受时空、地域限制	受时间、地域限制
可检验性和可控性	不可控

综上所述，相对于传统市场调研来说网络市场调研有着明显的优势，因此越来越多的企业选择使用网络调研的方式获取数据进行市场分析。网络市场调查的目的是利用网络加强与消费者的沟通，增强交互性，才能更好地服务于客户。为此市场调查人员必须根据网络的特性，认真研究调研策略，提高网络调查的质量。

二、网络市场调研策略

网络市场调研的策略主要包括以下七个方面：

1. 科学地设计调查问卷。
2. 有效监控在线服务。
3. 测试产品不同的性能、款式、价格、名称和广告页。
4. 有针对性地追踪目标顾客需求。
5. 以产品特色、网页内容的差别化增强访问者的购买动机。
6. 将传统市场调研和电子邮件相结合。
7. 通过产品的网上竞买掌握市场信息。

步骤2：明确网络市场调研目标

想一想

网络市场调研的目标及具体内容分别是什么？

做一做

一、网络市场调研的目标

网络市场调研目标大体有以下四种：

延伸阅读：农产品网络营销市场调研方案

1. 了解网络消费者需求。
2. 洞察网络市场机会。
3. 观察网络竞争对手。
4. 扩展网络分销渠道。

针对以上网络市场调研目标,确定相应的调研内容。网络市场调研内容主要包括市场需求调研、用户及消费者购买行为、营销因素、宏观环境、竞争对手等方面的研究,如表2-2所示。

拓展知识:
网络调研
目标的
4种类型

表2-2 网络市场调研内容

序号	调研主要内容	具体内容
1	市场需求调研	1. 现有市场对某种产品的需求量和销售量 2. 市场潜在需求量有多大,也就是某种产品在市场上可能达到的最大需求量是多少 3. 不同的市场对某种产品的需求情况,以及各个市场的饱和点及潜在的能力
2	用户及消费者购买行为	1. 用户的人口、家庭、地区、经济等基本情况,以及他们的变动情况和发展趋势 2. 社会、政治、经济、文化教育等发展因素对用户需求将会产生什么影响和变化 3. 不同地区、不同民族的用户,他们的生活习惯和生活方式有何不同 4. 了解消费者的购买动机,包括理智动机、情感动机和偏爱动机的市场饱和点及潜在能力 5. 本企业的产品在整个市场的占有率以及不同市场的占有率,哪些市场对企业最有利 6. 分析进入市场的时间策略,从中选择最有利的市场机会
3	营销因素	1. 产品的调查 2. 价格的调查 3. 分销渠道的调查 4. 广告策略的调查 5. 促销策略的调查
4	宏观环境	1. 政治法律环境调查 2. 经济环境调查 3. 社会文化环境调查 4. 科学技术环境调查 5. 自然地理环境调查
6	竞争对手	1. 市场上的主要竞争对手及其市场占有率情况 2. 竞争对手在经营管理、产品研发等方面的特点 3. 竞争对手的产品及新产品的发展情况 4. 竞争对手的分销渠道、产品的价格、广告、销售推销等策略 5. 竞争对手的服务水平等

二、网络市场调研的原则

合理设计在线问卷

在线调研是指企业在网站上设置在线调查表，常用于产品调研、消费者行为调研、品牌形象调研等方面，是获得第一手资料的有效工具。这种非常有效的方式已成为诸多企业的共识，并且在具体的营销工作中被广泛采用。提高在线调研的效果是开展网络市场调研的关键，在网络市场，顾客的意见调研应遵循以下原则：

①目的性原则；②简明性原则；③有效性原则；④匹配性原则；⑤可接受性原则；⑥科学性原则。

确定的网络市场调研方案应该包括哪些内容？

步骤3：设计网络市场调研问卷

想一想

网络市场调研问卷应如何设计呢？

做一做

网络调研问卷的内容结构设计包括：调研标题、卷首说明、甄别部分、调研内容、背景部分、结束语。

一、调研问卷的标题

网络调研问卷的标题应概括说明调研主题，使被访者对问卷内容有一个大致的理解。

二、甄别部分

甄别部分也称问卷的过滤部分，是指对被调查者进行过滤，筛选掉非目标对象再针对内容对特定的被调查者进行调查。

三、卷首说明

卷首说明位于问卷的开头部分，在整个过程中非常重要，是激发被调查者参与意识的存在。一般卷首说明主要包括以下内容：

1. 问候语。也叫问卷说明，其作用是引起调查对象的兴趣和重视，消除调查对象的顾虑，激发调查对象的参与意识，以争取他们的积极合作。

2. 调研目的。对此项目的来源、调查内容、目的、意义和重要性，向被调查者进行简单说明，让调查对象感到参与的重要性和必要性，引起调查对象的关注和重视。

3. 承诺保密。声明对访问者个人信息进行保护，"不对外公开"字样，以解除调查对象的疑虑。

4. 指导语。指导调查对象真实填写相关内容。

5. 填写说明。让调查对象知道如何填写问卷。

四、调研内容

问卷的主体部分。这部分内容的好坏直接影响整个调研价值的高低。它是指在设计问卷时，要讲究问卷的排列顺序，使问卷条理清楚、顺理成章，以提高调查对象回答问题的效果。

延伸阅读：农产品网络营销市场调研方案

拓展知识：网络调研原则的详细内容

（一）问卷设计

1. 问卷设计的过程就是将研究内容逐渐具体化，保证问题相对独立。
2. 整个问卷的条理清晰，整体感突出。
3. 主体问卷设计应简明，内容不宜过多、过繁。
4. 问卷设计要具有逻辑性和系统性。
5. 问卷题目设计必须有针对性。

（二）调研问卷中的问题排列顺序

1. 容易回答的问答（如行为性问题）放在前面；较难回答的问题（如态度性问题）放在中间；敏感性问题（如动机性、涉及隐私等问题）放在后面；个人情况的事实性问题放在末尾。
2. 客观问题放在前面；主观问题放在后面。
3. 要注意问题的逻辑顺序。可按时间顺序、类别顺序等合理排列。

五、背景部分

背景部分通常放在问卷的最后，主要是有关被调查者的一些背景资料，调查单位要对其保密。一般包括性别、民族、婚姻状况、收入、教育程度、职业等。教育程度可分为小学、初中、高中、职高、中专、大专、本科或者本科以上。职业方面可分为政府机构、公共事业单位（医院、学校、警察）、外资/合资企业、学生、离退休人员等。

六、结束语

在上述环节中，注意语句要谦虚；态度要诚恳；文字要简练。在结尾处如有必要要标明回收问卷的方式及联系方法，增强与调查对象之间的互动。

拓展知识：结束语的3种表达方式

步骤4：选择网络市场调研方法

想一想

网络市场调研方法有哪些呢？

做一做

网络市场调研的方法分为网络直接调研法与网络间接调研法两种方法。

一、网络直接调研法

网络直接调研法，指调研主体为当前特定的目的，利用网络直接进行问卷调查来搜集原始信息的过程。网络直接调研法包括网上观察法、专题讨论法、在线问卷法、网上实验法、电子邮件调查法等，但使用率最高的是专题讨论法和在线问卷调查法。

二、网络间接调研法

网络间接调研法，指利用互联网的媒体功能从网络上收集二手资料的调查方法。主要涉及互联网收集与企业营销相关的市场、竞争者、消费者以及宏观环境等信息。企业使用最多的还是网上间接调查方法，这种方法较容易收集到信息，而且更方便快捷。

拓展知识：网络间接调研信息收集方法

拓展知识：网络调研问卷的回收整理

网络间接调研方法主要有搜索引擎检索、数据库查找、网站跟踪访问、利用公告栏收集资料、利用新闻组收集资料、利用 E-mail 订阅信息收集资料。

步骤5：制定网络市场调研步骤

> **学而思**
>
> 我们应该采用哪些方法全面收集网络调研资料和信息？

想一想

我们如何在网络中开展市场调研活动？

做一做

一、网络市场调研步骤

网络市场调研应遵循一定的程序，一般而言，应经过六个步骤。

（一）确定网络调研目标

确定网络调研目标是最重要的一步。收集信息、加强沟通、采取策略、改进服务等来确立调研目标，方能正确地设计和实施调研。通过网络调研可用于发现和评估新的市场机会、分销及定价选择等问题。

（二）制定网络调研方案

制定网络调研方案包括确定网络调研目的、调研对象、调研内容、调研方法、调研方式、调研时间、调研人员安排、调研预算等。

（三）实施网络调研活动

实施网络调研方案是指在确定网络调研方案后，市场调研人员或负责人将制作好的调研问卷发布在网上。

（四）收集、整理调研资料和信息

收集整理信息这一步非常关键，涉及数据分析技术，如交叉列表分析技术、概况技术、综合指标分析和动态分析技术等。国际上较为通用的分析软件有 SPSS、SAS、BMDP、MINITAB 等，将收集到的资料利用电子表格软件对网上在线问卷调研归类整理、去伪存真。

（五）撰写网络调研报告

撰写网络调研报告是整个调研活动的最后一个重要阶段。撰写网络调研报告主要在于分析调研结果的基础之上对调研的数据和结论进行系统性说明，并对有关的结论进行探讨并说明建议，网络调研报告一般包括现状情况、存在的问题、提出建议或改进策略为主要内容。

二、网络调研问卷发布操作流程

（一）问卷星发布调查问卷

1. 注册问卷星并登录。单击网页右上方的"设计新问卷"按钮。
2. 选择问卷创建形式，包括模板创建问卷和文本创建问卷两种（一般选择文本创建问卷）。
3. 对问卷卷首语、调研目的、隐私保护承诺进行填写说明。

4. 完成上一步的补充信息后单击"下一步"按钮，进入题目设计窗口，单击问卷说明下面的"在此题后添加新题"按钮。

5. 这时系统提示选择插入的题型，按需要选择题型，例如选择单选题，填写题干内容，按住"＋"添加选项，填写选项内容，单击"完成"按钮。

6. 继续添加第2题，在上方选择题型，例如多选题，编辑界面填写题目、选项，完成第2题。

7. 按以上的这种方法一题一题添加完所有题目，就可以完成整个问卷的设计了。

8. 整个问卷设计完成后单击最上方的"完成编辑"按钮。

9. 单击"立刻发送"按钮。

10. 鼠标滑动到发送问卷，在出现的下拉框里将问卷链接进行复制粘贴问卷链接至QQ群、微信群或论坛，或运用手机微信扫二维码进行分享，完成在线问卷的发放。

（二）第一调查网发布问卷操作流程

1. 打开第一调查网 http://www.1diaocha.com/，注册登录。

2. 单击"自主调查"按钮，选择"深度调查"类别，单击"发布调查"按钮，进入发布调查页面。

3. 编辑调查内容，包括调查标题、调查标签、调查描述内容、调查题目及选项等。

4. 点击保存，发布调查，网上调查发布完毕。

5. 查看问卷参与人数及调研结果。

6. 撰写网络调研报告。

三、开展网络调研应注意的问题

1. 网络调研的内容适用性。网络调研在面向广大网民群体时，调研结果都是关于时间、地区及为什么等问题的信息。而结果是"为什么"的问题，目前还不适合用网上调研方法。

2. 网络调研的对象适用性。如果被调研对象的规模不够大，就意味着不适合用于网络调研。因此网络被调研者是否能成为群体规模，要看具体的调研项目和被调研者群体的定位。

3. 样本分布不均衡问题。网络调研结果不仅受样本数量少的影响，如果样本分布不均匀也可能造成调研结果误差。因此在进行网络市场调研时，样本数量不大的情况下，要对网站用户的结构进行了解，避免样本分布不均衡。

4. 网络调研质量监控。在分析调研结果阶段，根据得到的数据加以论证分析，辨别真伪。因此网络调研有必要设置地址鉴别或锁定访问口令，以保证一人一次参与问卷作答。

5. 合理答谢被调研者。在网络调研过程中，可以设置一些人性化的环节，例如在网上调研过程中加入适当的奖品奖励，调研可能会获得更多的参与者，这有利于调动参与者的积极性。

6. 公布保护个人信息声明。让用户了解调研目的，并确定个人信息不会被公开或者用于其他任何场合。在网站推广、电子商务等各个方面都是非常关键的。

7. 避免滥用市场调研功能。市场调研信息也向用户透露出企业的某些动向，使得市场调研具有一定的营销功能。如果以市场调研为名义收集用户个人信息，开展所谓的数据库营销或者个性化营销，不仅将严重损害企业在消费者之间的声誉，也会损害合法的市场秩序。

特别强调：
（1）要采用网络直接调研与间接调研相结合的方法。
（2）采取有奖调研。
（3）可以请专业调研公司开展网络调研。

步骤6：撰写网络市场调研报告

想一想

我们应该怎样撰写网络场调研报告呢？

做一做

拓展知识：
网络调研
常用网站

一、网络调研报告概念

调研报告是对某一情况、某一事件调查研究后，将所得的材料及结论加以整理而写成的书面报告。广义上说，所有的调研报告都或多或少带有某种研究性质；而狭义上，调研报告指的是以研究为目的的调查报告，但它不包括反映特定情况、介绍工作经验、揭露特殊问题的专题报告。

二、网络调研报告撰写思路

一份好的网络市场调研报告应有明确的主题、清晰的条理和简捷的表现形式。当一切调研和分析工作结束之后，必须将这些调研成果展示给决策者就需要明确网络调研报告撰写的思路，就是确定网络调研报告的结构及数据分析结论的表现方法。

（一）网络调研报告的体系结构

网络调研报告的结构体系应包括调研目的、调研方法、调研范围以及数据分析和参考建议在内的一系列内容。

（二）网络调研报告数据分析结论的表现方法

1. 选择表达方式。网络调研报告采用数据分析的表现手法中，图表是最行之有效的，它能非常直观地将研究成果表现出来。常用的图表形式有柱状图表、条形图表、饼形图表、线形图表等。

2. 明确主题内容。使用图表的目的在于将复杂的数据简单化、清晰化。根据不同类型的图表来表现不同类型的数据，让人能够一目了然地了解数据所表达的含义。

3. 明确数据间的相互关系。若是表示数据频率分布、对比等关系，可以采用除线形图表以外的其他几种基本图表格式。在实际工作中可根据具体内容的需要进行选择。

4. 其他应注意的事项。使用图表式数据分析时，可能会遇到一些限定词，例如总的来说、大多数情况、绝大多数、少数情况等等。当这些词出现时，说明需要自行判断来设计合适的图表。另外值得注意的是，要完成一份合格的报告不能只是单纯地使用图表，还应根据实际情况尽可能地使用一些表格来丰富整个报告形式，使其不会太过单一。

三、网络调研报告撰写要求

调研报告的核心是实事求是地反映客观事实。网络调研报告主要包括 3 个部分：调查、研究及报告。调查是基础，研究是关键，报告是结果。撰写调查报告，准确地分析调查结果，明确地给出调查结论，是报告撰写者的责任。

网络调研报告撰写的要求如下：

1. 报告要突出调研目的。网络调研报告撰写一定要目的明确，从明确的追求出发，经常深入社会第一线，不断了解新情况、新问题，有意识地探索和研究，写出有价值的调研报告。

2. 用网络调研事实说话。网络调研报告讲究事实，用事实材料阐明观点，揭示出规律性的东西，引出符合客观实际的结论。

3. 撰写网络调研要讲理论观点。网络调研报告的主要内容是事实，主要的表现方法是叙述法，目的是从这些事实中概括出观点，观点是调研报告的灵魂。

4. 网络调研报告要语言简洁。网络调研报告的语言需简洁明快地报告客观情况。

四、网络调研报告的内容结构

网络调研报告的内容结构一般包括扉页（封皮）、标题、概要（序言）、正文、附件五个部分。

> **学而思**
>
> 网络调研报告有什么要求？

（一）扉页（封皮）

扉页也就是封皮。一般写调研题目、调研单位、调研时间、调研人员等。封面上可以加上调研单位的 Logo。

（二）标题

标题要高度概括，具有吸引力；要准确揭示调研报告的主题思想，做到题文相符。标题一般分为单标题与双标题：单标题内容一般明确而具体；双标题的调研报告有两行标题，采用正、副标题形式。一般正标题表达调研主题，副标题用于补充说明调研对象和主要内容。

（三）概要

概要，也称序言，即调研报告的内容摘要。主要包括以下三个方面内容：第一，简要说明调研目的，即简要说明调研的原因；第二，简要介绍调研的对象和调研内容。内容包括调研时间、地点、对象、范围、调研要点及所要解答的问题；第三，简要介绍调研的方法。阐述调研方法，并说明选用该方法的原因，有助于管理者、决策者及其他人员确信调研结果的可靠性。

（四）正文

调研报告的正文包括引言、主体和结尾三部分。

1. 引言。调研报告的引言要简要地叙述为什么对这个问题（工作、事件、人物）进行调查。另外，调查的时间、地点、对象、范围、经过及采用的方法；调查对象的基本情况、历史背景以及调查后的结论等也要进行概述。调研报告的开头要求紧扣主旨，为主体部分做展开准备。文字要简练，概括性要强。

2. 主体。是调研报告的主干和核心，是引言的引申，也是结论的依据。这部分主要写明事实的真相、收获、经验和教训。即介绍调查的主要内容是什么，为什么会是这样的。

（1）调研报告主体的结构。调研报告中关于事实的叙述和议论主要都写在这部分里，是充分表现主题的重要部分。大概分为横式结构、纵式结构、综合式结构三种形式。

（2）论述部分重点包括：①通过调研了解到的事实，分析说明被调研对象的发生、发展和变化过程；②调研的结果及存在的问题；③提出具体的意见和建议。

（3）论述部分主要内容分为基本情况和分析两部分：①基本情况部分要真实地反映客观事实，对调研背景资料做客观的介绍说明或者是提出问题，其目的是要分析问题。②分析部分为主要部分，要对资料进行质和量的分析。通过分析，了解情况，说明问题和解决问题。分析一般有三类情况：第一类，成因分析；第二类，利弊分析；第三类，发展规律或趋势分析。

3. 结尾。是调研报告的结束语，是调研报告分析问题、得出结论、解决问题的必然结果。

（五）附件

附件是对正文报告的补充或更详尽的说明。包括数据汇总表及原始资料、背景材料和必要的工作技术报告。

五、网络调研报告撰写步骤

1. 明确调研目标。
2. 设计调研方案。

调研方案的内容要包括：①明确调研目的的要求；②调研对象的确定；③调研内容的限定；④设计调研表；⑤调研范围确定；⑥样本的抽取。

3. 资料的收集和整理方法。
4. 整理资料。对收集到的资料进行整理、分类、筛选和归纳，确保资料的完整性、准确性和可靠性。
5. 分析资料。利用 Excel 工作表格，对调研表进行统计处理，获得统计数据。
6. 撰写报告。根据分析结果，撰写调研报告。报告应当清晰、简洁、准确地表达调研结果和分析结论。
7. 修订和润色。对调研报告进行反复修改和润色，确保报告的逻辑清晰、语言流畅、图表清晰，符合报告撰写规范和要求。
8. 提交报告。将修订后的调研报告提交给相关人员，以便进行决策和实施。

学而思

如何撰写农产品网络调研报告？

素养园地：

实事求是——网络调研

网络调查是一种快捷且高效的调查方法。调查研究是坚持实事求是、一切从实际出发的根本工作方法。毛泽东同志十分重视调查研究,例如《寻乌调查》《湖南农民运动考察报告》等著作成为留给我们的历史文化珍宝。1930年5月,毛泽东同志为了反对当时红军中存在的"教条主义",专门撰文《反对本本主义》中提出"没有调查,就没有发言权"的著名论断。网络调研坚持用数据说话,用事实说话;一切从实际出发,实事求是,脚踏实地,求真务实;正确使用调研数据,不歪曲事实,不篡改数据;锤炼学生实事求是,诚信做人的思想品格。调研方法不断推陈出新,既要尊重事实,又要与时俱进,不可死板教条,生搬硬套。

任务总结:

完成本次任务,掌握网络调研的概念、目标、步骤、问卷设计、报告撰写等知识,熟悉网络调研的途径。根据白鹿观村项目进行市场现状的调研,并撰写调研报告。

能力训练 2-3：

分析白鹿观村项目网络市场现状调研

实训计划活页				___年___月___日
实训名称	白鹿观村项目网络市场现状调研		团队名称	
实训目的	1. 熟悉网络调研的相关知识 2. 设计网络调研问卷 3. 了解网络调研平台 4. 撰写调研报告		任务准备	了解白鹿观村乡村振兴项目，根据项目特点进行网络市场现状调研
素养目标	实事求是、团队协作			
实训任务	1. 分析白鹿观村乡村振兴项目的特点和现状 2. 确定调研的主题，并设计问卷 3. 根据目标客户选择问卷发放平台 4. 收集问卷，并筛选、整理、分析、归纳、撰写调研报告 5. 完成白鹿观村乡村振兴项目的市场分析报告并制作 PPT			
实训评价标准	1. PPT 的美观程度、布局、展示方式（20 分） 2. 内容的完整程度（30 分） 3. 求真务实的做事态度（20 分） 4. 网络调研报告的完成情况（30 分）			
实训评价	对内自评		小组互评	老师评价

白鹿观村项目网络市场现状调研报告

学习笔记

任务4　分析网络市场

任务描述：

根据该村现状及产业情况，该村希望能对市场的内部和外部环境进行分析，找出自己的优势和劣势，知己知彼，寻找利用营销机会，避开化解可能遇到的威胁。那么，需要借助哪些方法进行市场分析呢？

任务分析：

1. 了解市场分析的方法。
2. 掌握PEST、波士顿矩阵、SWOT等分析方法的含义及使用环境。
3. 熟悉SWOT分析法的规则与步骤。

任务实施：

网络市场分析

活页式教学设计及反馈表				
授课对象 姓名 学号		本任务课时数		4
教学环境	机房、实训室	实操任务数		1
任务内容				
教学内容	本任务使学生了解网络市场分析的方法，熟悉SWOT分析模型、波士顿矩阵法等，并根据自身优势进行分析，做好职业规划的能力			
实践内容	1. 对比四种分析方法的特点及适用场景 2. 利用SWOT分析法分析自身优劣势并做好自身职业规划			
课前准备				
导入案例	一个职业乞丐的自我SWOT分析			
技能基础	1. 调研报告撰写 2. 复习如何能够快速准确地利用搜索引擎进行信息查询和收集 3. 回顾如何利用Excel进行数据分析以及制作PPT			
学习准备	以小组为单位进行课前分析			
学习重难点				
学习重点	1. 掌握波士顿矩阵模型 2. 熟练应用SWOT分析法			
学习难点	应用SWOT分析法对市场进行分析			
课堂与课后				
点亮课堂表现 自评星级	☆☆☆☆☆			
课后疑问记录				

导入案例：

我拎着刚买的 levi's 从茂业出来，站在门口等一个朋友。一个职业乞丐发现了我，径直朝我走来。

乞丐看了眼我手里的袋子，感叹道："……我只在华强北一带乞讨，你知道吗？我一扫眼就见到你。在茂业买 levi's，一定舍得花钱……"

"哦？你懂的蛮多嘛！"我很惊讶。

"做乞丐，也要讲究科学的方法。"他说。

我一愣，饶有兴趣地问："什么科学的方法？"

"我懂得使用 SWOT 分析法分析自身的优势、劣势、机会和威胁。和竞争对手相比，我的优势是我不那么令人反感。机会和威胁都是外在因素，无非是深圳人口多以及深圳将要市容整改等。"

"我做过精确的计算。这里每天人流上万，穷人多，有钱人更多。理论上讲，我若是每天向每人讨 1 块钱，那我每月就能挣 30 万左右。但是，并不是每个人都会给，而且每天也讨不了这么多人。所以，我得分析，哪些是目标客户，哪些是潜在客户。"

……

（资料来源：《一个职业乞丐的 SWOT 分析与成功经验》）

导入案例	
小组讨论问题：目前网络市场分析的方法都有哪些？具体的适用场景又是什么？	讨论草稿区：

步骤 1：分析网络购物行为

想一想

消费者心理和行为变化主要体现在哪些方面？

做一做

一、网络消费需求的特征

1. 消费具有层次性。在网络消费中，人们的消费是由高层次向低层次扩展的。
2. 网络消费者的需求具有明显的差异性。网络消费者来自世界各地，国别不同、民族不同、信仰不同、生活习惯也不同。因而产生了明显的需求差异性，且远远大于实体商务活动的差异。
3. 网络消费者的需求具有交叉性。在网络消费中，各个层次的消费不是相互排斥的，而是紧密相连，需求之间广泛存在着交叉的现象。例如，由于网络虚拟商店几乎囊括所有的商品，可以满足生理的需求和尊重的需求，所以在同一张购货单上，存在着消费者可以同时购买到普通的生活用品或者昂贵的奢侈品的现象。

二、消费者的心理变化趋势和特征

互联网用户作为一个特殊群体,有着与传统市场群体截然不同的特征。网络营销的企业竞争是一种以客户为焦点的竞争形态。消费者的心理变化和行为变化要求营销策略必须针对这种变化而变化,这种变化主要体现在以下几个方面:

1. 消费者个性消费的回归。随着网络化新世界的到来,消费者的产品选择范围全球化、产品设计多样化,使整个市场营销又回到了个性化的基础之上成为消费的主流。

2. 消费者需求的差异性。差异性是指从产品的构思、设计、制造到产品的包装、运输、销售等。认真思考这些差异性,并针对不同消费者的特点,采取相应的措施和方法。

3. 消费者主动性的增强。在许多大额或高档的消费中,消费者往往会通过各种可能的渠道获取与商品有关的信息并进行分析和比较,这样的方式,增强了消费者的主动性。

4. 消费者心理稳定性减小,转换速度加快。产品生命周期的缩短反过来又会促使消费者心理转换速度进一步加快。例如,电视机在中国由黑白发展为彩色经历了十几年时间,但现在几乎每年都有采用新技术、具有新功能的电视机推出。

5. 消费者直接参与产品的生产和流通的全过程。在网络环境下,消费者能够直接参与到生产和流通中来,与生产者直接进行沟通,从而减少市场不确定性。

6. 消费者理性地选择商品。网络营销系统拥有着巨大的信息处理能力,为消费者挑选商品提供了前所未有的选择空间,消费者会利用在网上得到的信息对商品进行反复比较,以决定是否购买。

7. 价格是影响消费心理的重要因素。网上销售的商品价格普遍低廉,尽管经营者都倾向于以各种差别化来减弱消费者对价格的敏感度,避免恶性竞争,但价格始终对消费者的心理产生着重要的影响。

8. 网络消费者消费具有层次性。在网络消费的开始阶段,消费者偏重于精神产品的消费;而到了网络消费的成熟阶段,消费者的购买力则转向了日用品消费。

9. 消费者追求消费过程中的方便和享受。在实际消费过程出现了两种趋势,一部分工作压力较大、紧张程度高的消费者以方便性作为购买目标,他们追求的是节省时间和劳动成本;另一部分消费者由于劳动生产率的提高,自由支配时间的增多,因此他们希望通过消费来寻找生活的乐趣。

三、网络购物行为分析

(一)网络消费者的购买动机

网络消费者的购买动机是指在购买活动中驱动消费者产生购买行为的某些内在驱动力。网络消费者的购买动机基本上分为两类,即需求动机和心理动机。前者是指人们由于各种低级或高级的需求而引发的购买动机。而后者是由于人们的认识、情感、意志等心理过程而引发的购买动机。

（二）5W+1H 分析法

1. What（买什么商品）。企业要研究消费者购买什么，以决定生产什么。
2. Why（为什么购买）。消费者为什么购买呢？
3. When（什么时候购买）。企业要研究消费者购买决策过程中的时间规律性，以适当调整营销对策。
4. Where（在什么地方购买）。
5. Who（何人购买）。
6. How（如何购买）。

（三）消费者购买行为的类型

1. 尝试学习型。这类购物者对网络购物出于兴趣和好奇，刚开始尝试网络购物，在网上的时间不多或电脑应用水平低下，这也可能是限制这类人长期网络购物的因素。
2. 网络热衷型。这类购物者中大部分是网络爱好者，积极参与网站的活动。经常在网上浏览、购物，还喜欢向别人讲述自己的购物经历。
3. 贪图方便型。这类购物者对时间比较敏感，不愿意把时间花在商场购物上。他们认为网络购物最大的好处就是可以不出家门，节省时间、节约费用和方便操作。
4. 价格折扣型。这类购物者非常在意商品价格，他们网络购物主要是为了寻找价格低的商品，在网站上出售打折商品对他们有较大的吸引力。
5. 隐私规避型。这类购物者倾向网络购物，是因为不想在大庭广众之中购买那些比较隐私的商品。他们对会员注册比较敏感，不愿让别人知道隐私。如果网站要他们填写详细的个人信息，他们则会产生反感情绪。
6. 商品信息搜索型。这类购物者推崇时尚、追赶时髦；喜欢在网上寻找稀有商品，或者在购物前利用网络进行信息搜索；比较商品功能、价格，在线上浏览信息到线下购买商品。

四、个人消费者网上购买分析

（一）个人消费者网上购买过程

网络消费者的购买过程就是购买行为形成和实现的过程，其购买过程包括五个阶段，即诱发需求、收集信息、比较选择、购买决策和购后评价。

1. 诱发需求。购买过程的起点是诱发需求。诱发需求的因素是多方面的，有来自人体内部所形成的生理刺激，如冷暖饥渴；有来自外部环境所形成的心里刺激等。
2. 收集信息。网上购买信息的收集具有较大的主动性。一方面，网上消费者可根据已了解的信息，通过互联网查询商品信息，了解产品行情；另一方面，消费者又不断地在网上浏览中寻找新的购买机会。
3. 比较选择。消费者将从各渠道收集到的资料进行比较、分析、研究和了解各种商品的特点及性能。消费者的综合评价主要考虑商品的功能、质量、可靠性、样式、价格和售后服务等。消费者对网络广告的可信度一般从以下几个方面进行考察：

（1）看发布渠道。一般在著名站点上发布广告的厂商，经济实力较强，可信度

> **学而思**
>
> 你的购买行为是属于哪种类型的？

较高。

（2）看广告用语。广告语对外传播产品信息的主要表达形式，客观地、实事求是地反映商品的特点是网络广告的基本要求。

（3）看主页内容更换的频率。网络营销成功的企业，其主页会经常变换，推出新的信息和产品；不重视网络营销的企业则对主页内容的更新漠不关心。

（4）尝试性购买。若要在不熟悉的网站上购买商品，消费者一般会先做一次尝试，了解其产品质量和服务质量后，再决定是否进行大规模购买。

4. 购买决策。网络购买决策是指网络消费者在购买动机的支配下，从两件或两件以上的商品中选择一件满意商品的过程。网上消费者在决定购买某种商品时，一般都具备了三个条件：一是对厂商有信任感；二是对支付有安全感；三是对产品有好感。

5. 购后评价。消费者购买商品后，往往通过使用价值来对自己的购买行为进行检验、总结，重新考虑购买是否正确、效用是否满意、服务是否周到等问题。商品的价格质量和服务往往是消费者购后评价的主要内容，这种购后评价往往也会决定消费者今后的购买动向。

（二）影响个人消费者网上购买的因素

影响个人消费者网上购买的因素有社会阶层、家庭环境、风俗时尚、个人心理等多方面。在全球化的市场中，商品挑选的范围逐渐扩大，消费者可以借助多种检索途径，如新闻组、电子公告牌等，方便快速地搜寻全国乃至全世界相关的商品信息，挑选满意的厂商或产品，获得最佳的商品性能和价格。

步骤 2：使用网络市场分析工具

想一想

波特五力竞争模型中的五力具体指的是什么？

做一做

一、PEST

（一）PEST 模型的定义

1999 年，美国学者 Johnson G. 与 Scholes K. 提出了 PEST 模型，用来研究市场大势，分析企业所处的宏观环境。PEST 模型主要针对政治（Politics）、经济（Economy）、社会（Society）、技术（Technology）这四个方面，是品牌方在做出战略决策前，需要思考的重要内容，因此，PEST 分析位于整个市场分析的第一位。

（二）PEST 模型的分析环境

1. 政治环境。PEST 分析模型中的政治环境主要包括一个国家的社会制度、执政党性质、政府的方针、政策、法令等。而 PEST 中首要分析的就是政治这个因素，它制约和影响着企业的经营行为，特别对企业长期的投资行为有着一定的影响力。

2. 经济环境。经济环境分为宏观经济环境和微观经济环境两个方面。

宏观经济环境主要指国家的人口数量及其增长趋势、国民收入、国民生产总值及其变化情况。微观经济环境是指企业所在区域的消费者收入水平、消费偏好、就业程

拓展知识：
马斯洛需求
层次理论

度、储蓄情况等。

3. 社会环境。社会环境是一个国家或者地区的居民人口情况、文化氛围、教育水平、宗教信仰、风俗习惯、审美观点、价值观念等的综合体。人口情况和文化氛围对企业影响最大。

4. 技术环境。技术环境是指和企业所在市场有关的新技术、新工艺、新材料，以及它们的应用背景、发展趋势。

如果企业只是进行简单的 PEST 分析，可去各类官方机构寻找信息；如果要进行精准的 PEST 分析，那就必须找专业的机构。

（三）PEST 分析模型的用途

进行 PEST 分析对于提高企业更广泛的商业环境及指导未来战略至关重要。优质的 PEST 分析能为企业带来很多好处，包括以下几点：

1. 改进战略思维。通过分析宏观环境因素的过程，可以培养管理者思考企业面对的无法控制的外部问题的能力。进行 PEST 分析时要求管理者评估四种因素对企业产生的影响，并根据这些信息决定如何定位业务。

2. 提高威胁和机会的可见性。强大的 PEST 分析可以突出企业业务运营的潜在风险。PEST 分析将暴露这种潜在威胁，这意味着企业可以预测风险并讨论如何避免风险或最小化其影响。

3. 简单且低成本。使用 PEST 分析可使营销成本降低，是因为 PEST 分析的主要支出是研究和分析工时。

二、波特五力模型

波特五力模型是迈克尔·波特（Michael Porter）于 1980 年初提出的。他认为行业中存在着决定竞争规模和程度的五种力量，这五种力量综合起来影响着产业的吸引力以及现有企业的竞争战略决策。五种力量分别为现有企业间的竞争、潜在进入者、替代品的威胁、供应商的议价能力以及购买者的议价能力，如图 2-1 所示。

> 💡 **学而思**
>
> PSET 分析法收集信息的渠道有哪些？

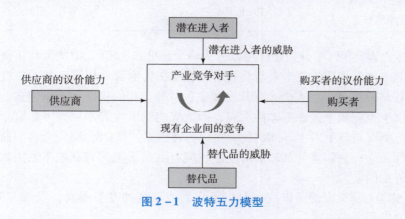

图 2-1　波特五力模型

波特五力竞争模型组成如下：

1. 现有企业间的竞争。是五种力量中最强大的，为了赢得市场地位和市场份额，他们通常不计代价获取竞争优势。

2. 潜在进入者的威胁。所谓潜在进入者,可能是一个新办的企业或新进入者,也可能是一个采用多元化经营战略的原从事其他行业的企业,潜在进入者会带来新的生产能力,并要求取得一定的市场份额。

3. 替代品的威胁。替代品一般是指与现有产品相比,能够发挥同种功效和满足同样需求的产品。

4. 供应商的议价能力。供应商和需求者之间的供需平衡是相对的。如果某个行业中有许多小的供应商对应少量的大需求者时,那么供应商讨价还价的能力是很小的。相反,当产业中只有少数的大供应商时,它们的讨价还价能力会增强。

5. 购买者的议价能力。在大多数情况下,购买者会通过货比三家来寻找质价比最好的产品,这时他可以向卖方施加更多的压力,从而成为一股强大的竞争力量。

三、SWOT

(一) SWOT 分析法的定义

SWOT 分析法,即基于内外部竞争环境和竞争条件下的态势分析。1980 年初由美国旧金山大学的管理学教授韦里克提出,经常被用于企业战略制定、竞争对手分析等场合,分别包含优势(Strengths)、劣势(Weaknesses)、机会(Opportunities)、威胁(Threats)。其中,优势、劣势为内部要素,机会、威胁为外部要素。SWOT 分析矩阵如表 2-3 所示。

> **学而思**
> 影响购买者议价能力主要因素有哪些?

表 2-3 SWOT 分析矩阵

外部因素	内部能力	
	优势 S (企业内部)	劣势 W (企业内部)
机会 O (企业外部)	SO(利用这些)	WO(改进这些)
威胁 T (企业外部)	ST(监视这些)	WT(消除这些)

从整体上看,SWOT 分析矩阵可以分为两个部分:①SW,即优势和劣势,主要用来分析内部条件,是企业或个人与其竞争者或潜在竞争者(以某一技术、产品或是服务)的比较结果;是企业或个人在其发展中,自身存在的积极和消极因素。做优劣势分析时,由于企业或个人的整体性不同,而造成的竞争优势不同,因此整个价值链的所有环节,都要与竞争对手详细对比,这属内部因素。②OT,即机会和威胁,主要用来分析外部条件。它们是外部环境对企业发展有直接影响的有利或不利因素,属客观因素,即外部因素。

利用 SWOT 分析方法可以找出对自己有利或不利的发展因素,发现并解决问题,明确自身的发展方向。

(二) SWOT 分析法的规则

企业经营环境随时会发生变化,这种变化对于企业来说,可能是机遇也可能是威

延伸阅读:
美团、饿了么平台被市场监督局约谈

胁。经营者应当确认并评价每一个成长机会的前景，选取可与公司匹配、提升竞争优势的最佳时机，更应及时把控风险，采取相应的战略行动来减轻危及企业利益的影响。

为了更好地进行内外部分析，我们应该掌握以下规则：
1. 进行SWOT分析法时，必须正确认识企业或自身的优劣势。
2. 进行SWOT分析法时，必须区分公司的现状与前景。
3. 进行SWOT分析法时，必须考虑全面。
4. 进行SWOT分析法时，必须与竞争对手进行比较。
5. 保持SWOT分析法的简洁化，避免过度复杂。
6. 使用SWOT分析法时，应当因人而异。

（三）SWOT分析法的步骤

1. 分析环境因素。通过专家团队分析以及各种调查研究方法，分析公司所处的各种环境因素，即外部环境因素和内部环境因素。外部环境因素包括机会因素和威胁因素，外部环境因素对公司的发展有直接的影响，属于客观因素。内部环境因素包括优势因素和劣势因素，内部环境因素是公司在其发展中自身存在的积极或消极的因素，属于主观因素。在调查分析这些因素时，不仅要考虑到历史与现状，更要考虑未来发展问题。

优势因素是指组织机构的内部因素，具体包括有利的竞争态势、充足的财政来源、良好的企业形象、技术力量、规模经济、差异化的产品、市场份额、成本优势、广告攻势等。

劣势因素也是指组织机构的内部因素，具体包括设备老化、管理混乱、缺少关键技术、研究开发落后、资金短缺、经营不善、高成本、市场定位不好、产品积压、竞争力差等。

机会因素是指组织机构的外部因素，具体包括技术创新、新产品、新市场、新需求、外国市场壁垒解除、人口和社会变化、贸易自由化、竞争对手失误等。

威胁因素也是指组织机构的外部因素，具体包括新的竞争对手、替代产品增多、市场紧缩、行业政策变化、进口威胁、经济衰退、客户偏好改变、突发事件等。

SWOT方法的最大优点在于考虑问题的全面性，是一种外部环境与内部环境相结合的系统性思维，可以把对问题的"诊断"和"开处方"紧密结合在一起。

2. 构造SWOT矩阵。首先，分析环境因素，综合分析公司所处的内外部环境；其次根据影响程度排序，构造SWOT矩阵。将内部优势与外部机会进行匹配，得出SO策略并填入SO的对应列中；将内部劣势与外部机会进行匹配，得出WO策略并填入WO的对应列中；将内部优势与外部威胁进行匹配，得出ST策略并填入ST的对应列中；将内部劣势与外部威胁进行匹配，得出WT策略并填入WT的对应列中。

3. 制订行动计划

在完成环境因素分析和SWOT矩阵的构造后，需要对SO、ST、WO、WT策略进行甄别和选择，确定企业目前应该采取的具体战略与策略。制订战略计划的基本思路是：发挥优势因素；克服劣势因素；利用机会因素；化解威胁因素。考虑过去，立足眼前，着眼未来。运用系统分析方法，将各种环境因素相互匹配加以组合并思考，得

拓展知识：
SWOT分析法用于个人职业生涯规划

学习笔记

出一系列公司未来发展的可选择战略和对策。

四、波士顿矩阵

（一）波士顿矩阵的定义

> **学而思**
>
> 如何将我们的乡村振兴项目进行SWOT分析呢？

波士顿矩阵（BCG Matrix），又称市场增长率-相对市场份额矩阵，由美国著名的管理学家、波士顿咨询公司创始人布鲁斯·亨德森于1970年首创。它是通过销售增长率（反应市场引力的指标）和市场占有率（反应企业实力的指标）来分析决定企业的产品结构。

市场引力包括企业销售量（额）增长率、目标市场容量、竞争对手强弱、利润高低等。其中最主要反映市场引力的综合指标是销售增长率，这是决定企业产品结构是否合理的外在因素。

企业实力包括市场占有率、技术、设备、资金利用能力等。其中，市场占有率是决定企业产品结构的内在因素，它直接显示出企业的竞争实力。一个产品能否被开发出来并且顺利上市，市场占有率起着决定性的作用。所以，销售增长率与市场占有率既相互影响，又互为条件，如图2-2所示。

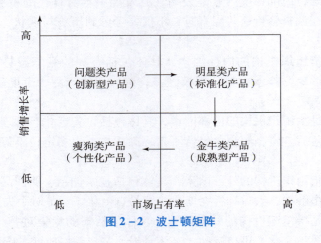

图2-2 波士顿矩阵

（二）波士顿矩阵中的产品类型

1. 明星类产品（Stars）。属于高增长率、高市场占有率的"双高"产品群，需要加大投资以支持其迅速发展。这类产品可能成为企业的现金流产品，采用的发展战略是积极扩大经济规模和市场机会，以长远利益为目标，提高市场占有率，加强竞争地位。

2. 金牛类产品（Cash Cow）。又称厚利产品，属于低增长率、高市场占有率的产品群，已进入成熟期。其财务特点是销售量大、产品利润率高、负债比率低，可以为企业提供资金，而且由于增长率低，也无须增大投资。

3. 问题类产品（Question Marks）。属于高增长率、低市场占有率的产品群。前者说明市场机会大，前景好，而后者则说明在市场营销上存在问题。其财务特点是利润率较低，所需资金不足，负债比率高。

4. 瘦狗类产品（Dogs）。也称衰退类产品。它是属于低增长率、低市场占有率的产品群。其财务特点是利润率低处于保本或亏损状态，负债比率高，无法为企业带来收益。对这类产品应采用撤退战略。

掌握产品结构的现状及监测、预测未来市场的变化，进而有效且合理地分配企业经营资源，才是一个企业发展的长久之计。

💡 **学而思**

乡村振兴项目中的产品目前属于哪种产品类型？

素养园地：

拓展知识：波士顿矩阵在酒类营销中的运用

延伸阅读：波士顿咨询集团法的应用法则

明辨笃行、思辨常伴

《礼记·中庸》："博学之，审问之，慎思之，明辨之，笃行之。"意思是要广博地学习，要对学问详细地询问，慎重地思考，明白地辨别，切实地力行。

在这个多媒体时代，大学生一定要善于明辨，网络信息丰富，既有其精华也有其糟粕。很多时候，你所看到的只是表象，或者是别人故意让你看到的，未必属实；你听到的也有可能是片面的或是断章取义的内容，未必为真。

人固然会相信自己的眼睛，但是当大家在看到一个现象、接收一种信息、接受一件事物的时候，应当保持清晰的头脑，多看看，多想想，考虑事件的背后到底什么是真实的，大胆假设，然后经过详细的询问、仔细的探究、慎重的思考，加以辨别，小心求证，再做出相应的判断后付之行动，这样才是正确的。

不经过自己的思考和辨识就进行散布和传播，反而会给社会添乱。

任务总结：

完成本次任务，掌握网络消费者购买行为分析；了解网络市场分析的几种方法；逐渐完善自己的职业生涯规划；同时学会根据项目优化自己的团队。

学习笔记

能力训练 2-4：

分析白鹿观村项目网络营销环境

实训计划活页			___年___月___日	
实训名称	白鹿观村项目网络营销环境分析		团队名称	
实训目的	1. 了解网络市场分析的方法 2. 根据项目的情况利用所学方法进行市场分析		任务准备	请团队成员先分析自身的优劣势及兴趣，从而进一步熟悉SWOT分析法
素养目标	明辨笃行、思辨常伴			
实训任务	1. 通过各大平台对该项目进行调研 2. 对收集到的岗位信息进行分析、整理、归纳 3. 在调研的基础上，用SWOT分析法完成团队项目的网络营销环境分析 4. 完成白鹿观村项目的网络营销环境分析PPT			
实训评价标准	1. PPT的美观程度、布局、展示方式（30分） 2. 内容的完整程度（30分） 3. 实事求是的自我分析（20分） 4. 学习目标的制定（20分）			
实训评价	对内自评		小组互评	老师评价

白鹿观村项目网络营销环境分析报告

任务5 掌握网络营销规划

任务描述：

根据该村现状及产业情况，该村希望通过网络营销将特色农产品进行推广宣传，促进第一产业和第三产业融合，打造形成农旅结合的新型产业形式，反哺集体经济。将项目目标分解后，根据调研结果进行市场规划。

任务分析：

1. 了解网络营销实施层次。
2. 掌握网络营销实施流程。
3. 熟练应用 STP 战略。

任务实施：

网络营销规划

活页式教学设计及反馈表			
授课对象 姓名 学号		本任务课时数	2
教学环境	机房、实训室	实操任务数	1
任务内容			
教学内容	通过教学学习以下3项内容：网络营销实施层次（三层），网络营销实施流程和 STP 战略（战略层）。其中，针对第一项内容了解即可，第二项应达到熟悉程度，第三项内容要求同学们掌握其方法，并学习致用		
实践内容	1. 搜集网络营销实施流程案例 2. 搜集并分析 STP 战略成功的案例 3. 制作项目团队 STP 战略的 PPT		
课前准备			
导入案例	三只松鼠的 STP 战略		
技能基础	1. 分析关键词 2. 复习网络营销的基本职能 3. 回顾 4Cs 理论 4. PPT 制作技巧		
学习准备	以小组为单位进行课前分析		
学习重难点			
学习重点	1. 分析关键词 2. 进行信息的搜索、分析、整理、归纳 3. 制作 PPT		

续表

学习难点	1. 长尾理论、二八理论的内在机理及其在网络营销中应用 2. 软营销在网络营销中的运用
课堂与课后	
点亮课堂表现 自评星级	☆☆☆☆☆
课后疑问记录	

导入案例：

三只松鼠的 STP 战略

三只松鼠股份有限公司地址位于安徽芜湖，主要经营坚果和休闲零食，现已发展成为年销售额百亿元的坚果行业龙头企业及上市公司（股票代码：300783）。三只松鼠公司 STP 战略的实施为其奠定了该领域的领先水平，线上线下渠道的日趋完善，成为大家喜闻乐见的零食产品品牌。作为食品业的引领者，三只松鼠定位准确，针对不同层次的消费者实行多品牌战略；另外在产品研发上顺应潮流，持续破旧立新，达到消费者需求。

三只松鼠公司的网络营销模式以专业的营销公司为产品的销售推广和宣传保驾护航。

（1）市场细分（Segmenting）：根据市场需求和消费者特点，可以把的目标市场的分成以下 3 个市场：①小食品市场。三只松鼠公司的产品大多数以小包装的零食为主，适合作为快速食材或零食。这个市场比较广泛，包括了所有年龄段以及所有生活方式的人。②礼品市场。三只松鼠公司产品的包装精美、口感独特，适合作为礼品赠送。这个市场主要面向节日、商务、生日等特殊场合需要送礼的人群。③进口食品市场。三只松鼠公司也推出了一些进口食品，像咖啡、葡萄酒等。这个市场主要面向对进口食品有较高追求的中高端消费者。

（2）目标市场（Targeting）：在以上市场中，三只松鼠公司选择了以小食品市场和礼品市场作为主要目标市场。①三只松鼠公司的小食品市场将主要目标市场放在了"90 后""00 后"年轻人身上。这个市场的特点是年轻化、时尚化、个性化，以及有较强的消费能力和消费欲望。②三只松鼠公司的礼品市场选择有礼品需求的消费者作为目标市场，主要是年轻人送给长辈或朋友的礼品。三只松鼠利用手工艺、包装设计等来增加品牌的艺术感和高端感。

（3）市场定位（Positioning）：三只松鼠的市场定位以注重品质、健康、创造性、创新型的高品质零食作为品牌的市场定位。①品质。三只松鼠公司在选择原料和制作工艺上都非常注重品质的控制，打造有品质、健康、美味的零食产品；②健康。三只松鼠公司的零食产品通过添加健康元素，如酸奶、海苔等，强调健康美味的食品理念；③创造性。三只松鼠公司对产品的包装设计充满创造性，通过新颖的设计和有趣的故事营造买家对产品的兴趣和品牌忠诚度；④创新型。三只松鼠公司一直在对之前的产品进行升级改良和扩展创新,以适应市场和消费者的需求,从而打造一个充满创新型的品牌形象。

导入案例	
小组讨论问题:网络营销对与企业 STP 战略的意义何在?请对高层次的网络营销进行画像。	讨论草稿区:

步骤1:了解网络营销实施层次

想一想

以白鹿观村为例,思考研究网络营销实施层次的意义是什么。

做一做

对网络营销层次进行划分,是为了更好地把握网络营销的真正含义和具体实践。

一、网络营销初级层次

网络营销的初级层次是指企业开始在传统营销的基础上引入计算机网络信息处理技术,从而代替企业内部或外部传统的信息存储和传递的方式。网络营销的初级层次主要通过网站、邮件、搜索引擎等方式进行营销。

网站是网络营销的初级层次之一。网站所表达的信息内容是传统宣传方式的数十倍,且广告成本投入低。因此,网络营销凸显了高效性和成本低廉性。邮件和短信的营销也属于网络营销的重要手段。企业可以通过邮件和短信以更个性化、更直接的方式,向客户传递企业自身的信息,如营销新的产品和服务,来提高客户的满意度和忠诚度。

初级层次并不只是做广告,更重要的是在于投资成本低、易操作。这一层次并不涉及复杂的技术问题和法律问题。

二、网络营销中级层次

网络营销的中级层次是指以社交媒体、博客营销、SEO 优化等作为主要技术手段的营销方式。中级层次的网络营销是企业建立外联网提升企业生产效率的一个重要手段。另一方面,企业在销售产品时能更迅速地找到合适的市场,并且能减轻员工的劳动,从而降低成本。这一层次的实施需要社会各界相互配合。

三、网络营销高级层次

网络营销的高级层次是指更深入、更高效地推进网络营销的技术手段。高级层次的营销侧重于品牌形象塑造、客户忠诚度的提高、LBS 定位、人工智能(AI)等方面的应用,从而扩大企业营销的全部价值。高级层次是网络营销发展的理想阶段。在企业内部和企业外部之间,从交易的达成到产品的生产、原材料的供应、贸易伙伴之间单据的传输、货款的清算、产品和服务的提供等均实现了一体化的网络信息传输和

项目二 网络市场规划

处理。

以上3个层面是网络营销发展的3个阶段，每一层次都可以对传统模式下的市场营销发起挑战。因此，网络营销的潜力是巨大的。

步骤2：熟悉网络营销实施流程

想一想

以白鹿观村为例，思考网络营销分为哪些步骤。

做一做

网络营销的一般流程如下：

一、借助第三方平台开展网络营销

利用第三方平台开展网络营销，依然要遵循了解客户、确立目标、做好规划等一般性路径。要了解目标客户的需求、喜好，根据产品特点，选择流量大且访客覆盖企业目标市场的网站；分析并选定网站中最具广告效果且与产品紧密联系的形式；提供高质量信息或娱乐的登陆页面，用正确的销售信息促使访客做出行动；收集访客的信息资料，并进行数据挖掘；随时监控整个网络营销活动的进程（重要）；回顾与评价整个网络营销活动。以淘宝的网络营销流程为例：

1. 注册店铺账号、支付账号。
2. 提交实名认证。
3. 创建店铺，完善基本信息。
4. 解决货源问题。
5. 上传商品。
6. 店铺装修。
7. 营销推广。

在开店初期，因为店铺上架的商品是新品，不被人们所熟知，所以很难搜索到，这时，商家需要进行推广营销来为店铺引流吸引顾客入店。具体引流方式，可以借助抖音、微信、快手、百度贴吧、行业网站、公众号等流量平台发布产品相关信息产生"种草"行为，促成引流效果，进而转化为"加购—成交—复购"的过程。以淘宝平台为例：

（1）引流种草。可以购买流量，选择主版广告位进行宣传，或通过抖音视频、微淘等，把产品的卖点告诉顾客，让顾客了解产品。这个阶段重点是"点击量"的数据。

（2）查找蓄水。需要增加产品曝光，让顾客对产品产生兴趣。这个阶段重点是"展现量"的数据。做好网站的"链接"，使潜在客户通过点击链接直达店铺。有了访客，即使潜在客户在没有加购的情况下，也可以告诉这些访客店铺未来的营销活动来完成蓄水。

（3）加购成交。已经加购的用户，店铺需要通过营销活动来做一波收割。

> **学而思**
> 白鹿观村应该如何借助社交媒体、SEO优化等，深入地向客户传递产品信息和乡村文化，形成与客户更加直接、长期、多样化的互动关系？

> **学而思**
> 以白鹿观村为例，你认为人工智能（AI）在网络营销中的作用是什么？

> **学而思**
> 寻找货源的方法有哪些？

拓展知识：LBS定位

(4)稳定复购。网络运营的过程中,需要不断地获取新客户,同时把客户留存下来变成粉丝。这就需要高情商、高效率、高质量地提供给客户愉悦、舒畅、专业、诚信的客服过程。

二、企业自建设网站开展网络营销的一般流程

企业自营网站不受第三方时段、版面等限制。信息是由企业自己设计制定,不断地更新维护。企业可使用各种手段吸引客户,并与访客建立双向互动交流,及时有效地传递并获取相关信息,综合运用企业网站和第三方平台,全面展开网络营销。企业自营网站营销的一般流程如下:

1. 规划和策划。建设好的营销网站非常关键的一步是需要精心的规划,根据企业的战略和目标,设计网站的整体架构和各个功能模块,以及确定适合企业的营销策略和内容创意。

2. 设计 UI 和视觉风格。设计好的 UI 和视觉风格可以让营销网站在众多竞争对手中脱颖而出。通过设计合适的版式、色彩、字体等元素,将企业的风格特点及形象传递出去。

3. 开发和测试。在敲定适合企业定位的 UI 设计和视觉风格之后,开发和测试就成了重中之重。企业需要选择可靠的软件开发团队,较为完整地实现预定的策略和功能。同时,也需要进行严格的测试,确保网站的各项功能和性能能够顺利地运行。

4. 操作和维护。任何一款网站都需要操作和维护,以保证网站的稳定性和用户的体验感。企业需要制定相应的操作规程和维护方式,以及保障网站的安全性。

5. 营销推广。内容要点与"借助第三方平台开展网络营销的一般流程"相同。

步骤 3:掌握 STP 战略(战略层)

想一想

请为白鹿观村项目设计 STP 战略。

做一做

任何企业都不可能与所有的顾客建立联系,因此,需要细分市场来为消费者服务。正确识别并细分市场通常是营销成功的关键。为了更有效地营利,更多的企业开始使用目标市场营销。有效的目标市场营销要求:识别并描绘出因需要和欲望不同而形成的独特购买者群体(市场细分);选择一个或多个细分市场进入(目标市场);向目标细分市场传达公司产品或服务的显著优势(市场定位),这就是市场营销的"STP 战略"。

一、STP 战略概念

STP 战略是现代市场营销战略的核心。STP 战略即市场细分(Segmenting,S)、目标市场(Targeting,T)和市场定位(Positioning,P)。所有的营销战略都建立在 STP 战略的基础上。

二、STP 战略内容

STP 战略是指市场细分、目标市场和市场定位三个部分的内容。

(一) 市场细分 (Segmenting)

市场细分是指营销者通过市场调研,依据消费者的差异划分为若干个市场。具体来说,就是指按照消费者的收入水平、职业、年龄、文化、购买习惯、偏好等变量,细分成若干个需求不同的子市场或次子市场的过程。每一个消费者群就是一个细分市场,每一个细分市场都是具有类似需求倾向的消费者构成的群体。

市场细分一般要经过调查、分析、细分三个阶段。

1. 市场细分因素一般包括:

(1) 地理因素:国家、地区、城市、农村、气候、地形等。

(2) 人口因素:年龄、性别、职业、收入、教育、家庭人口、家庭类型、家庭生命周期、国籍、民族、宗教、社会阶层等。

(3) 心理因素:生活方式、性价等。

(4) 行为因素:追求利益、使用者地位、产品使用率、忠诚程度等。

市场细分的基本原理:市场是商品交换关系的总和,本身可以细分;消费者异质需求的存在;企业在不同方面具备自身优势。

2. 市场细分的条件:

(1) 可衡量性。指各个细分市场的购买力和规模能被衡量的程度。如果细分变数很难衡量的话,就无法界定市场。

(2) 可盈利性。指企业新选定的细分市场容量足以使企业获利。

(3) 可进入性。具体表现在信息进入、产品进入和竞争进入。考虑市场的可进入性,实际上是研究其营销活动的可行性。

(4) 差异性。指细分市场在观念上能被区分,并对不同的营销组合因素和方案有不同的反应。

(二) 目标市场 (Targeting)

目标市场是指企业在市场细分之后的若干"子市场"中运用企业的营销活动之"矢"瞄准市场方向之"的"的优选过程。选择要进入的一个或多个细分市场,明确产品的定位应为哪一类用户服务,满足用户的需求,是企业在营销活动中的一项重要策略。

选择目标市场一般运用下列三种策略:

1. 无差异市场营销策略。即把整个市场作为自己的目标市场,只考虑市场需求的共性,而不考虑其差异性,运用相同的产品、价格及推销方法,吸引尽量多的消费者。采用无差异市场营销策略的产品在内在质量和外在形体上的独特风格,得到多数消费者的认可,从而保持相对的稳定性。

这类营销策略的优点是产品单一,容易保证质量且可以投入大批量生产,从而降低生产和销售的成本。但如果同类型企业也采用这种策略时,必然会形成激烈竞争。

2. 差异性市场营销策略。即把整个市场细分为若干子市场,针对不同的子市场,设计不同的产品,制定不同的营销策略,满足不同的消费者需求。这种策略的优点是能满足不同消费者的不同要求,有利于扩大销售、占领市场、提高企业声誉。其缺点是由于产品差异化、促销方式差异化,不仅增加管理难度,还提高了生产和销售费用。

3. 集中性市场营销策略。即在细分后的市场上,选择一个或少数几个细分市场作为目标市场,实行专业化生产和销售。在个别少数市场上发挥优势,提高市场占有率。采用这种策略的企业对目标市场有较深的了解,这是大部分中小型企业应当采用的策略。采用集中性市场营销策略的优点是能集中优势力量,有利于产品适销对路,降低成本,提高企业和产品的知名度;缺点是有较大的经营风险,因为它的目标市场范围小,品种单一。如果目标市场的消费者需求、爱好等发生变化,企业很可能因应变不及时而陷入困境。同时,当强有力的竞争者打入目标市场时,企业可能会受到严重影响。因此,许多中小企业为了规避风险,会选择一定数量的细分市场作为自己的目标市场。

选择适合企业的目标市场的营销策略是一个复杂多变的工作。企业内部条件和外部环境在不断发展变化的情况下,经营者要不断通过市场调查和预测,掌握和分析市场变化趋势与竞争对手的条件,扬长避短、发挥优势、把握时机,采取灵活的适应市场态势的策略,为企业争取较大的利益。

(三) 市场定位 (Positioning)

市场定位是指企业针对潜在顾客的心理进行营销设计,创立产品、品牌或企业在目标客户心目中的某种形象或某种个性特征,保留深刻的印象和独特的位置,从而取得竞争优势。市场定位就是能否为自己的产品树立特定的形象,使之与众不同,在消费者的心目中为公司的品牌选择一个占据这重要位置的过程,其过程需要企业结合自身的实力,合理地确定经营目标,顺应国际市场的变化,提供综合化服务。

定位的结果之一就是成功地创立以顾客为基础的价值主张,即为什么目标市场应该购买这种产品或服务的一个令人信服的理由。一个价值主张抓住了产品或服务的主要优点并通过满足顾客的需求为客户提供价值。一个好的品牌定位能够阐明品牌精髓、辨识为消费者达成的目标,并揭示如何以独特的方法实现,从而有助于指导营销战略。一个好的定位既"立足于现在",又"放眼于未来"。它需要有抱负,这样品牌才有成长和改进的空间。

市场定位要求营销人员为本企业产品传达品牌与其他竞争者之间的相似点和差异点。具体市场定位的决策需要:①通过识别目标市场和相关竞争状况确定参考框架;②在参考框架下识别品牌联想的最佳共同点和差异点;③创建品牌宣传广告语来概括品牌定位和品牌精髓。

三、STP 战略优势

总体来说 STP 战略有助于企业管理者发掘机会、开拓市场,利用细分市场的特点制定并调整营销策略。具体地说有以下几点:

(一) 有利于选择目标市场和制定市场营销策略

市场细分后的子市场相对比较具体,容易了解消费者的需求。企业可以根据自身的情况,确定服务对象,即目标市场。针对较小的目标市场,便于制定特殊的营销策略。同时,在细分的市场上,信息容易了解和反馈,一旦消费者的需求发生变化,企业可迅速改变营销策略，制定相应的对策，以适应市场需求的变化，提高企业的应变能力和竞争力。

（二）有利于发掘市场机会和开拓新市场

通过市场细分，企业可以对每个产品的购买潜力、满足程度、竞争情况等进行分析对比，探索出有利于本企业的市场机会，使企业及时做出投产、异地销售的决策或根据本企业的生产技术条件开拓新产品计划，进行必要的产品技术储备，掌握产品更新换代的主动权，开拓新市场，以更好适应市场的需要。

（三）有利于集中人力、物力投入目标市场

任何一家企业的资源、人力、物力、资金都是有限的。通过细分市场，选择适合自己的目标市场，企业可以集中自身的资源，去争取局部市场上的优势，然后再占领自己的目标市场。

（四）有利于企业提高经济效益

除上述三个方面的作用可以使企业提高经济效益之外，企业也可以通过市场细分后，面对自己的目标市场，生产出适销对路的产品，既能满足市场需要，又可增加企业的收入。产品适销对路可以加速商品流转，加大生产批量，降低企业的生产销售成本，提高生产工人的劳动熟练程度，提高产品质量，全面提高企业的经济效益。

素养园地：

鱼和熊掌，亦能兼得

上海交通大学特聘教授、国家重大科研计划首席科学家——曾凡一出生在医学世家。小时候，她爱偷穿妈妈的白大褂，假装是个"小小科学家"。再长大一点，她就像个"跟屁虫"，经常跟在爸爸身后混进实验室看爸爸摆弄各种科学仪器，看着那些瓶瓶罐罐，渐渐地她对科研产生了极大的兴趣，立志长大后要从事科学研究。而想要当科学家，那可不简单！首先，你的学习成绩得搞上去，对吧？因此，她对待学习格外认真，成绩也一直名列前茅。

除了学习和科研，曾凡一对音乐也产生了浓厚的兴趣。她喜欢唱歌，但在高中以前，她从来没有完整地唱过一首歌。妈妈看出了女儿的心思，鼓励她道："既然有兴趣，为什么不尝试一下呢？"于是，她鼓起勇气，参加了上海首届外国流行歌曲大赛。最后，竟然获得了独唱第一名的好成绩。

一家唱片公司找到她，承诺：只要签约，立马捧她出道！她躺在床上，呆呆地望着天花板。"我该怎么选呢？"她陷入了沉思，"错失了这次机会，我的嗓音还在，只要我愿意，可以随时在任何地点唱歌。但是，如果此时放弃了学业，我可能这辈子都不能实现我的科研梦了！"最终，她忍痛拒绝了唱片公司，全力以赴考入美国的名校，朝着自己的科研梦不断前行！

当学业与爱好发生冲突时，我们该怎么选？我想，曾凡一的故事，已经告诉了我们答案。为了爱好而放弃学业，是短视的；为了学业而牺牲爱好，也是不必要的。放

长眼光，合理分配，付出更多的努力，运用智慧在某个当下做好取舍，最终实现"鱼和熊掌"的兼得！

未来的世界，越来越需要"跨界"的复合型人才。这要求我们不仅要有优秀的成绩、过硬的实力，还要拥有自己的特长。优秀的成绩，离不开苦读；过硬的实力，离不开实践；而特长，则来源于我们的爱好。利用好时间，做好精力管理，在完成学习之余，发展爱好、培养特长，我们的人生将拥有无限光芒！

任务总结：

完成本次任务，了解网络营销三个层次，熟悉网络营销实施流程，理解并掌握STP战略相关知识。根据白鹿观村项目规划网络营销实施流程，确定STP战略，并撰写网络营销STP计划书。

能力训练 2－5：

白鹿观村项目网络市场规划

实训计划活页			___年___月___日	
实训名称	白鹿观村项目网络市场规划		团队名称	
实训目的	1. 分析市场现状 2. 分析项目所提供的产品，利用 STP 进行分析 3. 确定目标市场，市场定位		任务准备	请团队成员根据自身特点进行项目分析，完成对 STP 战略基本内容的了解
素养目标	全局意识，文化自信			
实训任务	1. 分析项目所提供的产品 2. 根据产品进行市场分析及目标客户定位 3. 利用 STP 战略进行市场规划			
实训评价标准	1. PPT 的美观程度、布局、展示方式（30 分） 2. 内容的完整程度（30 分） 3. 全局意识，文化自信（20 分） 4. 市场战略规划的完成水平（20 分）			
实训评价	对内自评	小组互评	老师评价	

学习笔记

项目总结：

本项目实操性较强，通过完成项目任务，了解并掌握网络营销环境的分析、商务信息采集、网络市场调研、网络市场分析、网络营销规划的基本内容和任务方法。课后，同学们仍需要结合白鹿观村农旅项目深入开展实践练习，力求学以致用。

项目评价：

	评价标准	成绩
队内自评	1. 掌握相应的知识点（20分） 2. 对项目了解的程度（20分） 3. 用实事求是的方法分析自己（30分） 4. 商业计划书完整程度（30分）	
各组互评	1. 对所学知识点掌握的熟练程度（30分） 2. 用实事求是的方法分析自己小组的完成情况（30分） 3. 商业计划书的完整程度（40分）	
老师评价	1. 对岗位职能了解的程度，项目团队成员岗位的设置及职能的合理性（30分） 2. 是否做到实事求是地分析自己（30分） 3. 商业计划书的完整程度（40分）	

知识回顾：

一、选择题

1. 与传统市场调研有所不同，网上市场调研（　　）进行。
   A. 只能在上班时间　　　　　　B. 只能在规定的地区
   C. 只能是面对面地　　　　　　D. 可以24小时全天候

2. 下列不属于网上直接调研的方法是（　　）。
   A. 网上搜索法　　　　　　　　B. 电子邮件调查法
   C. 在线问卷调查法　　　　　　D. 专题讨论法

3. 下列（　　）不属于网络调研的步骤。
   A. 明确调查项目　　B. 设计调研方案　　C. 撰写调研报告　　D. 选择调研市场

4. 下列哪项不属于STP战略的内容？（　　）
   A. 市场细分　　　B. 外部环境　　　C. 目标市场确定　　D. 市场定位

5. STP战略中的T表示（　　）。
   A. 市场营销　　　B. 市场细分　　　C. 目标市场　　　D. 市场定位

6. （　　）是通过信息再生的方式从已有信息中获得新的资源，通过对已有的本原信息进行加工、处理，与自身现有信息构建联系，从而产生出新的信息的过程。
   A. 直接信息　　　　　　　　　B. 间接信息

C. 直接信息与间接信息　　　　　　　　D. 以上都不对

7. 4Rs 理论是一种以（　　）为导向的理论。
A. 顾客　　　　　B. 产品　　　　　C. 竞争　　　　　D. 质量

8. 关于网络信息收集的说法中正确的是（　　）。
A. 网络信息的收集没有任何中间环节
B. 网络信息的收集，无法保证信息的准确性
C. 网络信息的收集，有效保证了信息的准确性
D. 网络信息的收集是全免费的

9. （　　）类信息是具有极高使用价值的专用信息，如重要的市场走向分析、网络畅销商品的情况调查、新产品新技术信息、专利技术以及其他独特的、专门性的信息等，是信息库中成本费用最高的一类信息。
A. 标准收费信息　　　　　　　　B. 优质优价的信息
C. 低收费信息　　　　　　　　　D. 免费信息

10. 当代营销战略的核心是（　　）。
A. 营销目标　　　B. 营销本质　　　C. STP　　　　　D. 营销方式

二、多选题

1. 网络市场调研具有（　　）特点。
A. 及时性　　　　B. 便捷性　　　　C. 可检验性　　　D. 可控制性

2. 下列网络信息搜集间接方法中，正确的有（　　）。
A. 搜索引擎　　　　　　　　　　B. 网络跟踪
C. 网络数据库　　　　　　　　　D. 互联网民意调查
E. 网络论坛

3. 网络市场调查必须遵循的原则有（　　）。
A. 尽量减少无效问卷　　　　　　B. 认证设计在线调查
C. 吸引尽可能多的人参与调研　　D. 增加人员实地调研的次数

4. 网上市场调研的主要方法有（　　）。
A. E-mail 问卷　　B. 在线调研　　C. 网上间接调研　　D. 网上直接调研

5. 网上调研报告中正文包含的部分有（　　）。
A. 序言　　　　　B. 前言　　　　　C. 主体　　　　　D. 结尾

6. 在线问卷调查法主要有（　　）。
A. 在企业网站上设置在线问卷调查表　　B. 通过邮局邮寄问卷调查表
C. 委托专业公司（网站）进行　　　　　D. 人工投递问卷调查表

7. 在线调查表设计中应注意的问题有（　　）。
A. 问题设计应力求简明扼要
B. 所提问题不应有偏见或误导，不要诱导人们回答
C. 提问的意义和范围必须明确
D. 避免引起人们反感或问很偏的问题

8. 使用 E-mail 进行市场调研，应注意以下几点（　　）。
A. 尽量使用 ASCII 码纯文本格式文章　　B. 首先传递最重要的信息

C. 把文件标题作为邮件主题　　　　　　D. 邮件越短越好
9. 网络调研报告标题的写法有（　　）。
A. 文章式标题　　B. 公文式标题　　C. 提问式标题　　D. 正副式标题
10. 网络调研报告的主体一般有（　　）写法。
A. 平列式　　　　B. 平叙式　　　　C. 因果式　　　　D. 倒叙式

三、判断题

1. 网上市场调研需要对整个调查过程进行有效的管理和控制。　　　　　（　　）
2. 网络的直接信息针对性强，但相对来说费用低、时间短，网络的间接信息则与之相反。　　　　　　　　　　　　　　　　　　　　　　　　　　　　（　　）
3. 网络营销与网络调研最重要的就是将顾客的注意力从其他公司的网站上吸引并转移到本公司的网站上来。　　　　　　　　　　　　　　　　　　（　　）
4. 劣势因素也是组织机构的内部因素，具体包括设备老化、管理混乱、缺少关键技术、研究开发落后、资金短缺、经营不善、高成本、市场定位不好、产品积压、竞争力差等。　　　　　　　　　　　　　　　　　　　　　　　　　　（　　）
5. 信息技术中所说的信息不能独立存在，必须依附载体而存在。　　　（　　）

四、简答题

1. 开展网络市场调研的步骤有哪些？
2. 如何设计网络市场调研报告的结构内容？
3. 请结合实际为白鹿观村项目设计 STP 战略。

项目三　网络营销组合策略

 **学习目标**

知识目标：

1. 了解产品的整体概念、产品生命周期及策略、产品的分类。
2. 掌握产品组合策略、品牌策略和包装策略。
3. 分析影响定价的主要因素。
4. 掌握企业定价的基本方法和定价策略。
5. 了解分销渠道的概念、职能、类型。
6. 掌握影响分销渠道选择的因素及其设计。
7. 掌握各种促销方式的基本概念、特点、策略等。
8. 熟悉各种促销方式的适用范围。

技能目标：

1. 能够设计产品的品牌、包装。
2. 能够根据产品不同生命周期调整营销策略。
3. 能够根据市场需求制定、调整、修改价格。
4. 能够根据市场需求、产品特点选择渠道。
5. 具备公关、网络广告策划的能力。

素质目标：

1. 建立营销思维，树立正确的产品理念。
2. 培养创新思维、服务意识、团队意识。
3. 培养勤思善学、求真务实、勇于开拓的精神。
4. 培养诚实守信、吃苦耐劳、爱岗敬业、遵纪守法的职业素养。

思维导图：

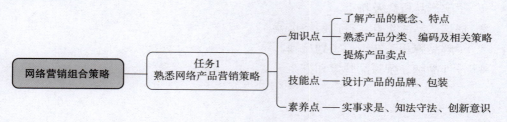

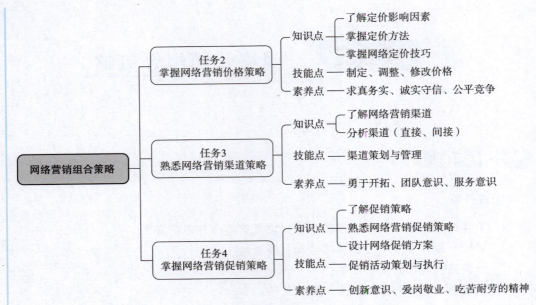

项目简介：

西安市临潼区斜口街道白鹿观村地处半山区，全村辖区面积30平方公里，现有村民小组22个，截至2023年村中有贫困户一百多户。辖区村民的主要经济来源以种植石榴和樱桃为主，村内另有湖畔星空露营地、半山星空露营地、灵泉山居民宿等热门景点，初步构架起农旅模式。从现状出发，该村希望通过电子商务将第一产业和第三产业融合发展，提高农户收入，促进集体经济发展。

任务 1　熟悉网络产品营销策略

任务描述：

根据该村现状及产业情况，该村希望通过网络营销将该村的农产品进行推广宣传，促进第一产业和第三产业融合，打造农旅结合的新型产业形式，反哺集体经济。项目目标分解后，需要对产品品牌、产品策略等进行分析，提炼产品卖点，建立品牌。

任务分析：

1. 了解产品概念及特点。
2. 提炼产品的卖点，打造网络爆款。
3. 了解品牌相关知识，策划品牌。
4. 设计品牌、撰写品牌策划方案。

任务实施：

网络产品营销策略

活页式教学设计及反馈表			
授课对象 姓名 学号		本任务课时数	2
教学环境	实训室	实操任务数	1
任务内容			
教学内容	本任务需要理解产品的整体概念、特点、生命周期等基础知识；熟悉网络产品的分类、编码及相关策略；掌握产品组合策略和品牌建设策略，能够熟练地提炼产品的卖点，打造网络爆款		
实践内容	1. 描述出产品的五个层次（掌握营销产品的五个层次） 2. 对产品进行分类，划分类目（能够了解网络营销产品的分类） 3. 判断产品的生命周期（理解产品生命周期及其判断法） 4. 寻找适合的网络营销产品		
课前准备			
导入案例	洞庭山碧螺春的线上推广		
技能基础	1. 对网络产品的品牌包装具有初步的策划能力 2. 能够提炼产品的卖点，打造网店爆款 3. 熟练使用 Word 和 PS 软件		
学习准备	以小组为单位进行课前分析		
学习重难点			
学习重点	产品整体概念、产品组合和包装策略		
学习难点	品牌策略、提炼产品买点和打造爆款		
课堂与课后			
点亮课堂表现 自评星级	☆☆☆☆☆		
课后疑问记录			

导入案例：

洞庭山碧螺春的线上推广

洞庭山碧螺春是全国十大名茶之一，迄今已有三百多年历史，以"形美、色艳、香浓、味醇"四绝著称。碧螺春碧色悦目，味淳甘厚，观碧螺之色佳趣无穷。在杯中沉于杯底而不浮，唯有碧螺春茶。

洞庭山碧螺春打造以"茶旅融合"为主题的线上品牌推广，推出"吴中上新、心上吴中"的主题，完成《君到姑苏见》的碧螺春节目拍摄制作。央视直播连线洞庭山碧螺春上市场景，《光明日报》、新华社等 23 家媒体报道碧螺春开采情况。洞庭山碧螺春在上海举办了洞庭山碧螺春茶文化节开幕式，在南京地铁、苏州地铁、苏州电视台、江苏动视投放洞庭山碧螺春广告宣传片，借助新浪微博、吴中太湖旅游官微等平台推出碧螺春茶文化主题系列宣传，通过深入挖掘洞庭山碧螺春生态、休闲、文化等价值，推出春、夏、秋、冬 4 个主题特色旅游季节品牌以及 10 条精品旅游线路。

2021 年洞庭山碧螺春获评中国茶叶区域公用品牌价值十强。吴中区获评全国茶业百强县、全国智慧茶业样板县域。吴中区茶企相继在全国设立了 200 多个销售窗口，销售网点辐射到国内 60 多个大城市以及国外多个城市。2021 年全区茶园面积 3.89 万亩，产量 383 吨，产值达 4 亿元，其中碧螺春产量 130 吨，产值近 2 亿元。特级洞庭山碧螺春平均每斤收购价格比 2002 年增长了 10 倍多，最高产地价达 12 000 元/公斤。农民增收、农村增效，乡村振兴大战略在吴中区得到了较好的贯彻落实。

导入案例

小组讨论问题：碧螺春是如何建立品牌、提高身价的？	讨论草稿区：

步骤1：了解产品概念及特点

想一想

如何提高农产品的附加值？

做一做

产品因素是市场营销活动中最基本的部分，若企业不能生产出让消费者满意的产品，其他的策略、战术就无从谈起。所以产品策略也是企业在市场营销组合中最重要的因素。

一个企业想要实现自己的目标，在激烈的市场竞争中取得一席之地，必须拥有适销对路的产品。价格、渠道、促销等因素是因产品的存在而存在，也会因产品变化而随之变化。既然产品如此重要，那么究竟什么是产品呢？

一、产品的概念

（一）产品的一般概念

产品有广义和狭义之分。按照人们日常的理解，产品就是具有某种特定物质形状和用途的物品，是看得见、摸得着的东西，这是产品的狭义概念。

产品的广义概念包括实物、劳务、场所、组织和思想等。所有的有形和无形的东西。

（二）产品的整体概念

菲利普·科特勒用五个基本层次来描述产品整体概念，即核心产品层、形式产品层、期望产品层、附加产品层、潜在产品层,如图3-1所示。

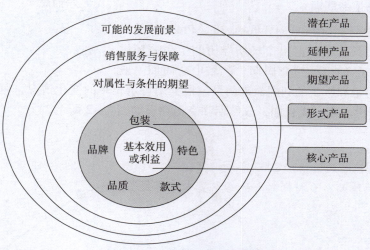

图3-1 产品的五个基本层次

1. 核心产品层。产品最基本的层次是核心利益,即向消费者提供产品的基本效用和利益,是消费者真正要购买的利益和服务。

2. 形式产品层。产品核心利益需要依附一定的实体来实现,产品实体称为形式产品,即产品所展现在消费者面前的基本形式。对于实体产品,它主要由产品的品质(如质量、材质)、特色、款式(式样)、品牌、包装五大因素构成。

3. 期望产品层。期望产品是消费者购买产品时,期望获得的,是与产品密切相关的一整套属性和条件。

4. 附加产品层。附加产品是产品包含的全部附加服务和利益,主要包括运送、安装、调试、维修、产品保证、零配件供应、技术人员培训等。

5. 潜在产品层。潜在产品包括产品在未来可能进行的所有改进和变革。它是在核心产品、形式产品、期望产品、附加产品之外,能满足消费者潜在需求的、尚未被消费者意识到或者已经被意识到但尚未被消费者重视或消费者不敢奢望的一些产品。

(三)网络产品的概念

在网络营销活动中,消费者的个性化需求更加突出,并且借助网络的优势,消费者购物的主动性、选择性也大大加强,消费者的个性化需求更加易于实现。因此,网络营销的产品概念不应再停留在"企业能为消费者提供什么?"的理解上,而应树立起"消费者需要什么?消费者想要得到什么?"这样真正以消费者需求为导向的产品概念。

> **学而思**
>
> 旅馆产品五个层次分别是什么?

因此,网络营销产品的概念可以概括为:在网络营销活动中,消费者所期望的能满足自己需求的所有有形实物和无形服务的总称。

二、网络产品的特点

网络产品的四个特点分别为:①网络产品具有外部性;②网络产品是数字化的;

③网络产品具有知识性；④网络产品具有低成本。

三、产品生命周期

网络产品的卖点指的是什么？

产品生命周期（Product Life Cycle，PLC），是指产品从投入市场到最后退出市场所经历的生命循环过程，也就是产品的市场生命周期。产品生命周期一般以产品的销售量和所获的利润额来衡量。根据销售增长率的变化情况，可以把它分为4个阶段：即投入期、成长期、成熟期和衰退期，如图3-2所示。

拓展知识：农产品市场特点

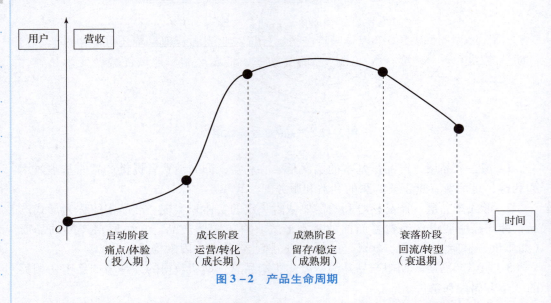

图3-2　产品生命周期

1. 投入期。新产品刚刚投入市场，人们对新产品缺乏了解，销售量少，销售增长缓慢。产品还有待于进一步完善，产品生产成本和营销费用较高，一般没有利润或极少利润，竞争者很少或没有。

2. 成长期。新产品从投入期转入成长期的标志是销售量迅速增长。新产品逐渐被广大消费者了解和接受，销售量迅速增长，带动利润相应增加，但也因此引入新的竞争者竞争市场。

3. 成熟期。成熟期的特点是产品在市场上基本饱和，虽然普及率还有待提高，但销售量则基本趋于稳定。由于竞争日益激烈，特别是出现价格竞争，促使产品差异化加剧、市场更加细分。顾客对品牌的忠实度以及产品市场的占有率主要取决于重复购买率的高低。维护市场占有率所需的费用很高，因此少数财力不足的企业被迫退出市场。

4. 衰退期。销售量显著减少，利润大幅度下降，竞争者纷纷退出，原产品被更新的产品所取代。

项目三　网络营销组合策略

步骤2：熟悉产品分类、编码及相关策略

想一想

做智慧种植，农产品溯源系统的意义是什么？

做一做

智慧农业溯源管理系统通过精准采集记录农产品生产（种植）、流通、消费等环节的信息，实现生产（种植）信息可记录、源头可追溯、流向可跟踪、信息可存储、身份可查询、责任可认定、问题产品可召回的全流程质量监管和移动大数据的可视化，强化农业全过程质量管理与风险控制。智慧农业溯源管理系统还可以通过质量追溯防伪系统和电商链接，增加农产品的复购率，将农产品从地域优势转变为品牌优势。实现从"田间地头"到餐桌上的全程质量安全管理。

一、产品的分类

通过网络销售的产品，按照产品的形态可以分为有形产品和无形产品两大类。

（一）有形产品

有形产品在网络营销市场上比较普遍，通过网络销售的有形产品可以分为以下三大类：

1. 便利产品。一般具有一种或多种用途，其特点是消费快、购买频率高、消费者购买的介入程度低。对于便利产品，消费者的购买心理就是方便就近原则，即刻买到。因此，在网络上经营此类商品时，必须考虑到消费者的这种购买心理，开始时的盈利要低，要大力做广告，吸引消费者做一番尝试，以促使其形成偏好，使消费者感到不出家门便可在网上购买这些商品，就像到就近的杂货店购买一样方便、便宜，甚至在网上购买比到杂货店购买更方便、价格更便宜。

2. 选购产品。选购产品的价值相对来说较大，使用时间比较长，不需要高频率地购买，所以顾客不会草率做出决定。在购买时，顾客对产品的质量、样式和价格等要进行反复的比较，才会决定是否购买该产品，如香水等。

3. 特殊产品。是指具有特殊效益的产品。这种产品的销售渠道十分有限，只有特定的顾客群体热衷于购买这种产品，如计算机、打印机和轿车等。

（二）无形产品

无形产品一般不具备产品的具体形态，即使表现出一定形态也是通过转化而成。通过网络进行销售的无形产品有两类：数字类产品和服务类产品。

1. 数字类产品。主要是指计算机软件类产品，具体包括系统软件和应用软件，还有部分数字化的媒体商品。通过网络销售数字类产品时，企业可以采取以下的方式：

（1）对软件类产品。企业可以先采用演示版下载的方式，让消费者更直观地、全方位地了解软件的特点，再选择购买。实际购买时，消费者可以直接通过网络下载软件，这样可以省去刻录光盘的物理材料及运输光盘的时间，既符合节约、环保的理念，又快速、方便。

延伸阅读：产品生命周期各阶段的特点

（2）数字化的媒体商品。主要指电子报纸、电子杂志等。它们非常适合互联网销售，因为互联网本身具有传输多媒体资讯的能力。在纸张价格上涨和环保要求日益严格的条件下，网络信息传播无疑具有极大的优势。

2. 服务类产品。按照服务产品的性质将服务划分为以下两种类型：

（1）普通服务。普通服务是指一些传统的服务，如医疗服务（如远程门诊、挂号预定）、旅行服务、饭店预约、音乐会和体育比赛等门票预订、远程教育、法律援助、网络交友、计算机游戏等。对于普通服务来说，消费者不仅注重所得到的收益，还关心自身付出的成本。

（2）信息咨询服务。信息咨询服务是指专门提供相关信息的服务，如股市行情分析、银行业务、金融信息、医药咨询、法律咨询、法规查询、资料库检索、电子新闻和电子报刊等。

按照产品的定位不同，可以分为流量产品、利润产品、活动产品、主力产品等。四类产品的主要特点，如表3-1所示。

学而思

网络产品选品如何界定？

表3-1 产品特点

选品定位	特点	价格	生命周期
流量产品	为引流、拓客的成熟品类或成熟品牌	价格低	生命周期非常短
利润产品	主打产品	价值高	生命周期维持3~6个月之间
活动产品	促销、引流、推广、体验	只用于活动	生命周期短
主力产品	是占领市场规模的产品	合理	生命周期长

二、产品编码

EAN码（European Article Number）是国际物品编码协会制定的一种商品用条码，通用于全世界。EAN条码的诞生极大地促进了商品的流通，产品的流通过程离不开EAN条码，使用条码软件可以实现商品条码的批量制作。

EAN码符号分为标准版（EAN-13）和缩短版（EAN-8）两种。标准版表示13位数字，又称为EAN13码，缩短版表示8位数字，又称EAN8。两种条码的最后一位为校验位，由前面的12位或7位数字计算得出。EAN条码如图3-3所示。

EAN13商品条码由左侧空白区、起始符、左侧数据符、中间分隔符、右侧数据符、校验符、终止符、右侧空白区及供人识别字符组成。其组成部分如表3-2所示。

项目三　网络营销组合策略

图 3-3　EAN 条码

表 3-2　EAN 条码

组成	内容
左侧空白区	位于条码符号的最左侧与空的反射率相同的区域，其最小宽度为 11 个模块宽
起始符	位于条码符号左侧空白区的右侧，表示信息开始的特殊符号，由 3 个模块组成
左侧数据符	位于起始符号右侧，中间分隔符左侧的一组条码字符。表示 6 位数字信息，由 42 个模块组成
中间分隔符	位于左侧数据符的右侧，是平分条码字符的特殊符号，由 5 个模块组成
右侧数据符	位于中间分隔符右侧，校验符左侧的一组条码字符。表示 5 位数字信息的一组条码字符，由 35 个模块组成
校验符	位于右侧数据符的右侧，表示校验码的条码字符，由 7 个模块组成
终止符	位于条码符号校验符的右侧，表示信息结束的特殊符号，由 3 个模块组成
右侧空白区	位于条码符号最右侧的与空的反射率相同的区域，其最小宽度为 7 个模块宽。为保护右侧空白区的宽度，可在条码符号右下角加 ">" 符号
供人识别字符	位于条码符号的下方，与条码相对应的 13 位数字。供人识别字符优先选用 GB/T 12508 中规定的 OCR-B 字符集；字符顶部和条码字符底部的最小距离为 0.5 个模块宽。EAN-13 商品条码供人识别字符中的前置码印制在条码符号起始符的左侧

三、产品组合

（一）产品组合的含义

1. 产品组合概念。企业为满足目标市场的需要，扩大销售，分散风险，增加利润，往往生产经营多种产品。在整体产品概念的指导下，企业会对其产品进行开发、改进来满足消费者的多样需求。

所谓产品组合，是指一个企业生产经营的全部产品线以及产品项目的组合方式。其中，产品线是指具有相同的使用功能，但规格、型号不同的一组类似产品项目；产品项目是指产品线中按规格、外形、价格等区分的具体产品。

2. 产品组合因素。任何企业的产品组合都具有其广度、深度及关联性。

（1）产品组合的宽度（又称产品组合的广度），是指一家企业所拥有的产品线的数量。产品线越多，说明产品组合的广度越宽。例如，彩虹集团有限公司仅生产显像管，其产品组合的广度很窄。相反，像宝洁集团除了生产护发产品外，还生产保健品、饮料、食品等，其产品组合广度就宽。

（2）产品组合的深度，是指产品线中的每种产品有多少品种规格。

（3）产品的关联度，是指各产品线之间在最终用途、生产条件、销售渠道等方面关联的程度。

产品组合的宽度、深度和关联度的不同就构成不同的产品组合。因此，企业的产品组合也是受这三种因素影响。

（二）产品组合策略

> **学而思**
> 产品组合的意义是什么？

产品组合策略，是指企业根据其经营目标和市场竞争环境，对产品组合的宽度、深度和关联度进行抉择，使之形成最佳的产品组合。通常情况下，企业采用的产品组合策略有以下几种：

1. 扩大产品组合策略。是指向顾客提供所需要的产品。它包括三个方面的内容：一是扩大产品组合的宽度，即在原产品组合中增加一条或几条产品线，扩大产品经营范围；二是扩大产品组合的深度，即在原有产品线内增加新的产品项目，发展系列产品，增加产品的花色品种；三是增加产品组合的关联度。企业可根据自身情况，采取一种或者多种组合。

2. 缩减产品组合策略。是企业从产品组合中剔除那些获利少的产品线或产品项目，就是缩小产品组合的宽度和深度，集中经营那些获利最多的产品线和产品项目。这种策略通常是在经营状况不景气或者市场环境不佳时使用。

3. 产品延伸策略。是指全部或部分地改变公司原有产品的市场定位，增加经营档次或经营范围。具体做法有向下延伸、向上延伸或双向延伸。

4. 产品差异化策略和产品细分化策略。实行产品差异化策略和产品细分化策略，对于进行市场竞争，扩大市场占有率有很大的好处。它可避免由于价格竞争形成的直接对抗，因而容易取得成功。

企业在选择产品组合策略时，必须从企业自身和市场的实际情况出发，保证产品组合的最优化。在此，企业要考虑三个方面的因素：一是企业的生产条件，包括资金、技术、设备、原材料供应等；二是市场的需求量及其需求增长量；三是市场竞争的状况。由于上述的条件不同，产品组合策略也应不同。

步骤3：提炼产品卖点

想一想

如何提炼产品卖点？

做一做

提炼产品卖点

1. 找到它的主打产品功能点。产品功能指的是产品的主要效用与性能。
2. 将产品功能点转化为消费利益点。利益点指的是这个产品能带给消费者的好处是什么，帮助消费者解决了什么问题。
3. 找到产品功能的支持点。支持点指的是支撑并实现功能的产品元素，如成分、技术、工艺、原材料、核心部件等。
4. 找到产品在使用时的甜蜜点。我们用甜蜜点指代产品带给消费者的美好体验。就是产品在使用过程中，能带给消费者哪些好的感受与感官愉悦，产品体验设计上的亮点。
5. 寻找产品背书。背书指的是对产品功能、质量的担保，让消费者相信你的产品。它跟支持点不同的是，支持点是对产品功能的物理性支撑；背书则是对产品、品牌、企业实力的信用保障。明确向消费者传播产品信息时，核心卖点是哪个。

步骤4：建设品牌（数字品牌）

学而思

商品卖点和特点的区别是什么？

想一想

建设农产品品牌，应注意什么问题？

做一做

一、品牌策略

（一）品牌的概念

品牌，俗称牌子或厂牌。随着企业的竞争产品的同质化日趋接近，产品不再是决定性因素，品牌化概念越来越重要。所谓品牌，也就是产品的牌子，它是销售者给自己的产品规定的名称，通常由文字、符号、图案、颜色等要素构成，用作一个销售者或生产者的标识，以便同竞争者的产品相区别。

品牌包括品牌名称、品牌标记、商标和厂牌。

（二）品牌的价值

品牌价值是企业提供给客户的、符合客户实际需要的具体产品或服务价值，是成为客户评价产品的一种有效代理物的先决条件。

（三）品牌的作用

品牌的作用一般分为：①识别产品；②保证质量；③有利于促销，树立企业形象；④维护权益。

（四）品牌策略

1. 品牌化策略。就是企业为其产品规定品牌名称、品牌标志，并向政府有关主管部门注册登记的一切业务活动，叫作品牌化战略。
2. 品牌所有权策略。生产企业如果决定给一个产品加上品牌，通常会面临三种品

延伸阅读：品牌的内涵

拓展知识：数字品牌

延伸阅读：品牌设计的原则与命名策略

牌所有权的选择：一是生产商自己的品牌；二是销售商的品牌；三是租用第三者的品牌。

3. 品牌统分策略。决定使用自己的品牌的企业，还将面临着进一步的品牌策略选择。

（1）统一品牌策略。
（2）个别品牌策略。
（3）统一品牌和个别品牌相结合。
（4）品牌延伸策略。是指企业利用成功的品牌声誉推出的改良产品或新产品。

二、包装策略

（一）包装的概念与作用

1. 包装的概念。包装是指为产品设计的某种容器或辅助物的总体名称。这种保护产品、方便储运、促进销售的方式就是包装。

包装一般分为三个层次。一是内包装。内包装也称初始包装，这是产品的直接容器。二是中层包装。中层包装也称次包装，它有两个方面的作用：一是保护内包装，使之在营销过程中不被损坏；二是美化产品外观或便于品牌化。三是运输包装。运输包装也称外包装，是产品在运输、储存、交易中所需要的包装，其作用是便于搬动、储存和辨认产品。

2. 包装的作用。保护产品、方便使用、美化产品，促进销售、增加产品的价值。

3. 包装的策略。常用的包装策略有：①类似包装策略；②组合包装策略；③等级包装策略；④再使用包装策略；⑤附赠品包装策略；⑥更新包装策略。

素养园地：

拓展知识：商标与品牌的区别

拓展知识：包装的设计要求

遵纪守法——美团外卖平台网店销售未取得批准证明文件药品案

2021年4月，上海市普陀区市场监督管理局，根据群众举报的线索对美团外卖平台上的"京东便利店（中潭路精品店）"进行检查，发现该店未取得药品经营许可证，通过美团外卖平台销售未取得药品批准证明文件的药品"EVE QUICK"，涉案药品货值金额达0.53万元。该店上述行为违反了《中华人民共和国药品管理法》第二十四条第一款和第五十一条第一款规定。2021年10月，上海市普陀区市场监督管理局依据《中华人民共和国药品管理法》第一百一十五条和《中华人民共和国行政处罚法》第三十二条规定，对该店依法处以没收违法所得、罚款6万元的行政处罚。

《药品网络销售监督管理办法》于2022年9月发布，自2022年12月1日起正式实施。药品网络销售企业应按照法规要求加强内部管理，严格规范经营。药品网络销售第三方平台企业应严格落实好审核管理责任，监测平台内经营企业的违法违规行为，及时采取应对措施消除风险，并向所在地的监管部门报告。药品监督管理部门将进一步加强监督检查力度,依法打击网络销售违法违规的行为,切实保障人民群众购药的安全性,营造合规有序的网售环境。

任务总结:

完成本次任务,理解产品的整体概念;掌握产品组合知识、对产品的品牌、包装具有初步的策划设计能力;掌握在产品生命周期的不同阶段中使用相应的营销策略,学会产品分类、编码。

能力训练 3-1：

白鹿观村项目网络营销产品策略

实训计划活页			___年___月___日	
实训名称	白鹿观村项目网络营销产品策略		团队名称	
实训目的	1. 对产品的品牌、包装具有初步的策划设计能力 2. 学会在产品生命周期的不同阶段中使用相应的营销策略 3. 了解产品分类、编码知识		任务准备	请团队成员先分析自身的优劣势及兴趣，了解项目的要求
素养目标	实事求是、遵纪守法			
实训任务	1. 为产品设计三个品牌，以及适用于不同消费群体的包装风格策划 2. 对收集到的企业信息进行分析、整理、归纳；分析产品在产品生命周期的不同阶段中适用的营销策略 3. 给身边不同的产品进行分类			
实训评价标准	1. PPT 的美观程度、布局、展示方式（30 分） 2. 内容的完整程度（30 分） 3. 实事求是、遵纪守法表现（20 分） 4. 学习目标的完成程度（20 分）			
实训评价		对内自评	小组互评	老师评价

白鹿观村项目网络营销产品策略

学习笔记

任务2 掌握网络营销价格策略

任务描述：

根据该村现状及产业情况，该村希望通过网络营销将该村的农产品进行推广宣传，促进第一产业和第三产业融合，打造农旅结合的新型产业形式，反哺集体经济。本任务主要针对该村的产品进行定价，根据不同活动和产品定位给出不同的定价策略。

任务分析：

1. 了解影响网销产品定价的因素。
2. 掌握网销产品的定价方法和策略。
3. 熟悉网销产品的定价技巧。

任务实施：

网络营销价格策略

活页式教学设计及反馈表			
授课对象 姓名 学号		本任务课时数	2
教学环境	机房、实训室	实操任务数	1
任务内容			
教学内容	本任务需要了解网销产品定价的影响因素，掌握网销产品的定价方法和定价策略		
实践内容	掌握根据市场的需求制定、调整、修订网销产品价格的能力		
课前准备			
导入案例	天猫开店经营成本详解		
技能基础	制定合理的网销产品价格		
学习准备	以小组为单位进行课前分析		
学习重难点			
学习重点	影响网销产品定价的主要因素及网销产品定价的基本方法		
学习难点	网销产品定价的策略		
课堂与课后			
点亮课堂表现 自评星级	☆☆☆☆☆		
课后疑问记录			

导入案例：

天猫开店经营成本详解

在今天，如果你在天猫开店经营，20元出厂价的产品，以3倍的价60元卖出去，结果只能是亏本。为什么会亏本呢？我来帮大家做个测算。

成本不只是产品成本，而是产品整个销售过程中不可避免发生的费用，包括固定成本和可变成本两项。

固定成本一般包括6大项：

1. 产品成本（比如是20元）。
2. 包装成本。如：内包装、外包装、吊牌、售后卡、包装耗材等（比如是5元）。
3. 物流成本。如：仓储、快递等（比如是12元）。这里要说明，快递是"硬成本"，无论包邮还是不包邮，都是一次性支付。
4. 天猫扣点。平均扣点4%。（比如按60元销售价计算，是2.4元）。
5. 税收（比如按平均8%的税率计算，那就是4.8元）。
6. 拍摄和制作费用。快消品的拍摄制作及模板费用很高，以单件产品SKU上架看，需要拍摄、修图和后期制作等。（比如按3%计算，是1.8元）。

上述零售60元的产品固定成本大概为 20＋5＋12＋2.4＋4.8＋1.8＝46元

可变成本一般包括人工成本和广告成本：

1. 人工成本。
2. 广告成本。广告的推广成本最少不低于销售额的12%～15%，超过20%也正常。

按上述商品成交价60元为客单价计算，每月销售50万元，需要销售出8 333件商品，平均每天需要销售277件。如果天猫的平均转化率为2%，每天需要引入UV（人）数为13 850人，假定广告占每日引入流量（UV数）的20%，那么推广需要引入2 770人。在淘宝，营销主要通过直通车、钻石展位、促销工具（比如聚划算），假定平均花费1元引入1个用户，那么每天需要花费2 770元，一个月的广告花费83 100元，占50万月销售额的16%。

这两项相加，约占销售额的22%～30%（约13.2～18元）。

我们综合看下：进价20元产品零售60元的成本为59.2～64元。

（资料来源：今日头条号 电商秘籍）

导入案例
小组讨论问题：阅读《天猫开店经营成本详解》，一件采购价为60元的服装，你建议的定价是多少？按照成本核算图说明原因。 讨论草稿区：

步骤1：了解定价影响因素

想一想

为什么节假日旅游景点的酒店比平时的价格高？

做一做

扬州市广陵区某酒店涉嫌价格欺诈，酒店在开展优惠活动时，称酒店高级大床房、双床房由238元/间优惠至199元/间的价格。节假日期间，酒店发现扬州地区的房价上涨较快，决定取消活动，并以活动已取消为由拒绝接待消费者。针对此种情况，扬州市广陵区市场监管局对该酒店依法予以立案调查。

对于节假日酒店涨价的现象，网友们认为，酒店可以根据市场情况适当地调整客房价格，但应该有个限度，宏观上应该加强管控，涨价后的价格不能高得太离谱。

影响企业定价的因素

科学合理地确定营销价格，要从实现企业战略目标出发，选择恰当的定价目标，运用科学的方法、灵活的策略，综合分析商品成本、市场状况、消费者心理以及国家物价政策等影响定价的因素。

（一）内在因素

1. 产品成本因素。
2. 定价目标因素。

（二）外在因素

1. 市场需求。市场状况主要包括市场商品供求状况、商品需求特性、市场竞争等。
2. 竞争因素。在激烈的竞争市场上，企业竞争对手的价格往往对自身产品定价有直接影响。竞争导向定价法主要有：

（1）随行就市定价法。在竞争的市场条件下，企业将某种产品价格的定价高于市场平均水平，利用这样的价格来获得平均报酬。

（2）产品差别定价法。对照企业自身产品的情况，制定出高于或低于竞争者价格的方法，这是一种进攻性的定价方法。

3. 渠道因素。不同渠道的产品定价不同，这由产品的特点和消费群体来决定投放的渠道。
4. 政府与法令。政府为了保护生产者或消费者，以及国家的利益而制定的价格。包括对某些工业品的销售价格、农产品的收购价格及国际贸易中某些商品的价格规定最高限价或最低保护价，或由政府直接或间接地将商品价格定在某一水平。其目的是平抑市场物价、保证物价相对稳定、保障人民生活安定及农民的合理收益。

步骤2：掌握定价方法

想一想

为什么定价要考虑不同的市场环境、产品条件和企业自身状况？

延伸阅读：定价目标

延伸阅读：酒店也不能随意哄抬物价

做一做

官方消息称，随着瑞幸在厦门的新门店开业，瑞幸完成了10 000家门店的战略布局。最近更是玩起了价格战，9.9元就能在瑞幸"薅羊毛"，让消费者直呼"过瘾"，甚至让瑞幸小程序出现了"崩盘"。

回顾之前，以对标星巴克为宣传噱头，瑞幸"横空出世"，利用领券后一杯不到10元的价格成功吸引都市白领，一度成为当红"炸子鸡"。

但随着库迪的出现让瑞幸充满了危机感，特别是库迪以"1元咖啡券""8.8元任饮券"的活动明显对打瑞幸，直接迎面争夺瑞幸的消费群。这种模式看似胜券在握，实则并非长久之计。如果库迪也有10 000家门店的底气，那么在这场竞争中，将会有更大话语权。

（资料来源：库迪挤占市场，瑞幸手持10 000家门店开打价格战）

一、定价方法

企业的定价方法是依据产品生产成本、市场需求情况及竞争状况，运用价格决策理论，对产品价格进行计算的具体方法。定价方法主要有成本导向、顾客导向和竞争导向等三种主要类型。

二、定价策略

定价策略是为实现企业定价目标在特定的经营环境下采取的定价方针和价格竞争方式。企业必须善于根据市场状况、产品特点、消费者心理和营销组合等因素，正确选择定价策略，保持价格的适应性。

（一）新产品定价策略

新产品刚问世，市场竞争程度较低。因此，企业定价有两个目标：一是尽快收回成本，提高企业的经济效益；二是让消费者尽快地接受新产品，以迅速扩大市场份额，占领市场。为了实现这两个目标，企业在定价策略上往往采取撇脂定价、渗透定价和满意定价等三种策略。

（二）心理定价策略

心理定价策略是利用消费者的心理因素或心理障碍，根据不同类型消费者购买商品或服务的心理动机来制定企业商品或服务价格的定价策略。常用的心理定价策略有以下几种形式：

1. 整数定价策略。是指企业舍去零数，而以整数的形式确定商品价格的做法。
2. 尾数定价策略。又称"非整数定价"或零数定价策略，是指企业利用消费者求廉的心理，制定非整数价格。主要适合价值较低而使用频率较高的产品，对于高档商品则不宜采用。
3. 声望定价策略。这是根据产品在消费者心中的声望、信任度、社会地位等来确定价格的一种定价策略。声望定价可以满足某些消费者的特殊欲望，例如对身份、地位、财富以及自我形象等方面的虚荣心理。企业还可以通过高价格显示其产品的名贵品质。
4. 招徕定价策略。招徕定价策略是利用消费者的求廉心理，以接近成本甚至低于成本的价格进行商品销售的策略。目的是以低价吸引消费者购买"便宜货"的同时,购买其他正常价格的商品。

(三) 折扣与让利定价策略

折让定价是指企业为了调动各类中间商和其他用户购买产品的积极性,对基本价格做出一定的让步,以直接或间接降低价格来争取顾客、扩大销售的定价策略。主要有数量折扣和现金折扣等方式。

(四) 需求差异定价法

需求差异定价法通常有以下几种形式:
①以用户为基础的差别定价;②以地点为基础的差别定价;③以时间为基础的差别定价;④以产品为基础的差别定价;⑤以交易条件为基础的差别定价。

步骤3:掌握网络定价技巧

想一想

我国网销产品的定价有哪些技巧?

做一做

江小白致力于打造传统重庆高粱酒的老味新生的品牌策略,以"我是江小白,生活很简单"为品牌理念,坚守"简单包装、精制佳酿"的反奢侈主义产品理念,坚持"简单纯粹,特立独行"的品牌精神,以持续打造"我是江小白"的品牌IP与用户进行互动沟通。将客户群体定位在新青年这种接受新事物强的群体,深入了解这类用户,精准描绘用户画像。从产品设计、文案设计、营销设计上充分考虑客户群体,是根据用户画像将消费者的心理与自身产品相结合的创新型设计产品。

产品定价为:①江小白45°同学录清香型高粱酒 100 ml×6,市场价108元。②40°江小白动漫版清香型白酒 100 ml×6,市场价108元。③江小白40°高粱酒Thanks京东金融定制款 400 ml,市场价299元。④江小白高粱酒狗年纪念版40° 500 ml,市场价169元。⑤江小白40° YOLO音乐节特别版 100 ml×6,市场价99元。⑥江小白2018年狗年"京东JOY联名款"40° 700 ml,市场价279元。

通常,网店产品分为主推款、引流款、活动款、利润款和形象款。引流款是店铺流量的基石。它的特点是访客量大、利润很低,具有很大的曝光量,引流效果强等。它的弱点是利润低、客单价、风险大等。虽然转化率高,但是容易出现差评,所以客户对产品的反馈很重要。利润款是一个店铺正常运行必不可少的款式。利润款的特点是产品本身质量好、退货少、备货压力小、利润较大等。利润款的弱点是转化率低等。因此,这个款式一定要在详情页及卖家秀的优化上突出优势、特点。

综上所述,网店产品的定价技巧,利用产品的20%定低价。用20%的产品进行网站商品的引流(吸引流量、群体)和活动专供;70%是中等价位,这个价位的产品主要是为了保证企业的主体销售额不亏本、不压货;最后10%就是塑造自我的产品价值,打造企业自身的原创产品。

素养园地：

诚实守信，讲求信誉

据铁骥视频 2023 年 4 月 25 日报道，游客周先生预订了"五一"期间淄博的酒店，房价为 1 341 元，两天后被通知降价 600 多元，只需要支付 735 元即可，酒店工作人员称降价是因为政府的限价政策。周先生表示，"五一"黄金旺季，降价 600 多元，差不多打对折了，而有的地方都是让退订涨价的，"淄博政府真好！"周先生感谢道。

任务总结：

完成本次任务后，需了解网络营销定价的影响因素，掌握网络营销的定价方法和定价策略，熟悉网销产品的定价技巧。

能力训练 3-2：

白鹿观村项目网络营销产品价格策略

实训计划活页			___年___月___日	
实训名称	白鹿观村项目网销营销产品价格策略	团队名称		
实训目的	掌握根据市场的需求制定、调整、修订网店产品价格的能力	任务准备	请团队成员上网查询网销产品及其竞品在不同渠道的价格，了解项目的要求	
素养目标	讲求信誉、公平竞争			
实训任务	根据市场情况，为网销产品在不同的渠道上制定价格			
实训评价标准	PPT 的美观程度、布局、展示方式（30分） 内容的完整程度（30分） 讲求信誉、公平竞争的自我分析情况（20分） 学习目标的完成情况（20分）			
实训评价	对内自评		小组互评	老师评价

白鹿观村项目网络营销产品价格策略

学习笔记

任务3　熟悉网络营销渠道策略

任务描述：

根据该村现状及产业情况，结合项目目标对产品进行分类。按照产品的分类选择不同渠道，并进行线上、线下渠道管理。

任务分析：

1. 了解分销渠道的概念和职能。
2. 掌握影响分销渠道选择的因素及类型。
3. 学习建立和管理线上分销渠道。

任务实施：

网络营销渠道策略

活页式教学设计及反馈表			
授课对象 姓名 学号		本任务课时数	2
教学环境	机房、实训室	实操任务数	1
任务内容			
教学内容	1. 了解分销渠道的概念和职能 2. 掌握影响分销渠道选择的因素及类型 3. 学习建立线上分销渠道		
实践内容	1. 掌握分销渠道的基本模式 2. 学会设计和建立分销渠道，具备分销渠道的管理和控制能力		
课前准备			
导入案例	元气森林的线上推广		
技能基础	1. 掌握分销渠道的基本模式 2. 学会设计和建立分销渠道，具备分销渠道的管理和控制能力		
学习准备	以小组为单位进行课前分析		
学习重难点			
学习重点	1. 掌握分销渠道的概念和职能 2. 了解分销渠道的类型		
学习难点	掌握影响分销渠道选择的因素及其设计		
课堂与课后			
点亮课堂表现 自评星级	☆☆☆☆☆		
课后疑问记录			

项目三　网络营销组合策略

导入案例：

元气森林线上推广

元气森林主打的是20~30岁左右的高净值人群，市场定位是要做最受年轻人喜爱的无糖气泡水饮料。其中包含了三个关键信息，第一是以年轻人为目标客户群；第二是无糖；第三是气泡水。这些客户群体普遍有知识，有品位，有追求，对产品的成分很敏感，吃东西一定要健康、绿色、天然。而元气森林主打的便是零糖、零卡、零脂的元气水。

元气森林的销售渠道有：

便利店。元气森林首批进入的渠道是全家、罗森、便利蜂、盒马这种互联网型的连锁便利店。

商超。连锁便利店销量稳定，有了基础后，开始向传统商超、地市零售商店进军。

电商平台。元气森林是等待时机成熟后，才入驻旗舰店。例如元气森林天猫旗舰店、元气森林京东旗舰店。

线上推广。元气森林线上的推广合作平台有小红书、B站、综艺节目等。

（资料来源：昼夜邮递员微信公众号）

导入案例	
小组讨论问题：元气森林饮品在线上推广有哪些优势？	讨论草稿区：

步骤1：了解网络营销渠道

想一想

网络营销渠道有哪些功能？

做一做

元气森林是一家靠线上营销起家的饮料公司。早期通过在微博、小红书等社交平台上发布种草帖子，并收集用户反馈，同时将旗下新品放进天猫、京东等官方店铺，等达到一定销售额后再大面积推广。线上渠道对于元气森林的意义不仅在于"卖货"，更重要的是作为一个与用户互动、获得产品反馈的途径。

元气森林初期测试了几十种创意才确定了"燃茶"这个产品，而气泡水更是测试了100多种，这总共花费了1年多时间。现在更是平均一到两天就做出一次饮品口味测试，然后快速进行调整，将整个研发周期控制在3~6个月，最快3个月就可以出产品。

元气森林营销方式就是套用了互联网的打法,把做互联网产品的方法搬到了饮料产品测试上,用数据说话,利用成本低、速度快,让产品快速得到市场验证。

一、营销渠道的概念

从流通的角度,营销渠道被定义为产品从生产者那里转移到消费者手里所经过的通道或路径。营销渠道的起点是生产者,终点是消费者或用户。

二、营销渠道的职能

一个营销渠道执行的功能就是把商品从生产者那里转移到消费者手里。其功能一般有信息传播、促销、交易谈判、订货、物流、服务等。

三、营销渠道的模式

由于个人消费者与生产者团体用户消费的主要商品不同,消费目的与购买特点具有差异性。营销渠道的模式分为消费品市场的分销渠道和产业市场的分销渠道两种模式。

步骤2:分析渠道(直接、间接)

想一想

跨境电商、社交电商、农村电商、生鲜电商、母婴电商、奢侈品电商等,目前你都了解哪些平台?

做一做

根据2024年3月31日更新的数据中国目前的十大电商平台有:淘宝、抖音、拼多多、小红书、京东商城、天猫商城、阿里巴巴、什么值得买、万物淘、亚马逊中国,以上都是在国内用户数和交易额遥遥领先的电商平台,同时,也拥有完善的交易机制和售后服务。

一、营销渠道的类型

营销渠道可以按照不同的分类标准进行划分,如图3-4所示。

> **学而思**
>
> 不同的电商平台有什么区别?

(一)直接渠道和间接渠道

根据有无中间商参与交换活动,可划分为直接渠道和间接渠道。

(二)线上渠道和线下渠道

根据是否是网络推广,分为线上渠道和线下渠道。我们将线下渠道称为传统渠道,从三个方面对线上、线下渠道进行比较:

1. 作用的比较。

(1)网络营销渠道是信息发布的渠道。企业的概况与产品的种类、规格、型号、质量、价格、使用条件等,都可以通过这一渠道告知用户。

(2)网络营销渠道是销售产品、提供服务的快捷途径。用户可以从网上直接挑选和购买自己所需要的商品,并通过网络方便地付款。

(3)网络营销渠道既是企业间洽谈业务、开展商务活动的场所,也是对客户进行

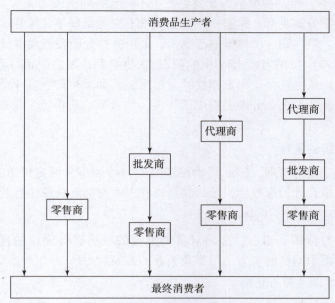

图 3-4 营销渠道

技术培训和售后服务的理想场所。

2. 结构的比较。

（1）传统营销渠道按照有无中间商可以分为直接分销渠道和间接分销渠道。

（2）网络营销渠道更直接化，更广泛化。

3. 费用的比较。传统营销渠道比网络营销渠道的费用更多。

步骤3：建立渠道

想一想

如何评估渠道的有效性？

做一做

不论是制造商还是中间商，利益为第一，相互之间的利益冲突和分配冲突是不可避免的。因为消费者对某种产品的最终销售价格有一定的承受能力，因此渠道冲突的成本不可能全部转移到消费者身上，作为制造商和中间商的利益分配区间只能在产品成本和消费者可以接受的价格之间。一方多，另一方必然会少，这样就导致了营销渠道的利益冲突。

一、电商平台营销渠道的设计程序

营销渠道的设计一般可分为六个步骤：①从思想上确定渠道设计的必要性；②确立分销目标；③设计各类可行的渠道结构；④评估影响渠道结构的因素；⑤选择"最佳"渠道结构；⑥选择渠道中的成员。

二、营销渠道的评估

营销渠道的评估分为经济性标准和控制性标准。

拓展知识：从传统货架电商发展到兴趣电商？

延伸阅读：电子商务平台的类型

1. 经济性标准。每一种渠道方案都将产生不同水平的销售和成本。建立有效的营销渠道，企业必须先解决两个问题：一是在成本不变的情况下，采用何种营销渠道会使销售额最高；二是在同一销售量的范围内，采用哪种分销渠道成本最低。

2. 控制性标准。自销当然比利用销售代理商更有利，因为产品的流通过程是企业营销过程的延续。从生产企业出发建立的分销渠道，如果生产企业不能对其运行有一定的主导性和控制性，那么分销渠道中的物流、物权流、货币流、促销流、信息流就不能顺畅有效地进行。

三、营销渠道的管理

加强对营销渠道的管理，保证营销渠道的运行按照事先预定的方式和轨迹进行，才能保证营销渠道设计的有效性，使得制造商和中间商都能获得应有的利润。

（一）营销渠道成员的选择

企业在设计好营销渠道后，必须对营销渠道的成员进行谨慎的选择。一般情况下，企业都要考虑中间商的实力、信誉及企业的发展潜力。

（二）营销渠道成员的激励

制造商不但要选择合适的中间商，同时还要不断地激励中间商，充分调动他们的积极性。企业不但要保证自己的利润，同时还要兼顾中间商的利益，从而达到"双赢"。制造商与中间商处理关系时，一般会采取合伙、合作和分销规划三种方式。

（三）营销渠道成员的评估

生产商定期按一定的标准衡量中间商的销售业绩。例如，评估中间商的配额完成情况、平均库存水平、装运时间、对受损货物的处理、促销方面的合作以及为顾客提供服务的情况，对表现好的予以奖励，对表现不好的予以批评；必要时可更换渠道成员，以保证营销活动顺利而有效地进行。

素养园地：

另辟蹊径　创新定位

驴妈妈旅游网是一个新型的 B2C 电子商务网站及自助游产品的预订和资讯服务平台。它的商业模式是以点评和攻略吸引大量人气，以低价景区门票分销为切入点，提高用户从网友到驴友的转换率，撬动景区、酒店、饮食等旅游相关产品的消费，并从中分享收益。

任务总结：

本次任务学习后，应掌握分销渠道的概念、职能、类型和基本模式；学会设计和建立分销渠道；具备分销渠道的管理和控制能力。

能力训练 3-3：

白鹿观村项目网络营销渠道策略

实训计划活页			____年____月____日	
实训名称	白鹿观村项目网络营销渠道策略	团队名称		
实训目的	学会设计和建立分销渠道，具备分销渠道的管理和控制能力	任务准备	请团队成员先分析不同电商平台的优劣势，了解项目的要求	
素养目标	勤思善学、勇于开拓			
实训任务	掌握分销渠道的概念、类型和职能；掌握影响分销渠道选择的因素及其设计思路			
实训评价标准	1. PPT 的美观程度、布局、展示方式（30 分） 2. 内容的完整程度（30 分） 3. 勤思善学、勇于开拓的自我分析情况（20 分） 4. 学习目标的完成程度（20 分）			
实训评价	对内自评	小组互评	老师评价	

学习笔记

学习笔记

白鹿观村项目网络营销渠道策略

任务4 掌握网络营销促销策略

任务描述：

本任务根据项目的现状进行促销策略的选择及制定，并根据产品和目标进行促销方案的设计。

任务分析：

1. 了解促销策略。
2. 熟悉网络营销促销策略（重点公共关系）。
3. 设计网络促销方案。

任务实施：

网络营销促销策略

活页式教学设计及反馈表			
授课对象 姓名 学号		本任务课时数	2
教学环境	机房、实训室	实操任务数	1
任务内容			
教学内容	了解企业常用的促销方式：人员推销、广告、营业推广和公共关系		
实践内容	1. 了解人员推销、广告、营业推广、网络公共关系策略（例如直播带货） 2. 设计产品的网络促销方案		
课前准备			
导入案例	东方甄选的爆火之路		
技能基础	1. 能够综合运用各种促销方式开展促销活动 2. 能够设计策划网络促销方案 3. 具备营业推广策划和公关策划的能力		
学习准备	以小组为单位进行课前分析		
学习重难点			
学习重点	掌握广告、人员推销、公共关系、营业推广的基本概念、特点及其策略的主要内容		
学习难点	设计产品的网络促销方案		
课堂与课后			
点亮课堂表现 自评星级	☆☆☆☆☆		
课后疑问记录			

学习笔记

导入案例：

东方甄选的爆火之路

2022年6月10日，东方甄选正式出圈。这一天，有760万人涌入直播间，无论是粉丝还是交易量都迅速暴涨。董宇辉2分钟的直播，直升抖音热榜TOP1。

从0~100万粉丝，东方甄选用了6个月的时间，而从200万~1 000多万，他们只用了短短的6天。

东方甄选的客单价方面，基本在50~80元之间，平均60元左右。

在观看人次和转化率方面，以2022年6月和12月为例，6月平均每天观看人次总数达2 526万人，转化率为2.35%。12月平均每天观看人次总数达1 325万，转化率增长到3.66%。虽然后期的观看人数有所减少，但转化率却呈逐渐上升态势。人均交易额方面，以2022年12月为例，日均销售额均可达到3 150万元。

导入案例	
小组讨论问题："东方甄选"带货直播的爆火是如何成功的？	讨论草稿区：

步骤1：了解促销策略

想一想

传统的人员推销与直播带货有什么区别？

做一做

直播行业有四类主播：

第一类，娱乐主播：娱乐类直播是当前市场上用户数量最大的一个类别，由于明星、剧组、网红的入驻，保证了平台的粉丝基数。

第二类，电商主播：他们以直播销售产品获得收入。

第三类，顾问主播：顾问顾名思义就是给某某行业出谋划策，当军师。比较常见的顾问主播有咨询（法律咨询、情感咨询、心理指导），通常用户都会通过给主播送礼物的方式来获得反馈。

第四类，游戏主播：在游戏类直播领域，主播相当于平台的"命脉"，以"80后""90后"乃至"00后"男性粉丝为主。

网络营销中的促销

利用网络传播范围广、传播速度快、交互性强、受众群体多样等优势，通过搜索引擎营销、视频营销、口碑营销、微博营销、网站建设与推广、网络外包等方式进行传播；在各大门户网站进行软文推广；在博客、论坛、等关注高的网民聚集区进行博

延伸阅读：
董宇辉为何能走红？

文宣传、话题炒作，加之一系列网络主题活动等推广形式的开展，在最大程度上让群众了解到企业的品牌优势，关注企业信息，提升知名度，促进销售的目的。

1. 人员促销。面对面的促销形式。
2. 广告促销。广告是通过报纸、杂志、广播、电视等大众媒体和交通工具等传统媒体形式向目标顾客传递信息，使广大消费者和客户对企业的产品、商标、服务、构想等有所认识，并产生好感。广告的特点是传播面广、信息量大，可以在推销人员到达不了的地方，进行企业和商品宣传。
3. 营业推广。企业为了从正面刺激消费者的需求而采取的各种促销措施，例如有奖销售、直接邮寄、赠送或试用样品、减价折扣销售等等。其特点是可以有效地吸引顾客，刺激顾客的购买欲望，在短期内收到显著的促销效果。
4. 公共关系。企业为了使公众理解企业的经营方针和策略，有计划地加强与公众的联系，建立和谐的关系及树立企业信誉而开展的记者招待会、周年纪念会、研讨会、表演会、赞助、捐赠等信息沟通活动。各种促销方式的优点和缺点如表3-3所示。

表3-3 各种促销方式的优缺点比较

促销方式	优点	缺点
人员推销	推销方式灵活、针对性强，可当面成交	占用人数多，费用大，接触面窄
广告促销	传播面广、形象生动、节省人力，针对性较差	说服力较小，不能促成及时交易
营业推广	吸引力大、效果明显，可促成及时交易	若使用不当，会引起顾客怀疑和反感
公共关系	影响面广、效果持久，可提高企业的知名度和美誉度	需花费较大精力和财力，效果难以控制

步骤2：熟悉网络营销促销策略

想一想

网络型促销广告有哪些价值？

做一做

一、网络营销中的广告

（一）广告的概念

一个完整的广告，由五个方面的内容组成。

1. 广告主。是指发布广告的主体，一般为企业、受托代理广告的广告公司、传播公司等。
2. 信息。
3. 广告媒体。是指传播广告信息的中介，例如电视、电台、报纸、杂志等。
4. 广告费用。指使用广告传播媒体所支付的费用。

5. 广告对象。指广告信息的接收者。

（二）广告的功能

1. 沟通信息、促进销售的功能。
2. 激发需求、诱导消费的功能。
3. 提高企业信誉、树立企业形象、融洽与公众关系的功能。
4. 传播文化、丰富生活的功能。

（三）广告的类型

按照不同的目的和要求，广告可以分成不同的类型。理清广告的分类，有利于企业正确地选择和使用广告媒介。

1. 按广告形式，分为展示类广告、信息流广告、SEM 等。
2. 按广告样式，分为横幅、开屏、插屏、App 下载、积分墙等。
3. 按扣费方式，分为 CPT、CPM、CPC、CPA、CPS、CPL 等。
4. 按采买方式，分为 PDB、PreferedDeal、PrivateAuction、RTB 等。

二、网络营销中的公共关系

（一）公共关系的概念

公共关系是企业整合营销传播中一个重要组成部分。企业公共关系的好坏直接影响着企业在公众心目中的形象，影响着企业营销目标的实现。如何利用公共关系促进产品的销售，是现代企业必须重视的问题。与营业推广相比，公共关系注重的是长期效果，属于间接促销手段。

（二）公共关系的基本特征

1. 公共关系的对象是公众。
2. 公共关系是一种双向的信息沟通活动。
3. 公共关系注重长期效应。
4. 公共关系是一系列复杂且细致的长期性工作。

（三）公共关系的构成要素

公共关系的结构主要是由社会组织、传播、公众三大要素构成，如图 3-5 所示。

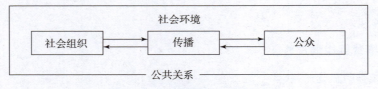

图 3-5 公共关系构成要素

社会组织、公众、传播三要素共存于同一个社会环境中，社会组织是公共关系的主体，公众是公共关系的客体，传播则是沟通公共关系主客体之间的桥梁。

（四）公共关系活动的方式

1. 日常公共关系活动。日常公共关系活动是公共关系人员的日常工作，例如定期召开职工座谈会,了解职工的意见、要求和愿望;逢年过节组织联谊活动,加强与顾客和用户的感情联络;组织内部职工经常开展文明教育活动等。

2. 专项公共关系活动。专项公共关系活动是为了解决企业在生产经营过程中某个具体问题专门策划的活动。例如为提高本组织的知名度而举办的记者招待会或其他宣传活动;为提高本企业的美誉度而开展的展销活动和质量跟踪活动;为搞好社区关系而开展的赞助活动和公益活动等。专项公共关系活动与日常公共关系活动相比,明显的特点是针对性强、计划性强、公众范围明确,公关人员是公关活动的主要组织者。

(五) 网络型公共关系

网络公共关系作为一种新型的公共关系类型,是指社会组织借助联机网络、计算机通信和数字交互式媒体,在网络环境下实现组织与内外公众双向信息沟通,是在网上协调与公众关系的实践活动。

1. 网络公共关系的优势。
(1) 提高组织的知名度和形象。网络可以提高社会组织知名度,完善组织形象。
(2) 提供广泛的传播渠道。通过网络公共关系,可以创造虚拟公众代表,提供更为广泛的信息渠道,使组织获得公众市场的低成本竞争优势。
(3) 建立良好的公众关系。可根据记者的需要和提问,通过网络得到详细的回答,在网上发布新闻,让公众及时了解组织的真实信息。

2. 网络型公共关系的操作。
(1) 网络调查。
(2) 网上设计。
(3) 网站推广。网站的推广方式一般可以分为两大类:一类是利用线下媒体宣传,另一类是在互联网上借助网络工具和资源进行宣传。因此,企业要制定系统的网站推广策略,就要综合运用线上线下的各种媒体和方式,全方位、多角度地推广企业的网站。

三、网络营销中的营业推广

(一) 营业推广的概念

营业推广也称又称销售促进,是指那些不同于人员推销、广告和公共关系的销售活动,它旨在激发消费者购买和促进经销商的效率。诸如陈列、展出与展览表演和许多非常规、非经常性的销售尝试。

(二) 营业推广的方式

随着市场特征不同,营业推广的形式也多种多样,大致可分为三类。
1. 对消费者的营业推广形式。主要方式有赠送销售、赠送优惠券、价格折扣、有奖销售等。
2. 对中间商的营业推广。主要方式有批量折扣、现金折扣、经销津贴、订货会和交易会等。
3. 对推销人员的营业推广。主要方式有利润提成、推销奖励、推销竞赛等。

步骤3：设计网络促销方案

想一想

为什么网络促销具有稳定销售的作用？

做一做

瑞幸的广告投放是跟着门店走的，每开一个新门店，就会有围绕门店半径1.5公里之内的分众广告和朋友圈LBS定投。

电梯广告。投入分众电梯广告，让白领在上下班等电梯的过程中，看到瑞幸。

微信营销。在微信服务号方面，巧用自定义菜单，推文内容精美。通过微信公众号发放优惠券，把微信小程序作为微商店，便于下单。投朋友圈广告，做LBS定投、品牌广告等。

搜索营销。官网以品牌展示为主，主推电脑端，弱化手机端。在搜索营销方面，投入百度品牌专区。

素养园地：

创新——拼多多的迅速崛起

拼多多利用社交时代人们愿意分享的特点，以拼团模式，通过人与人的社交连接，获取社交流量。这种模式极易触达用户，依靠微信聊天和朋友圈分享等社交场景，以及朋友之间拼团的推荐分享，通过人工筛选判断——接收信息的朋友有可能购买自己推荐的商品——更加精准地将商品信息传递给需要的人，无形中做到了很好的营销推广。

任务总结：

完成本次学习任务，掌握广告、人员推销、公共关系、营业推广等促销方式的基本概念、内容并熟练运用，设计网销产品促销方案。

拓展知识：认养"一头牛"的网络营销整合方案

能力训练 3-4：

白鹿观村项目网络营销促销策略

实训计划活页			___年___月___日	
实训名称	白鹿观村项目网络营销促销策略		团队名称	
实训目的	1. 掌握广告、人员推销、公共关系、营业推广等促销方式 2. 能够设计网销产品促销方案		任务准备	团队成员应先收集相关产品的详细信息，了解项目的要求
素养目标	勤于思考、注重调查、勇于开拓、善于创新			
实训任务	1. 了解人员推销、广告、营业推广、公共关系等策略（如直播带货） 2. 熟悉网络公共关系策略 3. 设计产品的网络促销方案			
实训评价标准	1. PPT 的美观程度、布局、展示方式（30 分） 2. 内容的完整程度（30 分） 3. 善于创新的自我分析情况（20 分） 4. 学习目标的完成情况（20 分）			
实训评价	对内自评		小组互评	老师评价

网络营销

学习笔记

白鹿观村项目网络营销促销策略

项目三　网络营销组合策略

项目总结：

通过项目中每一个任务的完成，了解网络营销产品策略、网络营销价格策略、网络营销渠道策略、网络营销促销策略。课后，同学们仍要结合白鹿观村农旅项目进行实战练习，实现理论与实践的结合。

项目评价：

	评价标准	成绩
队内自评	1. 掌握相应的知识点（20分） 2. 对项目了解的程度（20分） 3. 勤于思考、注重调查方法的落实情况（30分） 4. 商业计划书的完整程度（30分）	
各组互评	1. 对所学知识点掌握的熟练程度（30分） 2. 勤于思考、注重调查方法的落实情况（30分） 3. 商业计划书的完整程度（40分）	
老师评价	1. 对所学知识点掌握的熟练程度及团队合作程度（30分） 2. 是否做到勤于思考、注重调查（30分） 3. 商业计划书的完整程度（40分）	

知识回顾：

项目3 知识回顾答案

一、单项选题

1. 在产品寿命周期中，现金流最高的是（　　）。
　A. 导入期　　　　B. 成长期　　　　C. 成熟期　　　　D. 衰退期

2. 对于（　　）而言，消费者最大的购买心理就是遵循方便就近、即刻买到的原则。在网络上经营此类商品时，必须考虑到消费者的这种购买心理，开始时盈利要低，要大力做广告，吸引消费者做一番尝试，以促使其形成偏好，使消费者感到不出家门，在网上购买这些商品可以像到附近的杂货店购买一样方便、便宜，甚至在网上购买比到杂货店购买更方便、更便宜。
　A. 便利产品　　　B. 选购产品　　　C. 有形产品　　　D. 无形产品

3. （　　）的特点是为引流、拓客，多数为成熟类或成熟品牌。
　A. 流量产品　　　B. 活动产品　　　C. 利润产品　　　D. 主流产品

4. （　　）策略利用消费者求廉求实的心理，以低价迅速打开产品销路，夺取较大的市场份额，从而在消费者心目中树立起价廉物美、经济实惠的形象，以赢得消费者的信赖。
　A. 撇脂定价　　　B. 渗透定价　　　C. 满意定价　　　D. 促销定价

5. 以下哪个促销方式的优点是吸引力大、效果明显；缺点是若使用不当会引起顾客怀疑和反感。（　　）

A. 人员推销　　　　B. 广告促销　　　　C. 营业推广　　　　D. 公共关系

二、多选题

1. 产品的整体概念分为（　　）。
   A. 核心产品层　　B. 基础产品层　　C. 期望产品层　　D. 附加产品层
2. 产品寿命周期一般以产品的销售量和所获的利润额来衡量。典型的产品生命周期曲线是S形。根据销售增长率的变化情况，可以把它分为四个阶段，即（　　）
   A. 导入期　　　　B. 成长期　　　　C. 成熟期　　　　D. 衰退期
3. 网络营销产品分为（　　）。
   A. 流量产品　　　B. 活动产品　　　C. 利润产品　　　D. 主流产品
4. 品牌的作用是（　　）。
   A. 识别产品　　　　　　　　　　　B. 保证质量
   C. 有利于促销，树立企业形象　　　D. 维护权益
5. 广告的功能有（　　）。
   A. 沟通信息，促进销售的功能
   B. 激发需求，诱导消费的功能
   C. 提高企业信誉，树立企业形象，融洽与公众关系的功能
   D. 传播文化，丰富生活的功能

三、判断题

1. 互联网络提供了一种新的传播媒介方式，它通过一对一的沟通，结合文字、声音、影像、图片等，用动态或静态的方式，全方位地介绍社会组织的经营理念、产品性能、服务宗旨、服务内容。　　　　　　　　　　　　　　　　　　　　　　（　　）
2. 激励性广告是以说服为目标。在宣传中突出本企业产品的特点，强调本产品在同类产品中所具有的优势，介绍产品能给消费者带来的特殊利益，使消费者对某个品牌的印象加深，激励顾客采取购买行动，对市场的消费起到了品牌导向的作用。
   　　　　　　　　　　　　　　　　　　　　　　　　　　　　　　　　　　（　　）
3. 公众关系涉及的范围相当广泛，例如企业外部的公众、消费者、供应者、中间商、营销中介、政府有关部门及各个职能部门、新闻媒介组织等。　　　　　　（　　）
4. 企业在设计好营销渠道后，必须对营销渠道的成员进行谨慎的选择。一般情况，企业都要考虑中间商实力、信誉、企业发展潜力。　　　　　　　　　　（　　）
5. 等级包装策略的优点是：使消费者产生好感，产生购买的兴趣；使刻有商标的容器，发挥广告作用，引起重复购买。但要防止成本过高，增加消费者负担。（　　）

四、简答题

1. 包装的作用有哪些？
2. 影响定价的因素有哪些？
3. 新产品的定价策略有哪些？
4. 一个完整的广告，由几部分组成？
5. 电商平台营销渠道的设计程序有哪些？

项目四　网络营销推广策略

知识目标：

1. 掌握搜索引擎的原理以及 SEO 的方法。
2. 了解网络广告的形式和特点，掌握网络广告的策划方法。
3. 深刻理解内容营销、新媒体营销的概念，掌握内容营销的实施步骤。
4. 掌握新媒体整合营销的四个要点及方法。
5. 掌握微博、微信运营的策略和模式。
6. 掌握大数据可以精准营销的关键要素、流量布局和平台算法。

技能目标：

1. 能够根据搜索引擎排序算法的原理，合理布局关键词和内容，提高网站在搜索引擎中的排名。
2. 能够根据用户需求制作网络广告，并进行广告发布和效果评估。
3. 能够开展内容营销、新媒体整合营销。
4. 能够利用微博、微信等工具进行网络推广。
5. 能够利用短视频、直播等方式进行网络推广。
6. 能够根据数据进行精准营销，确定目标客户。

素质目标：

1. 树立诚实守信的经营理念，培养公平竞争的意识。
2. 培养学生的社会责任感，树立民族自豪感和文化自信。
3. 培养学生求真务实、知法守法的观念和保密意识。
4. 培养学生创新意识和互联网信息辨别能力，树立正确的互联网舆论观。

思维导图：

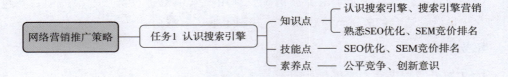

学习笔记

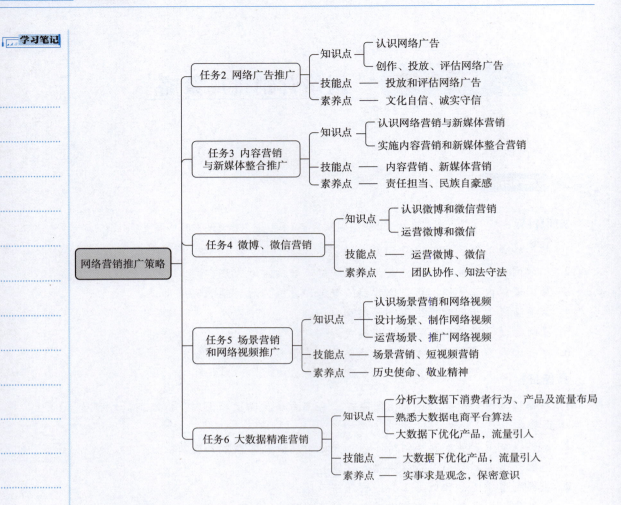

项目简介：

西安市临潼区斜口街道白鹿观村乡村振兴项目，从现状出发，利用网络营销的推广方式及工具进行项目宣传推广，旨在让更多的消费者了解该项目，吸引更多的消费者进行消费。

任务1　认识搜索引擎

任务描述：

根据项目简介以及前期学习完成情况，利用搜索引擎进行推广。根据项目特色、目标及预算选择适合的关键词进行搜索，并制定推广方案。

任务分析：

1. 了解并掌握搜索引擎的推广方式及优化方案。
2. 根据项目要求对白鹿观村的旅游资源、历史典故等展开推广，提升乡村知名度。

项目四 网络营销推广策略

任务实施：

搜索引擎

活页式教学设计及反馈表				
授课对象 姓名 学号		本任务课时数		2
教学环境	机房、实训室	实操任务数		1
任务内容				
教学内容	本任务从认识搜索引擎的定义和功能入手，使大家了解搜索引擎的工作原理。根据搜索引擎的工作流程，与白鹿观村项目网络营销的具体情况相结合，制订搜索引擎营销计划，为提升乡村知名度、提高商品销售额、提高村民收入打好基础			
实践内容	1. 对比不同关键词的搜索结果，并对比分析找出规律 2. 结合白鹿观村旅游产品和农产品的特点确定关键词 3. 对关键词进行优化			
课前准备				
导入案例	国内搜索引擎市场的新机遇			
技能基础	1. 对比了解搜索引擎市场的变化和发展 2. 复习如何能够快速准确地利用搜索引擎收集信息并查询 3. 通过搜索引擎开展搜索，对比搜索结果			
学习准备	以小组为单位进行课前分析			
学习重难点				
学习重点	1. 了解搜索引擎的工作原理 2. 根据项目要求开展搜索引擎营销，挖掘并确定关键词			
学习难点	1. 建立项目关键词库并进行动态管理 2. 评估搜索引擎营销的效果，根据实际情况进行优化调整			
课堂与课后				
点亮课堂表现 自评星级	☆ ☆ ☆ ☆ ☆			
课后疑问记录				

导入案例：

国内搜索引擎市场的新机遇

国内搜索引擎经过一段时间的高速发展期迎来稳定发展，5G技术给搜索引擎带来了新的机遇，具体表现在四个方面。

学习笔记

一是搜索引擎的企业二次上市引起多项新增长。2021年3月，百度完成港交所二次上市，将募集资金净额用于持续开展科技投资；二是微信搜索布局进一步巩固。2021年9月，搜狗成为腾讯全资子公司，在保留独立搜索品牌的同时，为微信提供搜索技术与内容支持，可进一步提升微信内容的分发能力；三是新入局者取得一定发展成绩。字节跳动旗下搜索产品进一步发展，截至2021年2月，抖音视频搜索月活跃用户已超过5.5亿，搜索投入力度持续加大；四是电脑端搜索有所创新。在搜索方式中，微信"搜一搜"的电脑端应用对搜索方式进行升级，用户选中聊天信息即可直接实现搜索。在内容方面，微信电脑端的搜一搜功能，新增公众号、小程序、新闻、视频等内容，进一步丰富了微信搜索生态，提高了竞争力。

此外，搜索引擎继续探索细分发展的赛道。一是在内容建设方面，搜索引擎通过发展短视频搜索，加入用户使用时长竞争；二是在搜索连接服务方面，小程序已经成为移动端搜索的重要流量去向；三是在外部合作方面，百度正与视频社交媒体YYLive开展收购合并计划，并与哔哩哔哩、小红书达成内容合作，不断在技术、内容、流量等方面完善搜索生态体系。

（资料来源：中研产业研究院《2022—2026年中国搜索引擎行业竞争格局及发展趋势预测报告》）

导入案例	
小组讨论问题：搜索引擎在网络营销中的重要作用是什么？搜索引擎优化应该如何做？	讨论草稿区：

步骤1：认识搜索引擎

想一想

在你熟悉的网页或是软件中，是否都有搜索引擎？这些搜索引擎能够帮助你完成哪些工作呢？搜索引擎在网络营销中的作用是什么？

做一做

一、搜索引擎的含义

搜索引擎（Search Engine）是一种依托于信息检索技术的工具类软件，它能够根据用户提交的关键词，自动从网络中搜集相关信息，并进行整理和排序，最终将搜索结果反馈给用户。

为了向用户提供更快速、高相关性的信息服务，搜索引擎需要一系列的技术支持，其中包括爬虫、检索排序、网页处理、大数据处理、自然语言处理技术等。

二、搜索引擎的分类

一个搜索引擎主要由搜索器、索引器、检索器和用户接口组成。搜索方式是搜索

拓展知识：
常见的搜索引擎介绍

引擎的一个关键环节,灵活选用搜索方式是提高搜索引擎性能的重要途径。搜索引擎分为以下类型:

(一) 全文搜索引擎

全文搜索引擎是一种方便、简捷的搜索方式,适用于绝大多数用户。它能根据用户提供的关键词在网络中搜集、发现、获取网页内容。全文搜索引擎的优点是信息量大、更新及时、无须人工干预,尤其是在用户没有明确检索意图的情况下,这种搜索方式非常有效。缺点是信息反馈的准确度不高、深度不够,用户必须从结果中再进行筛选。全文搜索引擎的工作过程如图 4-1 所示。

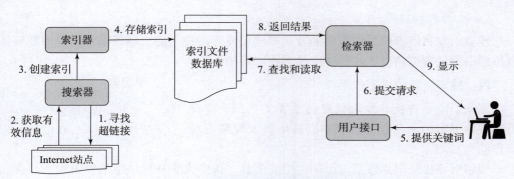

图 4-1 全文搜索引擎的工作过程

(二) 元搜索引擎

元搜索引擎能够很好地解决搜索信息不全的问题。查询时它将用户的查询请求同时向多个搜索引擎递交,将返回的结果进行重新排序处理,作为自己的结果返回给用户。元搜索引擎的优点是返回结果的信息量更大、更全,缺点是用户不能充分使用搜索引擎的功能,需要做更多的筛选。

(三) 垂直搜索引擎

垂直搜索引擎是一种"专、精、深"的搜索引擎服务模式,适用于有明确搜索意图时进行检索,也是通用搜索引擎的有益补充,它可以针对某一特定领域、某一特定人群或某一特定需求提供有一定价值的信息和相关服务。垂直搜索引擎具有行业色彩,搜索结果更加专注、具体和深入。

(四) 目录搜索引擎

目录搜索引擎是目前各大网站内部常用的检索方式,通常将信息置于事先确定的分类目录中,用户通过分类目录,层层递进,找到所需的信息。这种搜索方式能够将网站内信息整合处理并以目录形式呈现给用户,但其缺点在于用户需预先了解本网站的内容,并熟悉其主要模块的构成,适应范围非常有限。

三、搜索引擎的工作原理

当用户以关键词查找信息时,搜索引擎会在数据库中进行搜寻,如果找到与用户要求内容相符的网站,便采用特殊的算法,通常根据网页中关键词的匹配程度、出现的位置、频次、链接质量等计算出各网页的相关度及排名等级,然后根据关联度高低，按顺序将这些网页链接返回给用户。那么，搜索引擎是怎么工作的呢？一般而言，搜索引擎的工作原理如下：

（一）数据抓取与收集

搜索引擎需要定期从互联网的不同站点搜索并收集网站信息，并提取有收录价值的网站信息和网址，添加到自己的数据库。

（二）索引建立

搜索引擎抓取到网页后，还要做大量的预先处理工作才能提供检索服务。其中，最重要的就是提取关键词，从而建立索引数据库。

（三）搜索和排序

搜索引擎将搜索结果以不同的方式展现在搜索用户面前。展现结果的排序能够体现搜索引擎的查询精度，这种排序受多种因素的影响。

四、搜索引擎的重要作用

你知道影响搜索引擎排序的因素有哪些吗？

搜索引擎是查找和发现信息的主要工具，企业提升对搜索引擎的利用能力，能够提高信息发现和市场运作能力。

搜索引擎也是信息传播与推广的重要工具，很多人将在网络上的搜索行为作为信息获取的首选方式。

步骤2：搜索引擎营销

想一想

搜索引擎营销与传统营销相比有哪些特点？

做一做

一、搜索引擎营销的定义

搜索引擎营销（Search Engine Marketing，SEM）是基于搜索引擎平台的网络营销，通过整套的技术和策略系统，利用人们对搜索引擎的依赖和使用习惯，在人们检索信息的时候尽可能将营销信息传递给目标用户的一种营销方式。

用户利用搜索引擎进行信息搜索是一种主动表达自己真实需求的方式。因此，搜索某类产品或某个品牌相关关键词的用户，就是该产品或该品牌所寻找的目标受众或潜在目标受众。搜索引擎营销要求以最少的投入获得来自搜索引擎最多的访问量，并获取相应的商业价值。

二、搜索引擎营销特点

搜索引擎营销的实质就是通过搜索引擎工具，向用户传递他们所关注对象的营销信息。与其他网络营销方法相比，搜索引擎营销有以下特点：

1. 以用户为主导。
2. 按效果付费，分析统计简单。
3. 用户定位精准。

延伸阅读：一个村庄与世界的互联：守着金饭碗不过苦日子

拓展知识：搜索引擎营销的发展及趋势分析

三、开展搜索引擎营销的目的

搜索引擎营销追求高性价比，力求以最少的投入获得最多的来自搜索引擎的访问量，并产生商业价值。搜索引擎营销过程如图4-2所示。

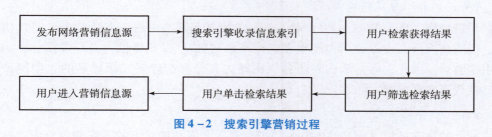

图4-2 搜索引擎营销过程

从企业角度出发，开展搜索引擎营销的目的主要有以下几个内容：

1. 形成适合搜索引擎检索的信息源。企业网站不仅要求对搜索引擎友好，而且还要求对用户友好。

2. 创造被搜索引擎收录的机会。让尽可能多的营销信息被搜索引擎收录是网络营销的基本任务之一，也是搜索引擎营销的重要步骤。

3. 争取更加靠前的排名。搜索引擎营销就是要使营销信息在搜索结果中争取到好的排名，被更多用户知道。

步骤3：搜索引擎优化（SEO）

想一想

企业为什么要做搜索引擎优化？优化时应该从哪几方面入手？

做一做

一、搜索引擎优化的定义及作用

搜索引擎优化（Search Engine Optimization，SEO）是指能够更好地为用户提供信息服务，方便搜索者获得所需的信息，提高网站的流量和转化量，是企业宣传品牌、扩大影响力的重要手段。通过不断优化网站的栏目结构、内容、用户使用体验等设计，提升网站对搜索引擎的友好性，使尽可能多的网页被搜索引擎收录，并且在搜索中获得好的排名效果，从搜索引擎的自然检索中获得更多的潜在用户。

为了提高网站的知名度和排名，搜索引擎优化是非常必要的操作。对于企业而言，SEO 的积极作用体现在通过 SEO 可以让用户更了解公司的业务信息、产品等内容，有助于公司在网络上塑造良好的品牌形象；有助于提高搜索结果的自然排名，增加网站流量，增加可信度，找到潜在客户，让更多的用户更快地找到他需要的产品和服务，满足用户需求，从而促成交易。

二、搜索引擎优化的要点

（一）关键词优化

优化的基础是选择适当的关键词。在选择关键词时要考虑多方面的因素，如关键词与网站内容的关联性、词语间的组合排列、关键词的热度等。企业设置的关键词应是用户容易想到的、大概率使用的搜索文字内容，这样更容易定位有意向的潜在用户。

（二）网站栏目结构优化

网页级别（Page Rank，PR）是Google搜索排名算法中的一个组成部分。PR值越高，说明该网页在搜索排名中越重要，网站结构散乱、PR值低、提升慢都会影响搜索引擎收录。因此，网站结构对于各级网站尤其是存在较多二级域名的大型网站而言，就变得非常重要。

（三）内部链接优化

网站的内部链接简称网站内链，是指在同一个网站域名下的不同内容页面之间的互相链接。内链可以分为通用链接和推荐链接。要注意当网站存在复制站点时，搜索引擎会认为网站有作弊的嫌疑，对排名极为不利。因此，如果网站有两个及两个以上的域名，要避免同时指向一个空间。

（四）外部链接优化

外部链接优化可以从三个方面着手：一是保持外部链接的多样性。外部链接的类别有博客、论坛、新闻、分类信息、贴吧、知道、百科、相关信息等；二是每天增加一定数量的外部链接；三是与一些网站相关性比较高、整体质量比较好的网站交换友情链接，巩固关键词排名。

拓展知识：优化网站内部链接的作用

（五）网站内容优化

基于网站内容的推广是搜索引擎营销的核心。网站内容推广策略是搜索引擎营销策略的具体应用，高质量的网站内容是网站推广的基础。网站内容推广策略的基本出发点是可以为用户提供有效的信息和服务，这样，无论用户通过哪种渠道来到网站，都可以获得尽可能详尽的信息。

三、搜索引擎优化的主角——关键词优化

一个理想的关键词，一方面要准确体现搜索者的意图，另一方面要与网页内容高度相关，并且符合搜索引擎对该关键词与页面内容相关性的判断。

（一）关键词的来源

用户在搜索引擎中提交的关键词，体现了搜索者的信息搜索意愿。因此，如果能够使关键词体现用户的意愿，搜索就能取得更准确的结果。

1. 关键词。通过搜索引擎系统推荐的联想和相关关键词，搜集关键词信息。在不同搜索引擎中，虽然核心关键词相同，但是联想和相关关键词可能存在较大差异，企业要根据自己的需求进行选择。

2. 关键词工具软件。Google和百度的推广账号，都内置了关键词推荐工具。通过搜索引擎的内置工具，能够获得大量的搜索引擎推荐的关键词，也能获取每种关键词的每天搜索量、热度等相关数据。

通过第三方关键词工具收集更多的关键词。比如，词库可以你帮助优化挖掘到长尾词、热门关键词等，是一个丰富的大词库。追词助手能够同时查询最多1 500个关

键词的百度搜索量及相关参数，通过一个关键词衍生出多个相关词。通过站长之家，能够对行业词、长尾词和竞价词进行挖掘。

3. 拓展。根据企业所处的行业，围绕企业的核心业务，如名称、产品、品牌等，扩展和搜集关键词。从用户的角度选择关键词，拓展关键词的数量。

4. 关注度。通过百度指数，了解关键词的用户关注度和媒体关注度，了解相关关键词的搜索量和增长率、地区分布和用户属性。

理想的关键词，首先，要具备高搜索的人气和热度，有较高的展现量；其次，能够引起搜索者的注意，点击量和点击率要高；再者，效果要好，达到引流的目的，比如网站的注册量或者咨询量要高，网店的商品转化率要高；最后，竞争度要小，能够降低网站优化的难度和关键词的竞价。

（二）关键词的选取原则

关键词是搜索引擎营销的基础，关键词的选择原则主要有以下五点：

> **学而思**
> 常见的关键词分类有哪些？

1. 关键词要与网站主题相关。只有与网站主题相关的关键词才可能带来有效流量，从而为企业创造效益。

2. 关键词不能太宽泛。关键词不宜过于宽泛，例如"运动""买书"等。这些关键词通常竞争激烈，优化难度大，带来的流量不精准，转化率不高，想要取得好的营销效果就需要付出较高的成本。

3. 关键词不能太特殊。虽然特殊关键词的竞争不会很激烈，但是搜索到这个关键词的用户通常很少，设置这类关键词难以达到理想的营销效果。一般来说，企业名称、品牌名称、产品名称都属于特殊关键词，例如"西安××健身中心"等。

4. 选择竞争度低的关键词。竞争度越低越容易取得较好的排名，在选择关键词时尽量选择搜索量较大而竞争度较小的关键词。在实际工作中，网站推广人员可以通过关键词挖掘工具找出这类关键词。

5. 选择商业价值高的关键词。不同的关键词有不同的商业价值。例如，搜索"什么运动最增肌"的用户可能只是想了解什么运动可以强身健体，其购买意图不太明确，该关键词的商业价值也就不高；而搜索"在哪里有教授××运动的教练"关键词的用户购买意图比较明确，该关键词的商业价值就较高。

步骤4：SEM 搜索引擎竞价排名

想一想

开展 SEM 竞价排名的关键环节是什么？

做一做

竞价排名是一种按效果付费的网络推广方式，先由百度在国内率先推出，之后包括谷歌、雅虎在内的国内著名搜索引擎网站全部使用了竞价排名的营销模式。其中，百度的竞价排名收入已经达到了其总收入的 90% 以上。SEO 竞价排名是一种通过付费广告来提高搜索引擎结果页面上网站排名的策略。在某些情况下，搜索引擎可以将这些广告显示在有机搜索结果的顶部或底部。

一、竞价排名概述

竞价排名的基本特点是按点击付费,广告出现在搜索结果中(一般是靠前的位置),如果没有被用户点击,不收取广告费。在同一关键词的广告中,支付点击价格最高的广告排列在第一位,其他位置同样按照广告主自己设定的广告点击价格来决定广告的排名位置。

(一)竞价排名的特点

1. 快速流量。SEO 竞价排名可以快速增加流量,无须等待 SEO 策略生效,即可获得高质量的流量。

2. 精确定位。广告出现在搜索结果页面,与用户检索内容高度相关,能较为精确定位特定的用户群体,从而更有针对性地推销产品或服务。

3. 低成本。按效果付费,能够以较低的成本入场竞争,甚至可以将实时计算后的价格与转化率结合使用。

4. 计划编排。广告主可以计划广告展示的时间、日期及地理位置,从而更有效地控制营销活动的成本。

5. 实时呈现。SEO 竞价排名广告能够实时呈现,并根据实际的点击率和转化率进行调整。

6. 效果显著。竞价广告出现在搜索结果靠前的位置,容易引起用户的关注和点击,因而效果比较显著。尤其对于自然排名效果不好的网站,采用竞价排名可以取得很好的推广效果。

(二)竞价排名与 SEO 的区别

虽然都是对关键词进行操作,但竞价排名与 SEO 还是存在较大差异。

1. 长期 VS 短期。搜索引擎优化是一种长期稳定的推广方式,需要持续投入时间和资源,并且效果需要一段时间才能显现。而关键词竞价排名则可以迅速获得曝光和流量,适用于紧急推广需求。企业在制定营销策略时需要综合考虑长期和短期目标,选择适合自身需求的方法。

2. 稳定 VS 可控。搜索引擎优化可以提高网站在自然搜索结果中的排名,稳定性较高。而关键词竞价排名则可以通过设定出价来控制广告预算,更加可控。企业在决策时需要考虑到自身的需求和资源情况,权衡稳定性和可控性。

3. 品牌建设 VS 短期效益。搜索引擎优化可以提高网站在搜索结果中的可信度和权威性,有助于品牌建设。而关键词竞价排名则更适合追求短期效益和进行快速推广。企业需要综合考虑品牌建设和短期效益,在两者之间找到平衡点。

4. 用户体验 VS 精确定位。通过搜索引擎优化,网站可以提供更好的用户体验,包括网站结构、内容质量等方面。而关键词竞价排名则可以通过设定合理的出价,精确定位到目标受众。企业在决策时需要综合考虑用户体验和精确定位,以满足用户需求并提高转化率。

二、常见的竞价排名推广平台

从本质上看,竞价排名是一种人工干预的商业广告,它以盈利为目的帮助企业传播商业信息。目前,国内常见的竞价排名推广平台有下面五个:

1. 百度竞价推广。百度是中国最大的搜索引擎之一，百度竞价推广在市场份额中占比最大，同时兼顾 PC 端和移动端。平台流量大，基数多，人群覆盖全面，适用于绝大部分行业。

2. 360 推广。360 推广依托于浏览器和杀毒软件，安全性比较高，主要做 PC 端。虽然 PC 端流量大，但是网络搜索能力较弱。适用于软件定制开发、医疗、招商加盟、板材（保温板）、车床设备等行业，以及类似于这些传统的 B2B 的行业推广。

3. 神马推广。只针对移动端，背靠阿里集团，有 UC 浏览器为其引导流量。移动端流量大，仅次于百度，用户主要是年轻客户，35 岁以下占 80%，主要用户群在一二线城市。适合推广留学、培训课程、MBA 等行业。

4. 搜狗推广。支持微信公众号和文章搜索，收录比较快，已经被腾讯全资收购，以后可能运用在微信的搜索框中，去添加、完善内容。用户年龄较小，学历偏低，浏览器流量加持，属于小众渠道。适用于婚纱摄影、旅游、游戏、小说等行业的推广。

5. 头条竞价推广。头条搜索站内资源比较丰富，包括头条、抖音很多内容。本身内容比较丰富，虽然流量潜力巨大，但是用户的搜索习惯并不强，更多的是靠"刷"，所以搜索有效率比较低。适合企业进行小范围测试，可以拉低成本；适合大众行业、房产、餐饮加盟等行业来推广。

除了以上几个推广平台，谷歌和 Bing 也是国际市场上常见的推广平台。

三、竞价排名推广技巧

竞价排名推广是一种比较常见的网络营销方式，在进行推广时也有一些技巧。

1. 精准定位关键词。关键词的选择至关重要，需要进行关键词分析和定位，找出适合自己的关键词，做到准确匹配用户搜索需求，避免浪费不必要的推广费用。

2. 设定恰当的出价。恰当的出价是提高关键词排名的关键之一。在竞价排名中，出价并不是主要的衡量因素，但是它对于广告排名的影响非常大。在设定出价时，需要考虑到关键词搜索量、广告竞争程度、用户搜索意图和自身的竞争力等因素，从而确保自己的广告排名和转化量。

3. 优化广告质量。广告质量是影响竞价排名结果和广告曝光率的重要指标。在制订广告计划时，需要根据目标受众和关键词特点，选择合适的图片、内容和标题。同时，也要注意避免利用锚文本和超链接等手段。

4. 优化落地页。落地页是 SEM 广告推广的重要一环。优化落地页可以提高广告的转化率和质量得分，从而提高竞价排名的效果。需要保证落地页的内容与广告的关键词、标题、描述等相匹配，同时需要考虑页面的美观、易用性和加载速度等方面。合理优化落地页还能提高用户的点击费用（CPC）和返回率。

5. 监控广告表现。通过定期监控广告的表现，可以及时发现问题并进行调整。通过广告的点击率、转化率以及落地页的质量评分等指标，得到广告效果的快速反馈。

6. 与其他营销方式结合使用。将关键词竞价推广与其他营销方式结合使用，如 SEO、社交媒体营销等，提高综合营销效果。

提高关键词排名和广告质量是百度 SEM 优化的主要策略之一。需要着重关注合适的关键词、恰当的出价、广告质量的优化、落地页的相关性以及广告表现等方面。通过不断测试、调整和优化，以适应多变的搜索引擎竞价排名算法，从而实现竞价排名的优效果。

素养园地：

公平竞争意识——首例涉"搜索引擎优化"不正当竞争案

2021年4月，海淀法院审理了百度公司状告深圳一优网络科技有限公司不正当竞争纠纷案，这是国内首例涉SEO不正当竞争案。

原告百度公司诉称，其是百度网（www.baidu.com）的运营者，百度公司为反映客观自然搜索结果、保障用户的使用体验，每年投入大量的技术人员、服务器、带宽等资源，不断优化搜索引擎算法，保证百度自然搜索结果的客观公正，在搜索引擎反作弊方面也付出了巨大成本。

而被告深圳一优公司宣称提供"搜索引擎优化"服务，通过以人工或机器的方式点击目标网站，为目标网站虚增点击量，制造虚假的用户需求，欺骗百度搜索排序算法，使目标网站排到搜索结果首页，破坏了百度公司服务的正常运行。

百度方代理人解释说，虚假的用户需求为不法网站提供了可乘之机，会使本身没有用户需求、用户需求小的网站，排序至百度搜索首页。一优公司干扰百度搜索排序的行为，增加了百度公司维护正常搜索生态的各项成本，是对其他通过提高网站质量、网站内容苦心经营自身网站的其他合法经营者的不公平竞争，也破坏了市场竞争秩序，构成不正当竞争。

一优公司则认为，双方之间不存在竞争关系，一优公司没有提供涉案网站的搜索排名优化服务。百度公司为大量提供搜索引擎优化业务的客户提供广告推广，说明其认可该项服务的合法性。一优公司是根据客户需要对其网站进行优化，并非是对百度自然搜索结果的干扰，也没有违反诚信原则和商业道德，不构成不正当竞争。

针对此案一审法院判决如下：

一、本判决生效之日起十五日内，被告深圳一优网络科技有限公司在《法治日报》非中缝位置刊登声明，消除其涉案不正当竞争行为对原告北京百度网讯科技有限公司造成的不良影响。

二、本判决生效之日起十五日内，被告深圳一优网络科技有限公司赔偿原告北京百度网讯科技有限公司经济损失180万元以及合理费用5万元。

如被告未按本判决所指定的期间履行给付金钱义务，则应依据《中华人民共和国民事诉讼法》第二百六十条之规定，加倍支付迟延履行期间的债务利息。

任务总结：

完成本次任务，掌握搜索引擎营销的特点、搜索引擎优化的方法；了解网店运营推广中关键词的挖掘、分类和整理方法；能够根据数据分析结果合理调整策略，提高商品排名和流量，尽可能多地获得自然搜索流量。

能力训练 4-1：

白鹿观村项目搜索引擎营销方案

实训计划活页			___年___月___日
实训名称	白鹿观村项目搜索引擎营销	团队名称	
实训目的	1. 了解搜索引擎营销的特点及搜索引擎优化方法 2. 根据项目要求开展对白鹿观村旅游产品和农产品的 SEM 3. 根据搜索引擎营销效果开展 SEO，持续提升乡村和品牌的知名度	任务准备	详细了解白鹿观村项目的要求，分析搜索引擎营销的目的，以及要达到的预期效果
素养目标	诚实守信，公平竞争		
实训任务	1. 从了解搜索引擎的工作原理入手，掌握搜索引擎营销的目的和方法 2. 从项目要求中整理分析白鹿观村当前的营销需求 3. 建立关键词库，制定搜索引擎营销和优化方案，提升乡村知名度和吸引力，达成学习目标		
实训评价标准	1. 搜索引擎营销基础知识的掌握和运用（20 分） 2. SEM 需求分析的完整性（20 分） 3. 项目关键词库的合理性（30 分） 4. 搜索引擎营销和优化方案的完整性、合理性及有效性（30 分）		
实训评价	对内自评	小组互评	老师评价

学习笔记

学习笔记

白鹿观村项目搜索引擎营销方案

任务 2　网络广告推广

任务描述：

根据项目简介及目标，结合前期学习情况，利用网络广告推广，依据项目特色、目标及预算策划设计海报、投放平台等，制订网络广告推广方案。

任务分析：

1. 了解并掌握网络广告设计创意。
2. 设计并制作网络广告。
3. 根据项目情况进行广告投放平台的选择，并根据项目要求对白鹿观村的旅游资源、历史典故等展开网络广告推广，撰写推广策划方案，提升乡村知名度。

任务实施：

网络广告推广

活页式教学设计及反馈表			
授课对象 姓名 学号		本任务课时数	2
教学环境	实训室	实操任务数	1
任务内容			
教学内容	本任务先引入了网络广告的定义，明确了网络广告在营销推广中的积极作用。根据网络广告创意的具体方法，结合白鹿观村网络广告推广的需求，制定网络广告策划方案，从而提升乡村知名度，提高商品销售额，提高村民收入		
实践内容	1. 了解几类典型的网络广告类型，并对比分析各自特点 2. 认真分析白鹿观村的广告营销需求、产品的卖点等 3. 制作出符合要求的网络广告（图片或短视频）		
课前准备			
导入案例	"农夫山泉有点甜"		
技能基础	1. 查找公认的优秀广告案例，从中总结广告应具备的特点 2. 能够从广告案例中发现网络广告的优势 3. 了解如何制作广告海报和广告短视频		
学习准备	以小组为单位进行课前分析		
学习重难点			
学习重点	1. 分析当前热门和典型的网络广告类型 2. 调研分析用户当前的需求和企业待宣传的产品卖点 3. 制作网络广告（海报或短视频）		

网络营销

学习笔记

续表

学习难点	1. 分析白鹿观村的发展需求，准确定位网络广告目标 2. 制作出符合要求、效果好的网络广告
课堂与课后	
点亮课堂表现 自评星级	☆☆☆☆☆
课后疑问记录	

导入案例：

"农夫山泉有点甜"

农夫山泉现在是当下的饮用水生产巨头，我们不仅在生活中经常见到它，在广告营销中也同样能够看到一些经典案例。除了"我们不生产水，我们只是大自然的搬运工"外，最为脍炙人口的就是"农夫山泉有点甜"，这句经典的广告语深入人心，直到今天，人们提到农夫山泉这四个字时，都会下意识地接上"有点甜"。

这句广告语被人民日报评选为1999年最好的广告语。它最早出现在一则电视广告中，自从这一广告播出后，"农夫山泉有点甜"的广告语迅速攻陷了人们的心智，很多人都对农夫山泉是否真的有甜味而产生了好奇和尝试。因这句广告语本身短小精悍、朗朗上口，非常便于记忆，很多人都由此产生了农夫山泉喝起来真的有点甜的感觉。借助这一广告语，农夫山泉的品牌不仅得到了广泛的传播，同时也传达了品牌的特点和优势，树立了一个非常好的品牌形象。

导入案例	
小组讨论问题：一个好的网络广告应该具备哪些特点？创作和发布网络广告有哪些要注意的点？	讨论草稿区：

步骤1：认识网络广告

想一想

对于企业而言，网络广告的优势和积极作用是什么？

做一做

截至目前，中国网络广告市场已经高速发展了20余年，2023年全年实现广告收入达7 190.6亿元人民币，比上年增长33.4%，在广告发布业务中的占比从2019年的58.7%上升至82.4%。

一、网络广告的概念及特点

网络广告是指以数字化信息为载体，以国际互联网为传播媒介，并以文字、图片、音频、视频等形式发布的广告。通俗地讲，网络广告是指广告主为了实现促进商品流通的目的，通过网络媒体发布的广告。

网络广告与电视、报刊、广播三大传统媒体及各类户外媒体、直邮、黄页相比，具有得天独厚的优势。

1. 网络广告表现多样，互动性强。
2. 网络广告的针对性强，受众清晰。

二、网络广告的类型

目前，常见的网络广告主要有以下几种：

1. 旗帜广告。互联网上最常见的网络广告形式为旗帜广告（Banner）。网络媒体通常在自己网站的页面中分割出不同尺寸的版面（视各媒体的版面规划而定）以此发布广告，因其像一面旗帜，故称为旗帜广告，如图4-3所示。

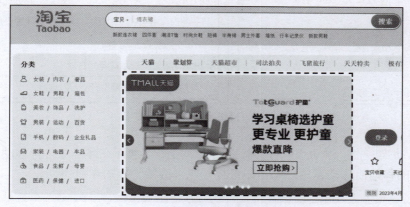

图4-3 购物网站上的旗帜广告

2. 按钮广告。按钮广告（Button）是从旗帜广告演变而来的一种网络广告形式，版面位置一般较小，通常是一张链接着公司的主页或产品信息的图片，如图4-4所示。

图4-4 购物网站上的按钮广告

3. 文字链接广告。文字链接广告以一个词组或一行文字作为一个广告，用户单击后可以进入相应的广告页面，如图4-5所示。

图4-5　网站上的文字链接广告

4. 浮动式广告。浮动式广告会根据用户的屏幕滚动而在屏幕上自行移动，甚至会随着鼠标的移动而移动，用户单击即可打开广告链接，如图4-6所示。

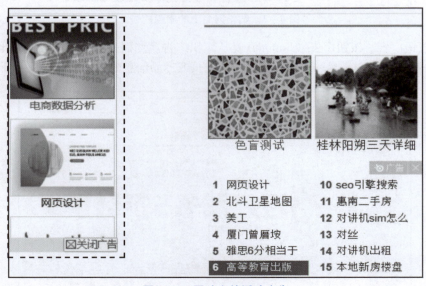

图4-6　网站上的浮动广告

5. 弹窗式广告。弹窗式广告是指打开网站后自动弹出的广告。该类广告具有一定的强迫性，无论用户单击与否，广告都会出现在用户面前，如图4-7所示。

项目四 网络营销推广策略

图 4-7 弹窗广告

6. 网络视频广告。网络视频广告是随着移动互联网应用范围不断扩大而逐渐流行的一种广告形式。具体表现为原来在电视上播放的广告直接网络在线播放或者在网络平台直接播放由用户自发制作的短视频原创广告，以传播广告信息为主。我们在微信和各类短视频平台上经常可以看到这种类型的广告，如图 4-8 所示。

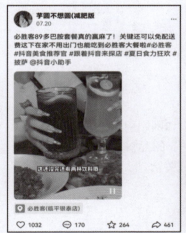 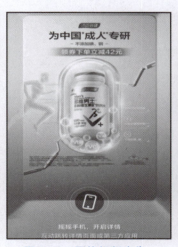 

图 4-8 网络视频广告

7. 关键字广告。关键字广告是充分利用搜索引擎资源开展网络营销的一种手段，属于按点击次数收费的网络广告类型。关键字广告有两种基本形式：一种是关键字搜索页面上方的广告横幅可以由客户买断。这种广告针对性强、品牌效应好、点击率高。另一种是在关键字搜索网站中，客户根据需要购买相应的排名，以提高自己的网站被访问的概率，如图 4-9 所示。

· 147 ·

图4-9 关键字广告

网络广告除了以上所述外,还有不少创新的形式。例如伴随着各种应用软件的出现而诞生的启动页广告、信息流广告、积分广告、下拉刷新广告,以及随着微信的出现而诞生的朋友圈广告、公众号底部广告、文中广告、视频贴片式广告、互选广告、小程序广告等。

步骤2:创作网络广告

想一想

网络广告的创作要点有哪些?

> **学而思**
>
> 除了以上提到的,还有哪些类型的网络广告?

做一做

一、网络广告的营销功能

网络广告实现的营销职能主要有品牌建设、促销推广和网站引流。

1. 品牌建设。网络广告最主要的效果之一是提升企业的品牌价值。通过网络广告,推广产品和企业,形成品牌传播。同时,利用一些公关活动,进一步提高品牌的知名度,让其更广泛、更有效地传播。

2. 推销商品或者服务。用户由于受到各种形式的网络广告吸引而获取产品信息,网络广告已成为影响用户购买行为的因素之一。

3. 网站引流。网络广告与传统广告的最大区别在于流量的引入。在保证流量的基础上尽可能地精准投放,提高网络广告的PV(页面浏览量)、UV(独立访客)和ROI(投资回报率)等相关指标。

广告创意是网络广告中最具魅力、最能体现营销水平的部分。它包括两个方面:一是内容、表现形式、广告诉求方面的创意;二是技术上的创意。

二、网络广告的创意

网络广告创意是影响广告效果的重要因素。营销人员要根据网络广告目标和目标用户,综合分析来确定广告所要传达的信息及其表现形式,在此基础上进行创意设计。网络广告创意主要包括文案创意和形式创意。

（一）网络广告的文案创意

文案来源于广告行业，有狭义和广义之分，多是用文字来展现广告内容。狭义的文案包括口号、标题、正文。具体表现为广告视频的字幕、旁白、海报的文字内容，产品说明书等；广义的文案包括口号、标题、正文和对广告内容的搭配（如文字与颜色搭配）。体现网络广告文案创意的方法很多，每一种都适用于不同的产品和宣传需要。

1. 彰显冲突，转折抓人心。冲突和对比是最能体现需求的。例如我们想吃美食但自己不愿意做，也不想出门，于是有了外卖；不想挤公交但又打不到出租车，于是有了滴滴出行。利用冲突关系来创意文案时，要先找到一个大家都认可的关注点，然后设置一个意外的转折，突出给用户带来的出其不意的感觉。

2. 用感人的故事承载。营销人员在创作故事性文案时，可以从品牌或产品入手进行创意，例如讲述品牌的成长过程、企业员工故事。当然，故事也可以是虚构的。例如，一个让大家多回家看看、陪陪父母的广告的系列文案，例如"我们不经意的一句抱怨，就是父母的大动干戈"感动了很多在外工作的儿女们，也让他们愿意抽时间带着爱和回家。故事型文案如图 4-10 所示。

图 4-10　故事型文案

3. 还原场景，引发共鸣。构建使用场景，引起用户的共鸣，从而凸显产品功能。可以告诉用户产品的使用效果，激发用户的购买欲。例如方太油烟机宣传文案，通过"隔离油烟不上脸"的描述来突出油烟机强大的吸油烟功能，向用户说明该产品的优势。还原场景型文案如图 4-11 所示。

4. 赋予情感，带入角色。情感类的创意文案很容易触动用户的内心，容易使文案得到广泛传播，从而获得好的广告营销效果。例如支付宝宣传海报"用支付宝在携程订酒店机票火车票，能够节省时间，拎着行李就能乘车"的文案内容，容易引起用户的共鸣。情感类文案如图 4-12 所示。

图 4－11　还原场景型文案

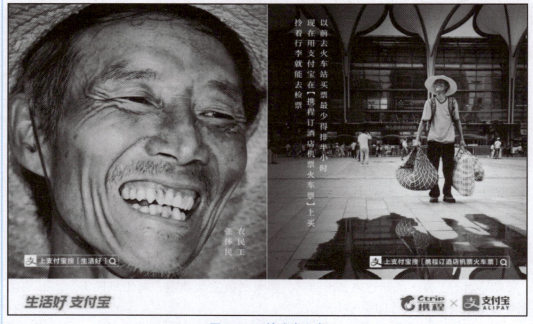

图 4－12　情感类文案

当然，无论是用什么方法创意文案，通俗易懂、简明扼要是撰写文案的基本要求。同时，撰写文案时切忌夸大其词，否则会招致用户的反感。

(二) 网络广告的形式创意

除了文字创意，图片、音像都是能够生动呈现营销人员想象力的表现形式，网络广告形式创意还可以通过文字创意、图片创意和视频创意体现，如图 4-13 所示。

> **学而思**
>
> 除了以上的方法，广告文案还可以怎么写？

图 4-13　形式创意广告

1. 文字创意。文字创意即根据文字的特点，将文字图形化，为文字增加更多想象力。例如美化文字的笔画、使用图形包围文字、采用图案挡住文字笔画、使用变形文字等。

2. 图片创意。图片创意在视觉上具有强烈的冲击力，能够在第一时间对用户产生吸引力，促使其想要了解图片所要表达的含义。常见的图片创意手法有拼接融合、打散重构、置换同构等。

3. 视频创意。视频广告有着很强的视觉冲击力，能形象地展示企业产品。在制作视频时可以采用纪实手法，通过实物图片向用户传达产品在时代发展中的作用，也可以结合时事热点，找出社会热点与产品之间的联系，引出产品；可以设置悬念，激发用户的好奇心，然后引出产品，引起用户的关注，也可以用夸张、幽默有趣的方式提出问题，宣传产品特色。

步骤3：投放网络广告

想一想

在进行网络广告投放时，要注意哪些问题？

做一做

在网络广告按照创意制作完毕后，企业需要根据自身需求选择一种或多种方式发布网络广告，以期达到预期的营销效果。网络广告可以通过内部网络平台进行发布，或者利用外部网络平台发布；也可以通过传统的 PC 端发布，或者通过新兴的移动端（如平板电脑、智能手机）发布。

拓展知识：如何让 PPC 策略更有效？

延伸阅读：文案怎样写才更有创意，创意文案打造方法！

一、网络广告发布方式

1. 利用自有媒体发布。企业可通过自有网站、App 发布网络广告。
2. 借助搜索引擎发布。搜索引擎是目前重要的广告投放平台。
3. 借助社交媒体发布。
4. 借助电商平台发布。
5. 其他网络广告发布方式还有借助大型门户网站、专业网站等。

二、网络广告的计费方式

网络广告的计费方式包括按千次展现计费（Cost Per Mille，CPM）、按用户点击次数计费（Cost Per Click，CPC）、按行动计费（Cost Per Action，CPA）、按实际销售计费（Cost Per Sale，CPS）等。

1. CPM。CPM 是指按照网络广告每 1 000 次展现计费，即如果 CPM 出价是 6 元，则意味着一则广告被展现 1 000 次收取 6 元。CPM 是十分常用的网络广告计费方式之一。
2. CPC。CPC 是指网络广告按照用户点击次数计费。
3. CPA。CPA 是指按每个访问者对网络广告所采取的行动收费。这里的用户行动包括达成一次交易、成功注册和点击一次的网络广告等。
4. CPS。CPS 是指按照实际销售来计算广告费用。适用于购物类、导购类等注重转化率的企业。

三、网络广告投放要点

营销人员在进行网络广告投放时，要注意所选平台是否具备流量优势，用户是否与广告目标用户一致，广告计费是否合理，平台支持的广告形式及广告审核要求等。具体包括四个方面：

1. 站点的流量，这是影响网络广告效果的基本因素。
2. 广告目标受众群与网络广告媒介受众群相匹配。
3. 广告投入与产出相匹配。
4. 广告监测效果、广告发布管理网站技术力量与服务。

从各个方面综合考虑，才能达到最好的网络广告投放效果，使企业取得较好的营销收益。

步骤 4：评估网络广告效果

想一想

如何评估网络广告的效果？

做一做

网络广告发布成功后，还需及时评估网络广告效果。网络广告效果是指网络广告发布后所取得的成效，包括广告对产品销量的影响、用户的评价等。如果网络广告效果不佳，企业需要及时调整广告策略，例如更新广告内容、更换广告发布平台等，以保证网络广告的有效性。

拓展知识：网络广告的其他计费方式

延伸阅读：穿越故宫来看你

一、网络广告效果评估内容

主要评估内容包括不同发布平台的效果和不同广告位的效果。

二、网络广告效果评估指标

（一）广告曝光次数

网站的流量越高，广告曝光次数越高，该广告被看到的机会就越多。但是，曝光次数并不等于广告的实际浏览人数，这个指标也叫作广告展示量。

（二）点击次数与点击率

网民点击网络广告的次数，称为点击次数。点击率是指网上广告被点击的次数与被显示次数之比。点击率是反映网络广告效果最直接、最有说服力的量化指标，与曝光次数相比，这个指标对广告主的意义更大。点击次数与点击率的公式如下：

$$广告点击率 = 广告点击次数 \div 广告显示次数$$

（三）网页阅读次数

消费者点击网络广告之后，即进入介绍产品信息的主页或网站。消费者对该页面的每次浏览阅读，称为一次网页阅读，这个指标能够从侧面反映网络广告的吸引力。

（四）转化次数与转化率

转化次数就是消费者受网络广告影响所产生的购买、注册或者信息需求行为的次数。网络广告的转化次数由两部分组成，一部分是浏览并且点击了网络广告所产生的转化行为的次数，另一部分是仅仅浏览而没有点击网络广告所产生的转化行为的次数。转化次数与转化率的公式如下：

$$广告转化率 = 广告转化次数 \div 广告曝光次数$$

（五）销售额

网络广告效果评估最直观的指标就是网络广告发布后，产品的网上销售额及增长情况。销售额增长越多说明广告的效果越明显。

素养园地：

豫游纪——带你走进中国传统文化之美

近年来，随着民族文化自信崛起，中国传统文化也受到了世界各地的关注。网络广告作为文化传播的重要载体，更加引起了大家的重视。好的广告不仅通俗易懂，而且往往有比较深厚的文化底蕴，而文化底蕴即创意的精髓。

豫游纪作为一个以弘扬、传承中国传统文化为宗旨的文化品牌，致力于传统文化的创新传承。通过极具东方美学意象的原创 IP，向世界展示热情、绚烂的优秀中国传统文化。

1. 豫游纪·原创绘本礼盒。

《寻年》是介绍传统门神年画、窗花、新年祝福吉祥话，讲述中国"年"的传统习俗和文化。

《巧神》以中国上古神兽为创作原型进行延展性设计，选取美好寓意的瑞兽，通过版画、粉彩等不同的绘画手法展示出四海瑞兽不同的精神样貌。

2. 豫游纪·文创产品。

豫游纪以文化赋能产品，打造中国"喜""福""好运"等文化产品，从中国传统吉祥符号中汲取创作灵感，挖掘"福运""吉祥"等传统文化美好的寓意，打造出形象生动、色泽明丽、工艺精湛、寓意丰富的产品，打造极具东方设计的潮范中国礼，向世界展示热情、绚烂的优秀中国传统文化。

3. 豫游纪·原创广告。

在豫游纪的微博（地址：https://www.weibo.com/yushangchuangyi）中还有很多豫游纪原创的视频和图片广告，利用独特的产品达到了宣传中华传统文化、让世界看到中国之美的效果。

任务总结：

完成本次任务，掌握网络广告的创意方法和形式；了解网络广告的分类和广告效果的评估方法；根据用户的实际需求创作出适合的广告，同时选择发布渠道并监控宣传效果；观察实际宣传效果，不断调整广告策略，助力企业实现更好的网络广告营销效果。

能力训练 4-2：

白鹿观村项目旅游资源网络广告创意

实训计划活页			____年____月____日	
实训名称	白鹿观村项目旅游资源网络广告		团队名称	
实训目的	1. 了解白鹿观村需要宣传的旅游资源、农产品及其卖点 2. 根据白鹿观村的实际需求和网络广告的创意要求进行广告设计 3. 设计出有特色的产品宣传图片或短视频		任务准备	掌握网络广告策划的基本流程，确定广告目标和受众群体，根据项目要求展开实训
素养目标	民族文化、媒体责任			
实训任务	1. 调研白鹿观村的文旅结合情况和农产品类型 2. 从项目要求中整理分析农产品的营销需求 3. 分析旅游资源和农产品的特点，凝练出卖点 4. 完成白鹿观村旅游资源和农产品宣传海报或宣传短视频，并根据需要在不同渠道进行广告投放，完成网络广告策划方案，达成学习目标			
实训评价标准	1. 产品的营销需求和卖点分析（20 分） 2. 产品网络广告的创意设计（30 分） 3. 网络广告的制作（30 分） 4. 网络广告的投放及效果评估（20 分）			
实训评价	对内自评		小组互评	老师评价

白鹿观村项目旅游资源广告方案

任务3　内容营销与新媒体整合推广

任务描述：

根据该村的项目目标，依据前期学习情况，可以利用内容营销、新媒体营销进行推广宣传，根据项目特色、目标选择以什么形式进行内容营销，以及在哪个平台、哪种方式进行新媒体营销推广，并撰写策划方案。

任务分析：

1. 了解并掌握内容营销的相关内容。
2. 掌握内容营销的撰写技巧及发布渠道。
3. 了解并掌握新媒体营销，并分析社会化媒体营销与新媒体营销的区别。
4. 掌握新媒体营销的运营。
5. 根据项目情况进行内容营销和新媒体营销，并根据项目要求对白鹿观村的旅游资源、历史典故等展开内容推广，撰写推广策划方案，提升乡村知名度。

任务实施：

内容营销与新媒体整合推广

活页式教学设计及反馈表			
授课对象 姓名 学号		本任务课时数	5
教学环境	实训室	实操任务数	1
任务内容			
教学内容	本任务从内容营销和新媒体营销的概念入手，了解内容营销和新媒体营销的实施方法和流程；结合白鹿观村新媒体开展的具体情况，为白鹿观村农产品及旅游制定新媒体整合营销方案，利用新媒体提升白鹿观村知名度，提高农产品销量，带动旅游，从而实现乡村振兴		
实践内容	1. 查找新媒体营销案例，梳理利用新媒体开展农产品营销应该注意的问题 2. 梳理白鹿观村旅游产品和农产品的卖点，找出营销卖点 3. 制定白鹿观村新媒体整合营销方案		
课前准备			
导入案例	黎贝卡的异想世界		
技能基础	1. 理解内容营销和新媒体营销的概念 2. 能够进行卖点提取和新媒体文案写作 3. 熟悉新媒体平台的搭建和基础设置 4. 熟悉营销方案撰写		
学习准备	以小组为单位进行课前分析		

学习笔记

网络营销

续表

学习重难点	
学习重点	1. 内容营销的实施步骤 2. 开展新媒体整合营销的方法 3. 营销方案的撰写
学习难点	1. 能够结合产品或者项目本身,有针对性地开展内容营销 2. 合理利用各种新媒体营销手段开展新媒体整合营销
课堂与课后	
点亮课堂表现 自评星级	☆☆☆☆☆
课后疑问记录	

导入案例:

黎贝卡的异想世界

在女性购物热情高涨的背后,离不开媒体对其自我认同感的大力宣扬,其中佼佼者当属买买买教主黎贝卡,以及黎贝卡的异想世界(Fashion within Reach)。

她被粉丝奉为"买买买神教"教主,与故宫文化珠宝合作的400件联名款珠宝不到20分钟就售罄了。推广不到300元的内衣,客单量上升了10倍,2小时销售额10万,周销售额170多万,转化率达到25%。

2015年,黎贝卡开始对所做的事情有一点疲态,觉得没有特别大的学习欲望和激情。私下里,她和其他同事们也经常开玩笑讨论说,他们很快就会被新媒体淘汰了,所以私下里都有在经营自己的公众号。

黎贝卡选择了自己喜欢的时尚方向。经营初期,黎贝卡就写她自己买买买和血拼的经验,文字也非常口语化,没想到在推送第六篇文章时,阅读量就达到了10万+。

2015年4月,黎贝卡从《南方都市报》离职,开始主理"黎贝卡的异想世界"这个公众号。从传统报纸到新媒体,黎贝卡写作更加自由,采编内容也让她更加驾轻就熟,写作的口语化和内容的实用性,使她很快就聚集了一批粉丝,粉丝数就达到了26万。很多电商开始找到黎贝卡寻求合作,当时恰好也是网红电商的风口期,但是都被黎贝卡拒绝了。

2016年8月,黎贝卡与故宫文化珠宝合作推出限量联名系列珠宝——故宫·猫的异想,共有四类单品,每类100件,开售20分钟就被抢空。此外,黎贝卡做了多次联名款的试水,包括手账、首饰、包包等,效果都很好。联名款是黎贝卡与知名的品牌进行合作设计的,黎贝卡主要参与设计和后期的传播部分,也包括品控、跟单、验货等。双方通过这些好玩的尝试,进行品牌的互相提升。

在未来,黎贝卡希望做一些商品化的尝试,而联名款更多的是为之后做电商排雷。黎贝卡计划可能会做基本款的白衬衫、条纹衫等衣物,用户可以在公众号直接购买。

在商业上，黎贝卡也在尝试一些新的方向，比如为品牌主拍形象片。2016 年她被娇兰巴黎总部邀请去拍摄形象宣传片，在全世界 20 多个机场进行投放。"天猫女生节"也是找她做形象宣传。关于未来，黎贝卡强调更重要的是内容，因为用户可能会随时取关，而产品只是尝试。

为此黎贝卡经常去参加时装活动，参观工坊，进行知识的补充和学习。时尚博主的身份也让她得到很多时装品牌的青睐，经常会被邀请去时装周等看秀。此外，黎贝卡也很早就开始团队化运作，确保模式的可持续性。黎贝卡的生活状态活出了自我，展现出女性自信无限的魅力！

导入案例	
小组讨论问题：黎贝卡的异想世界公众号为什么能够获取那么多粉丝的原因是什么？做内容营销应该注意什么问题？	讨论草稿区：

步骤1：认识内容营销与新媒体营销

想一想

新媒体时代，如何开展内容营销？

做一做

一、内容营销

（一）内容营销的概念

1. 内容营销的定义。所谓内容营销是通过图片、文字、视频等媒介传播相关内容信息给目标用户，以促进销售的进程，达到营销的目的。其所依附的载体各有不同，如 Logo、画册、网站、广告等。虽然，不同载体的传播媒介不一样，但它们的内容核心是一致的。

获得用户关注、赢得用户信任是内容营销的核心，内容是获取流量的关键，也是用来连接目标用户的关键。

在内容营销中，交易、成交的频率次数是比较低的。所以，我们要靠内容输出的频次来弥补，通过高产的内容来赢得用户的好感与信任。在如今这个消费升级的时代，内容营销逐渐成为传播的一种方式，也是企业营销的战略。

综上所述，搭建私域流量池的流程主要分为三个步骤，即连接用户—筛选用户—经营用户。其中，搭建私域流量池是内容营销的根本目的。

2. 流量的正确定义。有流量产品才会有销量，流量是产品销量的支撑和保证。当然，获取流量并不是最终的目的，最终的目的是企业的转化率和盈利。所以，我们要通过跟客户建立感情，使其转化为精准的

 学而思

什么是私域流量？

流量。

寻找流量，一定要注重流量的精准性。要把目光锁定在那些高度精准的流量上，因为精准流量的转化率要比普通流量的转化率高得多，只有找到精准的目标客户人群，才能做好营销实现流量转化。

3. 精准流量和泛流量。精准流量相对于泛流量来说，数量较少、转化率高、价格成本高；而泛流量的数量虽多，价格便宜，但转化率很低，对于产品营销的作用不是很大。

所有的人都可以被称为流量，但需要的是对产品有需求、有意向的精准流量。内容营销的过程就是获取精准流量，用内容去转化用户，将他们从公域流量平台引流到自己的私域流量池中。在内容营销的过程中，很多人喜欢追求阅读量、粉丝量、点赞量这种泛流量，但转化率很低，只有真正主动来找你、并能够建立深度联系的流量才具有价值，一个精准的流量能抵得上几十个泛流量。

（二）内容营销要注意的问题

在进行内容营销时，需要注意三个方面：一是内容原创。内容切记搬运，抄袭，不能吸引用户的关注还会被举报和投诉。二是内容优质。内容优质且有一定的专业性，需要长期的学习和不断的知识积累。三是内容定位。内容定位必须以用户的需求和痛点为核心，为用户提供有价值的内容。

了解内容营销需要注意的问题之后，关于营销的内容从哪里来总结出内容的来源渠道主要有以下四个方面：

1. 产品。可以从产品的功能、优势和亮点出发。
2. 企业。可以从企业的发展史、文化理念入手。
3. 行业。可包括行业的发展现状以及未来趋势。
4. 用户。以用户需求为准，站在用户的角度思考。

（三）内容传播，强化标签

在朋友圈发布信息时，我们要注重传播效率的提升，即要让自己的内容最大限度地被别人看到，那就必须对内容进行布局，布局内容之网。内容之网主要包括以下三个模块：

1. 社交媒体平台。微信、微博、抖音、B站、知乎等。
2. 布局内容之网。以用户为导向，在社交平台上发布。
3. 明确精准标签。除了内容优质，还要明确自己的标签。

在内容之网的模块里，最重要的就是明确精准标签，所谓明确精准标签也可以称为"强化IP记忆点"。例如，公众号"手机摄影构图大全"的创始人构图君是一位摄影作家，这是他给自己定的标签。为了强化自身的标签，他每天都在朋友圈和微信公众号发布有关摄影构图的技巧以及作品，用丰富的内容来支撑和证明自己的标签。他还做了很多条IP记忆点，即浓缩的内容精华、观点、金句来强化受众对他的印象和认知，这样就极大提高了内容营销的效率。

（四）内容营销三要点

做内容营销的过程中，一定要注意以下几点事项：

1. 让用户主动找你。内容营销最好的效果是让用户主动来找你,而不是你去找用户,而要想达到这样的效果就必须事先做好以下三点:

(1) 明确目标用户群体,知道自己的用户类型是哪些人。

(2) 迎合用户的需求痛点,了解他们喜欢的内容类型。

(3) 打造自己的风格特色,制定和用户需求相匹配的内容。

2. 摒弃流量思维。做内容营销不仅仅是发文案那么简单,不要一味地追求阅读量、推荐量和粉丝数,企业需要精准流量,不是泛流量,精准的流量能为企业带来收益和利润。

3. 不触碰规则底线。在发布营销内容时,要特别注意两点,具体内容如下:

(1) 内容要健康正面,要符合社会主流思想价值观。

(2) 不要违反国家相关法律法规和平台的监督规则。

二、新媒体营销

(一) 新媒体营销的定义

新媒体营销是以新媒体平台为传播和购买渠道,把相关产品的功能、价值等信息传送到目标群众的心里,以便形成记忆和喜欢,从而实现品牌宣传、产品销售目的的营销活动。

新媒体平台有社交平台、视频平台、社区平台等。

新媒体营销是内容与渠道的结合。新媒体营销的方式是指新媒体内容在各渠道呈现的形式。内容呈现的形式主要有文字、图片、音频、视频、H5动态页面等。

(二) 新媒体营销的渠道

新媒体营销渠道即新媒体营销的平台,指的是用户获取信息的来源。新媒体营销并不是单一地通过某种渠道进行营销,而是需要利用多种渠道整合营销。新媒体营销的渠道主要包括以下几种:

1. 微信公众号。微信包括订阅号和服务号,针对已关注的粉丝形成一对多的推送,推送的形式多样。

2. 新浪微博。微博较微信更为开放,互动更加直接,推送不受数量和时间的限制,形式多样,并且因其开放性而容易造成爆炸式的传播效果。

3. 社交网站。包括天涯、猫扑、人人等社区,这些网站有其对应的用户群体,网站内部也有多种玩法,例如豆瓣日志、豆列、小组等,也具有良好的传播效果。

4. 问答平台。以这几年发展红火的知乎、分答等平台为主,这些平台重视内容本身,在站外搜索引擎上的权重较高,常形成用户分享信息的发源地。

5. 视频网站。以哔哩哔哩、Acfun、腾讯视频等视频网站为代表,品牌可以直达用户,更好地与传播内容相融合,并且可以通过弹幕等方式及时获取用户反馈。

6. 短视频平台。短视频符合受众的大脑接受和移动端使用习惯,在视频移动化、资讯视频化和视频社交化的趋势带动下,短视频营销正在成为新的品牌风口。

(三) 新媒体营销的特点

新媒体营销的特点包括:①成本低;②互动性;

短视频平台有哪些?

③精准；④覆盖面广；⑤传播速度快；⑥个性化；⑦多样性；⑧前景广阔；⑨成本高昂；⑩见效缓慢；⑪模式单一；⑫实时性。

（四）常见的新媒体营销方法

常见的新媒体营销方法有：①病毒式营销；②借势营销；③口碑传播；④饥饿营销；⑤知识营销；⑥互动型营销推广；⑦情感营销；⑧会员营销。

步骤2：实施内容营销

学而思

新媒体和营销如何结合？

想一想

企业如何想开展内容营销，应该如何开展？

做一做

一、内容营销的四个核心点

（一）提高内容和用户的关联度

通过内容感染、号召用户，从而达到某个具有价值观变化的层面，这是我们在思考与用户产生关联的过程当中，最重要的一个部分。

（二）用右脑思考，内容核心是"人性"，让消费者产生共鸣

什么样的内容能够成为合适的内容呢？大概归纳出四种角度来帮助大家创造符合人性的内容素材。

1. 社交人格化。把品牌当作人来创造内容，这就是所谓的品牌人格化，需要用故事来做内容。

2. 叙事社会化。当下热点和事件、引古喻今等有很多方法，总之说"好故事"与"说好"故事一样重要，因为它能引发消费者一连串的感情投入。

3. 内容速食性。通过创建搞笑、娱乐、猜谜、竞争性甚至带有争议性的内容来吸引用户的眼球，引起更多消费者的情绪上的卷入。对错不重要，重要的是"重在参与"。

4. 科普娱乐性。很多行业是"购买低频次""关注低热度"的行业。产品卖点往往要费劲地解释一番。但冷僻而复杂的内容往往令人却步，因此需要将复杂的议题通过大众熟悉和喜欢的方式普及给消费者。

（三）重视创意尽可能互动

内容营销的四个目标分别为鼓舞用户、娱乐用户、教育用户和说服用户。当明确做内容营销目的的时候，就可以更加有的放矢，用最合适的手段与创意机制来准备内容营销。只要有了互动这个意识，无时无刻都可以互动，关键是意识的强弱。

（四）产品不同阶段的关注点（点、线、面）

1. 点，即零用户的时候。精确定位核心人群的核心需求。产品的核心卖点，就是内容制作的核心点，把内容做成一根针。

2. 线，即有部分用户的时候。依旧精确定位核心人群的前提下，针对这些核心人群细分不同的需求。分门别类再把所有的内容用当初的核心点串起来，做成一

延伸阅读：2023上半年短视频直播与电商生态报告

拓展知识：什么是用户画像？

条线。

3. 面，即有大量不同类型用户的时候。通过长期发展，扩充了很多不同类型的核心用户，就多了一个维度。加上每类核心用户的不同需求，营销内容就成了一个面。那么需要分门别类把同一个创意用不同的表现形式推送给不同的线上用户。

二、实施内容营销的步骤

实施内容营销的步骤如 4-14 所示。

目标规划	内容编撰策略	内容分发与优化	建立内容供应链
· 目标受众 · 品牌战略输入 · 目的规划 · 使命陈述	· 主题规划 · 内容结构 · 内容风格 · 内容来源 · 搜索引擎参考	· 分发平台 · 付费平台 · 置换平台 · 自建平台 · 扩散方式 · 搜索引擎优化	· 内容营销组织 · 内外部分工 · 关键内容管理流程 · 内容资料库管理

图 4-14　实施内容营销的步骤

（一）目标规划

企业的营销部门需要明确内容营销在整体市场战略中的作用，以及需要内容营销达成的目标。

（二）内容编撰策略

需要根据公司品牌定位或产品价值选择，确定计划期内所有内容的统一主题。

（三）内容分发与优化

企业需要将内容共享与品牌社群平台保持一致，与社群成员的网络信息获取习惯保持一致。

（四）建立内容供应链

企业需要整合内外部内容生产资源，建立企业的专属内容供应链，从组织和流程层面确保内部内容生产的持续性，确保内外部内容生产的主动性，并利用移动互联网技术、数据搜索和挖掘技术，支持以上步骤的开展。

三、内容营销实施技巧

1. 人性。让品牌人格化成功抓住用户。让品牌有态度、有脾气、有个性、有气场，甚至像人一样建立自己的圈子，像人一样地来说故事，这样才能更好地去撩拨用户，与用户互动，这就是所谓的品牌人格化。

2. 平凡。通过普通人的故事让用户更有共鸣。真实、自然有感情的普通人的故事，更能打动我们。

3. 标签。打造内容性产品形成自营销，形成重度文化隔离从而提升忠诚度。

（1）它赋予了目标用户一种身份的标签。

（2）让归属感跟共鸣提早发生在品牌选购的阶段。

（3）强化产品跟用户之间的故事。年轻人是未来，一个品牌要想长久，就要尽量主动迎合年轻人的口味。

4. 引发思考。用可视化的数据诠释热点事件，引发用户的思考。

5. 猎奇。结合用户的好奇心与成长阶段进行内容营销。

6. 热点。结合热点话题，争取"参与感"与"存在感"。

7. 科普。娱乐性科普内容可以带来更大规模的传播。

8. 沟通素材。设计半个性化的模板，邀请用户进行再创内容流。

9. 价值观。探讨价值观。

10. 创意。尝试富媒体、结合准媒体、强化自媒体 IP 的概念。

现在所谓的内容创意，在于能不能把用户沟通的过程变成内容生产的过程，并通过内容创意的机制保证运行。这样就可以使我们不断地生产更好的内容，通过机制自行地传播和推广出去。

（1）让内容通过机制的完善而富有生命。

（2）把内容设计为购买链条当中的一个体验环节。

（3）通过高频使用的场景，在公益活动中让用户参与形成内容且转化成内容营销。

（4）内容和大数据的融合，能够让营销更有技术感。

步骤3：实施新媒体整合营销

想一想

如何开展新媒体整合营销，需要注意什么问题呢？

> 💡 **学而思**
>
> 企业使用内容营销时容易踩的坑有哪些？

做一做

一、新媒体整合营销的定义

新媒体整合营销是建立在以网络新媒体、数字新媒体、移动新媒体等新媒体的整合营销。整合网络营销也被称为网络整合营销、整合型网络营销、整合式网络营销。简单地说，整合网络营销就是整合各种网络营销方法，和客户需求进行比配，给客户提供最佳的网络营销方法。

二、新媒体整合营销的要点

新媒体整合营销策划，贵在创新，强在数据化，打造新媒体营销传播的"强大闭环"。新媒体整合营销策划，强在未来，盛在现在，顺应用户在线沟通、数字互动的大趋势，亮化产品的实际品牌价值，放大品牌的优质形象，高效沉淀用户的各项营销价值。

1. 聚焦核心用户及 KOL（关键意见领袖），亮化"品牌核心识别"，全面刷新用户的品牌认知。

在数字内容引导营销策划创新的时代，KOL 的内容引导性及价值力量越来越强。以电商平台上各营销方式所获收入的占比情况来看，以 KOL 为主体而开展的直播、短

延伸阅读：基于内容营销的直播电商创新与启示

拓展知识：什么是新媒体矩阵？

视频信息流和图文信息流广告等自出现以来快速扩张着收入份额占比，以 KOL 为核心传播主体的"圈层营销"机制日益成熟。

2. 放大品牌化消费导向，基于用户的产品及服务的消费场景，创造高识别度的品牌学说及品牌化内容体系。

网络营销策划主导的时代，用户的媒体消费主要集中在视频服务、通讯聊天、实用工具、游戏服务等领域，对于社交及通信的天生喜爱催生了社交新媒体营销策划的价值。以视频服务为代表的新媒体营销策划形式是多种多样的，品牌化消费导向已经成为行业性潮流，基于用户的产品及服务消费场景，创造高识别度的"品牌学说"及品牌化内容体系。

3. 发挥各新媒体传播优势，形成结构化传播力，构建品牌传播主阵地。

新媒体传播多元化趋势明显，各类新媒体价值日益多样化，传播形式及传播价值日益多元化。多元化新媒体营销策划传播阵地逐渐形成。

新媒体传播策划矩阵日益形成，微博可以将 KOL 的品牌化声量最大化，微信可以传递丰富的内容，抖音创造优秀的短视频内容，小红书适合大量的品牌种草活动，结构化传播可以最大化提升品牌影响力，提升品牌传播的整体声音量。

4. 以"品牌高识别传播"为主线，强化多元化新媒体营销联动，打造新媒体数字品牌传播闭环。

优秀的品牌传播多依赖于品牌高识别、高传播力，依托于企业的品牌竞争优势。持续强化多元化新媒体营销策划联动，对目标人群持续灌输品牌价值，刷新目标消费人群的年轻感、价值观和品牌观，丰富各类新媒体会员营销策划数据，打造新媒体数字品牌传播闭环，真正助力企业新媒体营销策划创新。数字化转型升级已经成为各类企业业务发展的强大助推力，聚焦核心用户及 KOL 力量，放大品牌化消费导向，创造高品牌辨识度的"品牌学说"，高效组合新媒体资源形成结构化传播力，企业品牌策划营销定有大未来！

> **学而思**
>
> 如何打造适合新媒体营销的农产品？

素养园地：

"遇农"和大学生一起做有故事的农产品

上海市普陀区的孕育乐享丽人创业计划（六）参与者——姜晓玉，是"遇农"项目创始人，也是华东师范大学毕业生。2017 年，姜晓玉开始在大学校园内推广家乡的土蜂蜜，同时利用新媒体营销的方式带动更多大学生参与到"为家乡代言"的过程中。项目起始至今，"遇农"团队先后参与了家乡多种农产品的品牌推广，并与当地中蜂合作社打造了"陇间蜜酿"品牌，利用文创包装的方式实现了土蜂蜜利润的翻倍。

在寻找初心中发现商机。毕业前夕，姜晓玉面临重大的人生选择，是回到家乡成为一名人民教师，还是继续留在上海打拼，以完成自己的文青梦，发挥自媒体营销的优势，为家乡的农产品做品牌宣传。

链接高校与农村，助力乡村振兴。创业初期，姜晓玉利用在大学时期建立的新媒

延伸阅读：
2023 企业新媒体矩阵营销洞察报告

体工作室团队,为家乡的农产品重新定位、设计包装、拍摄产品图和原产地宣传片,并带着焕然一新的蜂蜜回到校园,让更多人了解这款来自家乡的产品。

任务总结:

完成本次任务,理解内容营销和新媒体营销的概念;掌握各新媒体营销平台的特点;能够利用内容营销和新媒体整合营销推广项目,并掌握开展的方法和注意事项。

能力训练 4-3：

撰写白鹿观村项目新媒体整合营销方案

实训计划活页			___年___月___日	
实训名称	白鹿观村项目新媒体整合营销方案	团队名称		
实训目的	1. 理解内容营销和新媒体营销的概念 2. 掌握内容营销开展的要点 3. 深入理解新媒体整合营销开展的要点	任务准备	1. 了解新媒体营销相关的案例，了解注意事项 2. 梳理白鹿观村旅游产品及农产品的卖点	
素养目标	社会责任感，社会主义核心价值观			
实训任务	1. 通过新媒体平台查找类似乡村旅游和农产品的推广案例，寻求创新思路 2. 对找到的案例进行归纳、总结、分析，掌握内容营销和新媒体营销的要点 3. 仔细调研白鹿观村旅游产品和农产品开展新媒体营销的现状，并对其存在问题进行分析 4. 挖掘白鹿观村旅游产品和农产品的特点，提炼产品卖点 5. 了解各个新媒体平台的调性，寻找适合白鹿观村的新媒体营销平台 6. 完成白鹿观村项目新媒体整合营销方案撰写			
实训评价标准	1. 内容营销和新媒体整合营销基础知识的掌握和运用（20 分） 2. 白鹿观村目前新媒体营销现状分析及问题分析完整性（20 分） 3. 各新媒体平台调性分析的准确性（30 分） 4. 新媒体整合营销方案的完整性、合理性和有效性（30 分）			
实训评价	对内自评		小组互评	老师评价

白鹿观村项目新媒体整合营销方案

任务4　微博、微信营销

任务描述：

根据项目简介及目标，依据前期学习实践情况，可以利用社会化媒体平台，例如微博、微信等进行网络推广，根据项目特色、目标及预算通过社会化媒体平台进行运营，并制订运营方案。

任务分析：

1. 了解并建立企业官微、微信公众号等。
2. 掌握社会化媒体平台运营的方式，根据项目要求对白鹿观村的旅游资源、历史典故等通过社会化媒体平台进行推广，提升乡村知名度。

任务实施：

微博、微信营销

活页式教学设计及反馈表			
授课对象 姓名 学号		本任务课时数	4
教学环境	实训室	实操任务数	1
任务内容			
教学内容	本任务通过对微博、微信等主流社会化媒体平台的介绍，使学生能够认知平台特点，了解具体功能，掌握基本运营方法及技巧		
实践内容	1. 通过对知名企业官方微博、微信的学习，了解不同企业微博、微信的营销特点 2. 根据企业网络营销目标确定微博、微信营销目标，设定账号定位 3. 注册微博、微信账号，对账号进行装修 4. 根据所学知识，有效开展微博、微信营销		
课前准备			
导入案例	关注"渐冻人"群体——"冰桶挑战"让慈善变酷！		
技能基础	1. 网络营销目标制定 2. 网络市场调研 3. 用户画像描绘		
学习准备	以小组为单位，选取小米、海尔等知名企业官方微博、微信公众号进行课前分析		
学习重难点			
学习重点	1. 认识微博、微信营销及二者在网络营销中所体现的价值 2. 了解并掌握微博运营技巧 3. 了解并掌握微信（个人号、公众号）运营技巧		

续表

学习难点	学习了解微博、微信平台特点的基础上，结合企业营销目标与目标受众特点，有效开展微博、微信营销
课堂与课后	
点亮课堂表现 自评星级	☆☆☆☆☆
课后疑问记录	

导入案例：

关注"渐冻人"群体——"冰桶挑战"让慈善变酷！

从2014年7月底开始，一项名为"冰桶挑战"的公益活动风靡全球名人圈。"冰桶挑战"全称为ALS冰桶挑战赛，ALS即肌萎缩性脊髓侧索硬化症，又称渐冻症。患病者的肌肉会逐渐衰弱和萎缩，最终大脑会完全丧失控制身体运动的能力，但病人心理神智不会受到明显影响。

"冰桶挑战"运动旨在让大众了解并体会"渐冻人"群体的感受，同时为其募款治疗。游戏规则是参与者在头上浇一桶冰水，其后点名邀请3个人接力接受挑战，并将挑战过程拍成视频上传至社交媒体。被点名者需要在24小时内完成挑战，如果没有完成挑战，需要向ALS协会捐款100美元。

随着活动的不断推进，包括刘德华、周杰伦、雷军、李彦宏等国内名人也在微博、微信等社交平台上发布了完成挑战的视频，并呼吁大家关注罕见病患者，为"瓷娃娃"献出爱心。

截止到2023年7月，微博上关于#冰桶挑战#话题阅读量已达49.9亿，讨论数超458万，互动量达716.2万。针对该现象，《人民日报》评论道："'冰桶挑战'让慈善变酷！在互联网时代，新兴媒体的发展、互联网思维正在成为慈善的催化剂、助推器。慈善不能总停留在办晚会、发倡议、派任务等老三样上，新人新办法，网络传播、名人效应、社交媒体等元素碰撞，往往能在新时期让慈善的市场更为广阔。"

导入案例	
小组讨论问题："冰桶挑战"运动为什么可以得到快速、广泛的传播？微博、微信等社交媒体在其中发挥了怎样的作用？	讨论草稿区：

步骤1：认识微博、微信营销

想一想

什么是微博营销？什么是微信营销？

做一做

一、微博营销概述

（一）微博

微博，即微博客的简称，在我国现阶段特指新浪微博。微博是人们在线创作、分享和发现内容的网络社交媒体平台。微博将公开、实时的自我表达与平台强大的社交互动、内容整合与分发功能相结合。每个用户都可以关注任何其他用户，对任何一条微博发表评论并转发。微博简单、不对称和分发式的特点，使原创微博能演化为快速传播、多方参与并实时更新的话题流量。

（二）微博营销

微博营销，指企业或个人利用微博平台开展网络营销，创造并传播价值的活动。通过微博营销，能帮助企业向用户推销品牌、产品和服务。为更好地支持移动格式，微博已经开发出并在持续精细化其社交兴趣图谱推荐引擎，使得客户能基于用户的人口统计学特点、社交关系、兴趣和行为进行针对个人的营销和锁定目标受众，从而使得客户在微博平台上的营销活动具有更高的精准度、活跃度和推广效率。

（三）微博账号分类

1. 个人微博。是以个人名义注册运营的微博，是微博平台中数量最多的账号种类。常见的如明星、高管、专家、草根等性质的微博账号都属于此类。

2. 企业微博。为了更好地开展网络营销，不少企业在微博平台都注册了自己的官方微博账号，起到了很好的营销效果，此类以企业名义注册运营的微博即为企业微博。如品牌官方微博、产品官方微博等。

3. 其他类型微博。其他类型微博种类繁杂，其中，有以政府部门为代表的政务类微博（如平安北京官方微博），有以媒体为代表的媒体类微博（如《人民日报》官方微博），有以学校为代表的校园类微博（如清华大学官方微博），还有以企业某一重要项目为代表的项目类微博等（如电视剧《山海情》官方微博）。

（四）微博的营销价值

微博的营销价值包括：①品牌形象塑造；②客户关系管理；③市场调研；④危机公关。

二、微信营销概述

（一）微信

微信是一款面对智能手机用户的即时通信软件。用户可以通过客户端与好友分享文字、图片以及贴图，并支持分组聊天和语音、视频对讲功能、广播消息、照片或视讯共享、位置共享、消息交流联系、微信支付、理财通、游戏、朋友圈、公众平台等服务。

（二）微信营销

微信营销，指企业或个人利用微信开展网络营销，创造并传播价值的活动。在碎片化的移动互联网时代，微信用各种连接方式使用户形成全新的习惯，以人为中心、以场景为单位的连接体验催生了新的商业入口和营销模式,基本上沿着"积累用户数量——增强用户黏性——培养用户习惯——探索商业模式"的路线快速发展,为企业或个人开展网络营销提供了新的思路。

(三) 微信账号分类

1. 个人微信。
2. 微信公众平台。是腾讯公司在微信基础平台上增加的功能模块。企业可以打造自己的微信公众号,并在微信公众平台上以文字、图片、语音等方式实现和特定群体全方位地沟通、互动。微信公众平台提供四种账号分类。

(1) 服务号。主要用于服务交互,如银行等需要提供咨询类业务,认证后每月可群发 4 条消息。如果想进行商品销售、服务查询,可申请服务号。

(2) 订阅号。主要为用户传达资讯,如报纸、杂志等媒体类业务,认证后每天可群发 1 条消息。如果想简单地发送消息,达到宣传效果,可选择订阅号。

(3) 小程序。是一种不需要下载安装即可使用的轻量级应用,用户扫一扫或者搜一下即可打开应用,体现了"用完即走"的理念,用户不用关心是否安装太多应用的问题。

(4) 企业微信(原企业号)。主要用于公司内部通信,需要先有成员的通信信息验证才可以成功关注企业微信。

(四) 微信的营销价值

1. 个人微信的营销价值。
具体内容有:①塑造个人品牌;②刺激产品销售;③维护客户关系。
2. 微信公众平台的营销价值
具体内容有:①信息入口;②客户服务;③电子商务;④市场调研;⑤品牌宣传;⑥线上线下。

步骤2:运营微博

想一想

如果由你来运营所在企业官方微博,你应该怎么做呢?

做一做

一、微博定位

微博定位指的就是企业要明确想通过微博达到目的。是为了塑造品牌形象,促进销售业绩,加强客户服务,开展市场调研,还是为了进行危机公关?这一定位的确定限制了企业微博发布的内容。

二、微博账号装修

微博账号装修内容包括:①头像;②昵称;③简介;④标签;⑤模板;⑥主页;⑦域名;⑧认证。

三、微博运营技巧

（一）建立账号矩阵

微博账号矩阵，是指在一个大的企业品牌之下，开设多个不同功能定位的微博账号，与各个层次的网友进行沟通，从而达到全方位塑造企业品牌的目的。

企业可以根据自己的规模、品牌及营销人员等架构开展微博矩阵营销。大型企业微博矩阵由企业官方微博、企业产品官方微博、企业中高层管理人员个人微博及若干企业员工微博构成。中小型企业微博矩阵由企业官方微博、中高层管理人员个人微博及若干企业员工微博构成。比如，小米公司的微博矩阵设计就非常完备，既有品牌区分，又有高管微博，还有各个职能部门的员工微博，总体上构成了个人品牌、产品品牌、公司品牌的互补，每个矩阵群都交叉关注，形成一个多维度的结构。

（二）微博内容编辑技巧

微博内容要求语言尽量简短精炼，这就要求微博内容的编辑者在编写内容时做到简明扼要。总的来说，微博内容的编辑有以下几大技巧：

1. 内容策划。在微博营销中，内容是非常重要的。
2. 语言与时俱进。微博文风要活泼、接地气、有网络文化特点，注意运用最新最热的网络词汇。
3. 图文并茂。微博内容应尽量采用文字、图片相搭配，有图片的微博更能吸引网友。
4. 融合微博特点。
5. 发布时机。企业官方微博每天发布的条数为 5～10 条。可以合理利用发布者和用户的空闲时间，如上班之前、午休时间、下班之后及晚上休息之前这几个时段。

（三）微博互动传播技巧

1. 人工发布。优秀的企业官方微博几乎都是人工运营。
2. 内容置顶。
3. 会蹭热点。

（1）网络热点的引爆几乎是随时的，这就要求营销人员随时紧跟热点，把与网民的沟通作为工作，及时做好与企业话题相关的微博内容创作与评论回复。

（2）转发热点内容时，理由不能为空，可根据原内容提炼让用户讨论的话题，同时主动搜索内容中涉及的品牌、机构等对应微博，保证微博内容的真实性和针对性。最后还可加上针对事件的一些推荐内容、账号等。

（3）可以通过参与超级话题等微博活动，增加曝光度。

4. 定期更新。微博平台一般对发布信息频率没有限制，但对于营销来说，微博的热度和关注度来自微博的可持续话题，企业要不断制造新的话题、发布与自身相关的信息，才可以吸引目标客户的关注。

5. 主动互动。微博的价值在于粉丝圈子的存在，以及活跃粉丝的互动。为了形成良好的互动交流，企业微博应关注更多的用户，并主动参与回复讨论，将弱关系转化为强关系，在回复和转发中创造营销机会。具体技巧表现在 3 个方面：

（1）在微博内容中编辑"@＋用户昵称"，可以让粉丝在打开微博的第一时间被提示有微博@了他。因此，我们可以主动选择@互粉的粉丝回复率会提高。如果他没有关注企业微博，尽可能不要@他；选择@平时经常转发微博的朋友，可以进一步提高转发率；@粉丝中被关注人数最多的几位，因为这些粉丝的转发能够产生更大范围的辐射；对于多次@而没有任何转发的粉丝，应从@名单中去掉。

（2）私信。私信只能由关注的人发给粉丝，并且只能让发件人和收件人看到。通过私信收集用户信息，寄送一些免费产品或私下交流感情，可以实现精准营销。

（3）通过微博的搜索功能。每天及时在微博上的搜索框中检索与企业相关的关键词，主动与微博用户互动，可以实现更加精准的互动营销。

四、微博营销效果监测

微博营销效果监测主要包括以下五个方面的内容：

1. 舆情监控。微博信息及站内负面监控。
2. 信息分析。微博站内热词监控及分析。
3. 竞品分析。对同行竞争对手的监控。
4. 效果分析。评测微博对品牌提升和销售增长的影响。
5. 优化方案。优化微博的内容策划、互动方式、社交关系。

具体可以在微博后台统计账号关注数、粉丝数、微博数、转发量、评论量和收藏量等数据。

步骤3：运营微信

想一想

如果由你来运营企业官方微信，你应该怎么做呢？

做一做

一、微信个人号运营

（一）微信个人号装修

微信个人号好比是自己的一张微名片，别人会通过观察你的微信昵称、头像、签名以及封面图判断你可能是一个怎样的人，进而决定是否愿意和你接触，所以做好微信个人号的装修是很有必要的。

例如，可以将头像、昵称、微信号、个性签名、地区、朋友圈进行装修。

（二）微信个人号运营技巧

1. 微信个人号运营整体思路。第一步，添加微信好友，建立良好的信任并对好友进行管理，此时不建议直接发广告。第二步，根据前期沟通和互动的情况，选择目标产品或服务，或者根据目标产品寻找需要这种产品的好友。第三步，通过个性签名、位置、朋友圈内容等展示产品，并找到产品所针对的圈子。第四步，多与好友互动并融入其圈子，建立专业形象。第五步，将产品植入故事、植入情感、植入差异化，开展有针对性的营销活动。第六步，系统规划朋友圈营销活动，每周发1~2条活动或口碑传播文案。

总而言之，在建立信任的基础上开展软营销是微信个人号营销的核心要义。

2. 微信个人号引流。

（1）通讯录好友引流。微信支持导入通讯录好友，只需点击"添加朋友"中的"手机联系人"，就可以批量添加手机通讯录中开通微信的朋友了。

（2）微信"发现"引流。通过微信"发现"界面中的"摇一摇""附近的人"等随机添加陌生人为好友。

（3）社交平台引流。可以在所有活跃的社交平台上留下自己的微信号，只要你乐于互动，喜欢分享，便会有很多人想进一步认识你，进而通过搜索微信号将你加为好友。

（4）信任代理引流。如果能够借助有一定名气、威望的人推荐或者借助朋友的口碑推广，通过信任代理的方式，可以快速吸引很多人来关注。

（5）社群引流。大多数微信群、QQ群等都可以被视为基于某一个共同的兴趣、关系、特征而聚集在一起的社群，所以有针对性地进入目标营销受众所在的群，也是一种向微信个人号引流的好办法。

（6）线下引流。在参加线下论坛、行业交流等线下活动时，可以与参加活动的人积极交流，互加好友。同时，也可以选择自建社群。需要强调的是，在线下建群时要善于使用微信本身的一些高效建群的手段，如面对面建群等。

（7）公众号引流。如果已经注册了微信公众号且积累了一定的用户，可以将微信公众号上的用户引流到微信个人号上。

3. 好友申请。

（1）找到中介。如果是朋友推荐的好友，通过好友申请的概率较大，这个朋友就是中介。

（2）表明身份。如果双方没有共同的交集，可以表明自己的身份，用自己的企业或品牌为自己增加印象分。

（3）说清目的。开门见山直接点明添加好友的目的。

4. 好友管理。

（1）好友备注。好友备注可以添加或修改备注名、标签、电话号码、描述和图片，还可以添加姓名、地域、行业、个人特征等信息。

（2）分组管理。微信提供的好友分组管理包括备注分组法、标签分组法、重点星标法及VIP置顶法。备注分组法，可以为同一个组别的人添加同一个备注前缀，自然成一组。标签分组法，可以将好友放在同一个标签下，打开通讯录的标签即可看到不同的分类。重点星标法，是将一些需要高频率联系的用户设为星标用户，点开通讯录就可以快速找到。VIP置顶法，对重要的好友设置"置顶聊天"。

5. 好友互动。

（1）自我介绍。互动的第一个环节就是自我介绍。把握好友通过后的这几分钟，是互相认识的最佳时间。自我介绍的基本技巧，首先，简明扼要，不卑不亢。面对陌生人，需要一个合适的自我介绍，以100字左右阐明重点。最基本的自我介绍结构是：我是谁＋我能提供什么价值＋一些礼节性的寒暄。其次，通过朋友圈了解对方。为了让自己的自我介绍更加出彩，可以快速翻阅对方的朋友圈，查看其兴趣、爱好和特征，以共同的交集为出发点，结合自己的特长作为开场，有利于双方更快进入熟悉状态。最后,储存几条常用的话术。可以在手机备忘录中储存几条自我简介的备忘录,需要的时候直接复制,局部修改即可。

(2) 得体互动。基本技巧表现在五个方面。一是不要群发。尽量少用或者干脆不用群发,因为每次群发都是对自己信誉和好感度的透支。如果确需群发,可以先写好一个小文案,局部修改后带着对方的称谓单独发给对方。二是杜绝骚扰。群发虚假广告、硬广等行为,会让对方反感。三是善用红包。微信互动中,几元的小红包就可以让对方惊喜了,因此,在表达谢意、节日问候、生日祝福或咨询问题时,可以先发个红包,可能就会给对方留下好的印象。四是点赞评论。互动不一定非得通过微信聊天,朋友圈里的互动也是非常重要的。最为推荐的方式是对对方的朋友圈内容进行真诚有趣的评论。五是慎求转发点赞投票。对于自己喜欢的内容,别人会自主转发,但如果不喜欢而被强求转发,就迫使对方陷入关系绑架。对于平时连互动都没有的人提出投票、点赞这样的要求,是很不礼貌的。

(3) 朋友圈。朋友圈是展示个人形象的重要窗口,运营朋友圈内容时应注意以下五个方面。一是不要只发硬广。建议在朋友圈内容中穿插一些如用户体验、个人生活状态等信息,将生活化的信息与广告产品融合起来,做软营销,从而提升客户接受度。二是不要刷屏。朋友圈刷屏会对用户造成骚扰,营销效果也不好,甚至会被对方拉黑、屏蔽。三是注意场景。朋友圈阅读属于小屏阅读,用户往往是在碎片化的场景中翻看,所以就要求我们发布的内容简短、有趣,能够在短时间内引起用户注意。四是精准发布。朋友圈可以根据用户分组显示,方便对意向用户进行推广和宣传,也可以根据用户群体活跃的不同时间段进行发布。五是少发负面内容。不要将负面内容尤其是消极心态发布到朋友圈,否则容易给他人留下负面印象。

二、微信公众平台运营

微信公众平台有四种基本类型的账号:服务号、订阅号、小程序和企业微信,接下来我们主要学习订阅号的运营技巧。

(一) 微信公众号装修

同微信个人号一样,用户也会通过对企业微信公众号的头像、名称、简介等信息来决定是否点击、关注,所以做好业微信公众号的装修也很有必要。

1. 头像。一般以企业品牌、形象代言人或与企业相关的个性化、风格化营销信息为头像。

2. 名称。公众号的名称是重要的识别标识,是搜索流量的重要来源,也是品牌的第一标签、第一印象。一个好的名称一般应与企业在其他网络平台上的名称保持一致。同时,应让用户能从名称中了解公众号是做什么的。最后,名称的设置应便于用户输入与搜索。

3. 微信号。微信号的设置应便于用户输入与搜索,不支持设置为中文账号,设置后一个自然年内只能申请修改1次。

4. 功能介绍。功能介绍用于介绍账号的功能,用户在搜索的时候可以看到。功能介绍应尽可能简单好记、容易理解,能让目标用户快速了解你。如果有认证,就不必写公司简介或主营业务了。

(二)微信公众号运营技巧

1. 定位策略。要想做好企业微信公众号，首先需要做好账号定位。找准适合自身发展、符合自身形象的定位后，才好确定账号受众，实现运营目标。怎样才能找准定位呢？首先，要做好企业需求分析，也就是企业到底想要什么，如知名度、美誉度等用户关注量，如阅读量、点评量等互动传播度，再如下单量等订单转化度等。其次，要做好用户精准画像，也就是确定微信公众号想要吸引什么群体。做好定位的总体思路就是针对所要服务的对象，根据他们的年龄、职位、社会层次、收入水平、具体需求等一系列考虑，设计微信公众号的功能特色服务模式、推送风格等，进而打造品牌形象，实现企业微信公众号运营目标。

2. 消息创作。消息创作功能目前支持图文消息、图片消息、文字消息、音频消息、视频消息、转载、直播等，是微信公众号最基础、最重要的一个功能，是向用户推送自己内容最重要的窗口。订阅号平均每天可以群发1条信息，服务号平均每月内可以发送4条群发消息。群发消息时，若默认群发给了全部用户，则全部用户都可以正常接收消息。若对群发对象、性别、群发地区进行了选择，而该粉丝不在所选择的范围内，则无法接收群发消息。为方便运营者，在群发时还可选择定时群发。此外，对已群发的图文消息中出现的错别字，后台提供了最多20字的小范围修改权限。图文消息编辑相关技巧有以下四点：

（1）封面标题有审美。推送文章图片和标题通常是相映衬的，用户看标题的时候也会关注图片，图片做得精致，用户关注度就高。图片内容要与标题传达的意思相符，这样两者才能完美结合。当然，这需要有良好的平面设计功底。

（2）摘要抓取好奇心。标题吸引用户点击进入，则为成功的第一步。接下来摘要应简洁明了，能概括文章大意，激发读者的兴趣。这样才能吸引用户将文章阅读完。

（3）内容相关价值高。在图文编辑中，内容是最重要的。内容的创作要时刻把握目标受众的需求，用户关注你就是觉得你发布的文章与自己的需求相关，能为其提供价值。

（4）文章排版要有新意。文章排版很重要，直接关系到用户是否愿意继续阅读。微信公众平台后台所提供的排版功能相对有限，我们可以采用功能更加强大的135编辑器、秀米编辑器等第三方编辑工具来提升图文编辑效果。

3. 自动回复。自动回复功能是指公众号运营者通过设置简单的文字、图片、音频、视频、视频动态等作为回复消息，当用户的行为符合自动回复规则时就会收到自动回复的消息。该功能提供被关注回复、收到消息回复、关键词回复等三种自动回复类型。

4. 自定义菜单。公众号可以在会话界面底部设置自定义菜单。菜单项可按需设定，并可为其设置响应动作。

5. 用户管理。用户管理可以对公众号的粉丝进行搜索、备注、打标签、加入黑名单等管理。

6. 移动端管理。运营者可在移动端查收消息、评论、赞赏、群发和查看群发历史。

7. 数据分析。公众号后台对运营数据提供了内容分析、用户分析、菜单分析、消息分析、接口分析和网页分析等几种数据分析功能。开发者也可以根据这些数据对细节进一步优化。

素养园地：

团结协作

集体是一个大家庭，我们每个人都是其中一分子。一个优秀的集体，需要具备如下几个优点：成绩优秀、心理健康、勤学文明、活泼向上、团结友善。然而最重要的是要团结。几个人合作做一件事，就必须要团结，团结协作是集体生活的基本规范之一，否则就会把这件事搞得乱糟糟，每个人都会很不愉快，而导致最后的失败。其要点是：人们在日常生活、学习和工作中，要互相支持、互相配合，顾全大局，明确工作任务和共同目标，在工作中尊重他人，虚心诚恳，积极主动协同他人搞好各项事务等。

从微观来说，团结、互助、友爱是人生必不可少的道德品质。只有拥有这种优秀的品质，我们才能有机结合起来，担当起建设祖国的重任，社会才能和谐发展。

从宏观来说，团结协作是一切事业成功的基础。正是依靠团结，中华民族才能在大灾大难面前守望相助、文明不息；正是依靠团结，我党我军才能在无数艰难险阻面前攻坚克难、发展壮大；未来我们也必将依靠全体中华儿女的大团结、大联合迎接挑战、战胜风险。

团结体现凝聚力。团结就是力量首先就在于它能够生发出强大的凝聚力，而凝聚力是确保一个集体生存与发展的重要力量。团结出创造力，团结不仅体现出凝聚力，更体现智慧和创造力。团结出战斗力，"积力之所举，则无不胜也。"团结是我们民族、我党、我军的生命线，是我们克敌制胜的法宝。过去我们依靠它攻坚克难取得了辉煌成就，未来仍需弘扬这一优良传统，依靠它战胜一切风险挑战。

任务总结：

完成本次任务，学习微博、微信等主流社会化媒体平台特点，了解其具体功能；认识到微博、微信营销的价值；最终掌握微博、微信平台的基本运营方法及相关运营技巧。

能力训练 4-4：

白鹿观村项目开展微博、微信营销

实训计划活页			____年____月____日	
实训名称	白鹿观村项目开展微博、微信营销	团队名称		
实训目的	1. 掌握微博、微信营销基础知识 2. 对白鹿观村项目开展微博、微信营销	任务准备	课前选取小米、海尔等知名企业官方微博、微信公众号进行课前分析	
素养目标	团结协作			
实训任务	1. 通过对知名企业官方微博、微信的学习，了解不同企业微博、微信营销特点 2. 根据白鹿观村项目网络营销目标确定微博、微信营销目标，设定账号定位 3. 注册微博、微信账号，进行账号装修 4. 根据所学知识，对白鹿观村项目开展微博、微信营销			
实训评价标准	1. 微博、微信营销目标制定与账号定位设定情况（20 分） 2. 微博、微信账号装修情况（30 分） 3. 微博、微信账号运营能力（30 分） 4. 合理分工、团结协作的素质（20 分）			
实训评价	对内自评	小组互评	老师评价	

学习笔记

学习笔记

白鹿观村项目新媒体微信公众号运营方案

任务 5 场景营销和网络视频推广

任务描述：

利用短视频、直播等方式对项目进行宣传推广。根据项目特色、目标及预算建立视频号进行短视频制作、直播推广，并制定运营方案。

任务分析：

1. 了解场景营销、短视频、直播等相关知识。
2. 熟练应用短视频、直播方法，对白鹿观村的旅游资源、历史典故等通过短视频、直播等方式进行宣传推广，提升乡村知名度。

任务实施：

场景营销和网络视频推广

活页式教学设计及反馈表			
授课对象 姓名 学号		本任务课时数	2
教学环境	实训室	实操任务数	1
任务内容			
教学内容	本任务要求分析场景营销和网络视频的概念与特点，了解场景营销的应用领域、网络视频在场景营销中的应用；设计与产品相关的场景，制作基于场景的网络视频，并持续运营场景，推广网络视频，以达到网络营销引流效果，将线下场景与线上视频更好地结合，实现O2O营销		
实践内容	1. 搜集场景营销案例 2. 设计场景并制作相关网络视频 3. 推广网络视频		
课前准备			
导入案例	可口可乐"新年撑场"三部曲打造新年场景营销		
技能基础	1. 圈定目标群体 2. 抓住或创造用户需求 3. 场景设置及行为引导 4. 创作场景化营销内容		
学习准备	以小组为单位进行课前分析		

续表

学习重难点	
学习重点	1. 圈定目标群体 2. 创造用户需求或挖掘用户痛点 3. 场景设置及行为引导
学习难点	1. 创作场景化营销内容——网络视频 2. 运营场景,推广网络视频
课堂与课后	
点亮课堂表现 自评星级	☆☆☆☆☆
课后疑问记录	

导入案例:

可口可乐"新年撑场"三部曲打造新年场景营销

2022年春节,可口可乐与新春聚会场景强绑定,加深人与人之间的连接、占领消费者心理的同时,提升品牌的社交感染力,完美诠释"虎年团聚,尽释美妙"的品牌主张。

新时代下,年轻人与家中长辈,在社交距离和文化差异的困局中,逐渐变为"精神陌生人"。春节,在聚会的场景下,他们更需要打破群体社交壁垒,进行有效的情感沟通,围绕"帮年轻人撑场新春欢聚场景"内容,用"新春欢聚撑场"三部曲,"萌虎开年""最撑年货Gift-ing""晒可口可乐撑场年味饭局"引爆舆论趋势,如图4-15所示。

1. 种草虎年生肖罐,号召加入欢聚互动。虎年生肖罐印有虎的元素,并携带第二阶段互动二维码。持续种草安利,吸引更多消费者参与接下来的互动。虎年生肖罐如图4-16所示。

图4-15 新春欢聚撑场

图4-16 虎年生肖罐

2. 晒年夜饭花式玩转欢聚场景。带话题#晒可口可乐撑场年味饭局#,晒出有可口可乐的年夜饭,并@可口可乐,有机会被官方翻牌获神秘大礼,如图4-17所示。

项目四 网络营销推广策略

图4-17 可口可乐撑场年味饭局

3. 魔性视频绑定新春欢聚场景。可口可乐打造《新年撑撑撑》视频,将魔性社交舞蹈与游戏结合,引导消费者扫可口可乐虎年生肖罐上二维码,与家人共同参与"人脸+语音识别"双重体感模式的《虎年夺宝乐翻天》游戏,如图4-18所示。

图4-18 魔性视频绑定

本次可口可乐春节营销活动,带来社会声量共计近3亿,激发百万消费者参与可口可乐新春欢聚互动,并引导70%消费者通过体感互动游戏与家人实现亲密社交,大幅提升了品牌社交感染力。同时,沉淀10%游戏用户注册可口可乐小程序,转化为品牌持续性资产。

导入案例	
小组讨论问题:如何挖掘适合产品的场景?如何确定目标人群?如何发现或创造用户需求?如何挖掘用户痛点?	讨论草稿区:

步骤1:认识场景营销、网络视频

想一想

什么是场景营销?什么是网络视频营销?

做一做

一、场景营销的定义

以充分尊重用户体验为先,围绕网民输入信息、搜索信息、获得信息的行为路径和上网场景,构建了以"兴趣引导+海量曝光+入口营销"为线索的网络营销新模式——场景营销应运而生。在用户感兴趣、有需求和寻找的情况下,企业的营销推广

· 183 ·

信息适时出现，充分结合了用户的需求和目的，是一种充分满足推广企业"海量+精准"需求的营销方式。

场景营销 Scene Marketing，是指将品牌提供的产品服务，按照消费者使用（体验）时会面临的各类场景来进行梳理和划分，并结合场景提炼关键卖点，进行差异化营销。

二、场景营销的分类

有四种场景可以进行场景化营销，分别是注意力场景、兴趣场景、需求场景、购买场景。

（一）注意力场景

注意力场景是指在用户专注时进行广告投放，让广告内容进入用户的大脑，用户的注意力现在是稀缺资源。

（二）兴趣场景

兴趣场景是指用户可能会需要这类产品的情况。

（三）需求场景

需求场景要比兴趣场景更强烈，如果说兴趣场景面向的是潜在用户的话，那么需求场景面向的就是准用户了。区别就是兴趣场景是有一部分用户有这类需求。这类需求最常见的就是搜索，如果用户搜索某个关键字，说明用户已经很明确有这方面的需求了。这时不是你在找用户，而是用户来找你。

（四）购买场景

购买场景主要涉及消费者在购买决策过程中的具体场景。购买场景营销通过模拟或再现消费者在购买商品或服务时的情境，激发消费者的购买欲望，促进销售。

三、基于场景营销的网络视频营销

如今的营销环境可用三个关键词总结：移动化、碎片化、场景化。消费者已不局限于在固定的时间，在固定的场所进行消费，找场景很重要。找对了场景，就找到了机会。近年来发展火热的短视频却能与场景营销巧妙地契合。利用短视频可以实现场景化营销，帮助企业展示产品、传播品牌，从而更好地获得潜在客户的认可。下面给大家介绍这三种网络视频营销方式：

（一）网红广告植入式营销

这种营销模式主要是借助网红的粉丝来进行推广，因为大多数非公众人物的流量实际上并不大，只有那些流量明星和一些网红的流量相对比较大，粉丝也比较多，这些网红只要随随便便地发布几个视频口播、贴片广告都可以引起粉丝们广为传播，也能够吸引那些消费者进行消费，达到企业做营销短视频的目的。

（二）场景沉浸体验式营销

很多消费者都比较关注产品的特性，所以有的广告主就比较喜欢通过产品的特性去塑造特定的场景，去增加产品的趣味体验，激发用户的购买欲。实际上这种方式是让用户可以提前地感受产品所带来的好处，让大家认识到产品的优势，然后实现产品重要特性的趣味传递。

（三）情感共鸣定制式营销

主要是通过社会上的一些热点，借助这些热点来进行传播，但这种传播不是简简单单的短视频宣传，是借助短视频引发用户情感共鸣与反思，多角度、深层次向大众传递企业价值观，提高大众对企业的认同感。

四、网络视频营销

（一）网络视频营销的定义和特点

网络视频营销是指企业利用互联网平台发布、传播有关产品或服务的视频内容，以达到产品宣传、用户教育、销售引导等目的的一种营销策略。

与传统的文字、图片等方式相比，网络视频具有以下几个特点：

1. 直观生动。网络视频能够通过图像、声音等多媒体元素直观地展示产品或服务的特点，使用户能够更好地了解和感受到产品或服务的真实性和优势。

2. 易于传播。网络视频可以通过各种社交媒体平台、视频分享网站等进行传播，用户可以方便地将视频分享给自己的朋友、亲友等，从而达到更广泛的传播效果。

3. 用户参与度高。网络视频通常具有一定的互动性，用户可以通过评论、点赞等方式参与其中，增加用户的参与度和黏性，提高企业的影响力。

4. 数据追踪。通过网络视频平台提供的数据分析工具，企业可以了解视频的观看量、观看时长、用户行为等数据，从而优化视频内容和营销策略。

（二）网络视频营销的案例

网络视频营销在实际应用中有着广泛的适用性，以几个经典案例来说明效果：

1. 可口可乐的"开心肥宅水"。可口可乐通过制作一系列有趣的网络视频，展示肥宅们在喝下可乐后变得开心活泼的场景，通过视频的传播和用户的转发，提高了知名度。

2. 小米的产品宣传视频。小米通过制作精美的产品宣传视频，展示产品的各种特点和使用方法，通过网络平台进行传播，吸引了大量的用户关注和购买。

3. 网易云音乐的音乐MV。网易云音乐通过制作精良的音乐MV，将音乐与图像相结合，通过网络平台进行传播，吸引了大量用户的观看和分享，提高了音乐平台的用户活跃度。

（三）网络视频营销的注意事项

虽然网络视频营销具有许多优势，但也需要注意以下几个问题：

1. 制作精良。网络视频的制作质量直接影响用户的观看体验和企业形象，企业应该注重视频的拍摄、剪辑、配乐等细节，力求做到精致。

2. 内容创新。网络视频的内容应该创新有趣，能够引起用户的共鸣和兴趣，避免雷同和无趣的内容。

网络营销

学习笔记

延伸阅读：长安十二时辰主题街区的场景营销

步骤2：设计场景、制作网络视频

想一想

如何为白鹿观半山星空露营项目设计营销场景？

学而思

谈谈你见过的典型的场景营销的案例？

做一做

一、设计场景营销的思路

（一）影响用户购买决策的场景

品牌解决哪些问题，能够影响用户的购买决策？例如，宝爸宝妈给婴儿喝水时，总是要把开水凉很久才能确保不烫口，"55度杯"通过解决"快速降温"的这个场景需求，令消费者产生购买欲望。

（二）提升用户体验的场景

品牌产品的哪些设计能提升用户体验感？例如东鹏特饮的广告场景通常是供司机在长途路上饮用。因此产品的包装区别于红牛的易拉罐，改用可以拧盖的塑料瓶，可避免未喝完的饮料洒出来。多一个杯盖的设计也让饮料可以分享给副驾驶的伙伴。

二、场景营销的方法

（一）构建营销场景

营销场景一般包含受众、时间、地点、主题、互动和结果这六要素。这些要素重点是为用户搭台，让消费者主动与品牌建立连接。

1. 互动体验场景，让用户和产品充分沟通。地产、汽车、科技数码产品，需要体验方能建立产品认知和品牌信任，扩展获客场景，完善品牌营销链路。

2. 所见即所得场景，快速销货渠道。直播无疑成为现在重要的销售，把直播间搬到工厂、田间让消费者所见即所得，创造更大销量。

3. 利用线下自然流量，构建曝光场景。在购物中心中庭，地铁站出入口、步行街等动线上搭建快闪店，实现品牌曝光和新品推广。

4. 搭建创意场景，体现品牌特征。把品牌的调性与时代文化、潮流相结合，营造概念空间，成为有创意的景点，成为区域流量。

（二）创作场景化营销内容

场景设计是一门艺术，本质是与目标客群的一种"沟通"的方式，通过场景实现无声沟通的学问。场景设计需要综合上述的项目定位、客群喜好、业态内容，既要在审美上有美感，也要在文化上有讲述、氛围上有表达、懂情绪，还要兼顾具体业态的实际情况。像一座桥一样将所有奇思妙想与现实连接起来，让所有理想落地。

三、设计场景的步骤

场景营销是一种以创造场景为核心的营销策略。通过营造用户情境，将产品或服务与用户需求和体验相结合，从而提高用户的购买意愿和忠诚度。打造场

学而思

我们的白鹿观还可以挖掘出哪些不同人群喜爱的场景？

景营销需要注意：①确定目标受众和场景；②创造有价值的场景；③选择合适的营销渠道；④强化品牌形象和宣传；⑤数据分析和调整。

总之，打造场景营销需要从目标受众群的场景入手，创造有价值的场景，选择合适的营销渠道，强化品牌形象和宣传、数据分析和调整等方面进行考虑和管理。从而提高场景营销的参与度和转化率，实现营销目标的达成。

四、制作网络视频

拍摄与制作网络视频包括拍摄设备、脚本技巧、拍摄技巧、剪辑等技巧。

（一）拍摄设备

关于拍短视频的主要设备包括但是不限于：手机、相机、微单、运动相机、无人机等，但对于刚开始拍视频的小白来说手机或者微单就够了。

1. 新手入门可以考虑使用手机。将参数设置成 4 K 或者 1 080 PX，60 FPS。手机可以录制 4 K 的视频，可以拍摄高达 108 MP 的像素图像，选择性能好一些的手机，拍摄的成品当然会更好。

2. 如果对于画质要求高或者有足够的预算，可以选择相机拍摄。目前主流相机其实只有两种，即微单相机和单反相机。微单相机目前在对焦系统、电池续航、操控体验等方面都有了突飞猛进的发展，所以更推荐购买微单相机。

3. 辅助拍摄器材有三脚架、稳定器、补光灯、广角镜头等。

（1）三脚架。最主要的作用是稳定相机，防止拍摄时产生机身抖动影响拍摄效果。

（2）稳定器。它的作用是给手机或相机拍摄时起到稳定作用。有了稳定器，不仅可以对拍摄画面起到增稳的作用，也会让我们在拍摄起来会更省力、更方便。

（3）补光灯。补光灯的第一个作用是在照度不足的时候，提供补光帮助；第二个作用是提供相对的色温平衡；第三个作用是控制光比，光比是光线最强和最弱的比例，太高会产生亮斑，太低则会出现黑色尾迹现象；第四个作用是表现空间立体感；第五个作用是创造环境，渲染气氛，增加艺术层次。

（4）广角镜头。它的作用是聚焦比较小，拍摄出来的人物以及物品更加的清晰。

（二）拍摄脚本

主题、地点、序号、景别、拍摄角度、画面内容、配音文字、字幕文字、音乐、时长等，这些都是拍摄视频前需要考虑的。

主题需要考虑的方面包括：视频解决什么问题？拍给谁看？能提供哪些情绪价值？60 s 的视频大概需要 400 字左右的文案。

文案的开头非常重要，可以设置一个问题或者让结果前置。设置一个有趣的开头才能吸引人观看，可以用开头入戏的方法，用具体的情景展示。结尾一种是要触动情绪，另一种是留一个悬念，这样可以激发观看者看下一个视频的兴趣。音乐的选择也需要与画面相协调匹配，也就是调性要相符合。

（三）拍摄技巧

1. 多重视角。不同人称视角切换，如第一人称和第三人称。第一人称其实就是自己的角度去拍,是自己眼睛看到的东西。第三人称就是拍摄自己与环境整个画面呈现的效果。

2. 景别组合。拍摄同一画面,用不同景别组合呈现,增加画面层次感。如图 4-19 所示。比如拍摄自己打字,可以近景+中景。这样拍摄的内容虽然一样,但画面不会显得单调。

图 4-19 各类景别组合

3. 巧用转场。转场特效让视频变得动感起来,提升视频的丰富程度。长期一个场景可能导致观看者审美疲惫,所以需要转场让整个视频变得更有流动性。

4. 现场收音。用声音突出所拍摄的画面,比如水流、海浪、风声、鸟叫声等。

(四)剪辑技巧

1. 粗剪。调整格式,就是选取画面比例,比如西瓜视频一般是 16∶9;抖音视频一般需要 9∶16。把片子按照文案的顺序拼到一起。在片子和片子的衔接处,选择"溶解特效",让两个画面很自然地衔接过渡。给视频加上字幕,一般为一句一秒。刚开始配音时可以一句一句地录,调整一下语速。

2. 细剪。添加转场特效。两段素材间可以酌情增加一些过渡效果。丰富视频画面,增加视频趣味性。设计字幕,添加会话气泡、综艺效果的动态文字,让视频更加生动。添加音效,特定的场合及动作可以增加一些音效,比如打字的声音、打雷下雨的声音等。

步骤3：运营场景与推广网络视频

想一想

如何持续打造场景、推广网络视频？

做一做

一、如何打造场景营销

（一）成为产品或服务的消费者

通过成为产品或服务的消费者，可以更好地理解消费者的思维、行为模式、需求和喜好，以及在某种场景下会想要购买某种产品或使用某项服务。

（二）真实地使用产品或服务

通过真实体验，我们才能了解产品和服务在不同场景中的表现是否符合消费者的预期，并确定哪些场景下的使用或体验最佳，避免出现违和感。

（三）筛选出使用频次最高的场景

一种是实地操作使用，比如店内试用，让消费者直接感受；另一种是通过网络营销手段，比如产品广告，让消费者在想象中间接体验。由此筛选出消费者常用场景，并将重点放在这些场景上。

（四）横向对比竞争对手

通过比较竞争对手在营销中所出现的场景，找出差异化场景。一般不建议凭空捏造与竞争对手完全不同的场景，这样的场景可能会导致消费者难以理解该场景与产品或服务的关联性。

（五）表达产品或服务的卖点

在场景中突出产品或服务的特点和卖点，让消费者能看到产品和服务在该场景下的价值和优势。通过与场景的结合，使消费者产生共鸣并愿意选择你的品牌。

二、网络视频的推广策略

（一）创意策略

短视频营销的关键是内容创意。优秀的创意才能吸引用户的注意力，传达品牌信息。品牌可以从产品特点、品牌文化、用户画像等方面入手，创造出独特、有趣的内容。品牌也可以尝试与明星、网红、关键意见领袖等合作，吸引更多用户关注。

（二）平台选择

短视频平台众多，包括抖音、快手、小红书等，每个平台都有自己的用户群体和特点。品牌应该根据自身的定位和目标用户，选择合适的平台进行投放。

（三）定位目标用户

在进行短视频营销时，品牌需要准确地定位目标用户，了解目标用户的需求、爱好、消费习惯等，根据用户画像制定相应的内容和营销策略。

（四）推广方式

短视频营销的推广方式可以分为有机推广和付费推广两种。有机推广主要通过内容创意和粉丝进行互动，提高视频曝光量和粉丝关注度；付费推广则通过广告投放等方式，快速提高品牌知名度和影响力。

三、短视频营销实施方法

（一）优化标题和封面

标题和封面是影响用户点击率的重要因素。品牌应该创意性地设计标题和封面，吸引用户点击观看。同时，标题和封面也需要与视频内容相符，确保用户观看后不会感到失望。

（二）制作高质量视频

视频质量是短视频营销的关键，品牌需要确保视频画质清晰、内容有趣，吸引用户观看。同时，视频长度需要控制在 15 s 以内，确保用户能够快速浏览。

（三）与用户互动

短视频营销可以通过与用户互动来增强用户黏性。品牌可以通过点赞、评论、转发等方式与用户互动，增加用户对品牌的关注和喜爱。

（四）定期更新

短视频营销需要定期更新内容，保持用户的关注度和兴趣。品牌可以制定内容更新计划，确保每周或每月都有新的视频内容发布。

（五）付费推广

付费推广是短视频营销的重要手段。品牌可以通过投放广告等方式，快速提高品牌知名度和影响力。在进行付费推广时，品牌需要选择合适的平台和推广方式，确保广告效果最大化。

> **学而思**
>
> 可以为白鹿观村的民宿与露营项目拍摄什么内容的视频？如何推广？

素养园地：

"电商+乡村旅游"助推乡村振兴

为深入贯彻学习党的二十大精神，全面贯彻习近平总书记关于做好新时代人才工作的重要思想，加强乡村文化和旅游人才队伍建设，根据文化和旅游部办公厅 农业农村部办公厅印发的《乡村文化和旅游带头人支持项目实施方案（2023—2025 年）》文件要求，文化和旅游部将开展 2023 年度乡村文化和旅游带头人支持项目推荐工作。

"电商+乡村旅游"受欢迎

海口市把云龙镇列为"以镇带村"的电商助推扶贫试点后，云龙镇以云岭村的电商扶贫服务站为样板，建立 1 个镇级电商扶贫中心和 7 个村级电商扶贫服务站，"以镇带村"帮助农户就近销售农产品。其中，尤其以云龙淮山、云龙白萝卜等农产品的线上销量最好。

打造乡村民宿精品　推动业态提质升级

今年中央一号文件提出,实施乡村休闲旅游精品工程,推动乡村民宿提质升级。全国两会期间,推动乡村民宿提质升级成为部分代表委员关注的话题。全国人大代表吴国平表示,乡村民宿在乡村振兴中可以起到非常大的作用,需要通过推动乡村民宿品牌化、集约化来弥补短板。全国人大代表、全国工商联副主席汤亮同志建议各级政府把培育"高质量民宿"作为推进新农村建设的新抓手。

任务总结:

完成本次任务,掌握场景营销的含义和应用方法,能够将场景营销理念贯穿于网络视频的制作与推广之中,提高网络营销效果。

能力训练 4–5：

为白鹿观村项目设计场景拍摄网络视频

实训计划活页			___年___月___日	
实训名称	白鹿观村项目场景视频营销		团队名称	
实训目的	1. 挖掘白鹿观村项目适合的营销场景 2. 构建场景，拍摄网络视频 3. 基于场景营销的网络视频推广		任务准备	了解项目的要求，根据自身优势进行分工，对场景创意、内容加工、视频制作、网络推广等内容进行分析
素养目标	实事求是、团队协作			
实训任务	1. 通过各大招聘平台了解网络营销的岗位有哪些，以及每个岗位的职责 2. 对收集到的岗位信息进行分析、整理、归纳 3. 完成基于场景营销的网络视频的拍摄 4. 选择合适的平台，发布并推广该视频，持续监测数据			
实训评价标准	1. 场景构建的合理性及与目标人群的相关性（30分） 2. 网络视频的完整、美观、创意（30分） 3. 视频的浏览量、点赞量、收藏量、转发量等数据（30分） 4. 团队合作的意识（10分）			
实训评价	对内自评		小组互评	老师评价

白鹿观村项目场景视频营销方案

学习笔记

任务6　大数据精准营销

任务描述：

根据项目简介及目的，通过前期学习及实践情况，可以利用数据分析进行精准营销及流量引入，根据项目特色、目标及预算进行目标客户精准定位及流量引入，并制定运营方案。

任务分析：

1. 了解大数据的精准营销、互联网产品、电子商务平台算法等相关知识。
2. 熟练应用大数据方法对客户进行精准定位；分析产品特色，引入流量，对民宿客户进行大数据分析；掌握客户特点及需求，对白鹿观村项目进行卖点挖掘，进而宣传推广，提升乡村知名度。

任务实施：

大数据精准营销

活页式教学设计及反馈表			
授课对象 姓名 学号		本任务课时数	2
教学环境	实训室	实操任务数	1
任务内容			
教学内容	本任务分析场景营销和网络视频的概念与特点，了解场景营销的应用领域、网络视频在场景营销中的应用；设计与产品相关的场景；制作基于场景的网络视频，并持续运营场景，推广网络视频，以达到网络营销引流效果，将线下场景与线上视频更好地结合，实现O2O营销模式		
实践内容	1. 搜集场景营销案例 2. 设计场景并制作相关网络视频 3. 推广网络视频		
课前准备			
导入案例	沃尔玛精准营销案例		
技能基础	1. 圈定目标群体 2. 抓住或创造用户需求 3. 场景设置及行为引导 4. 创作场景化营销内容		
学习准备	以小组为单位进行课前分析		

项目四 网络营销推广策略

续表

学习重难点	
学习重点	1. 圈定目标群体 2. 创造用户需求，挖掘用户痛点 3. 场景的设置及行为引导
学习难点	1. 创作场景化营销内容——网络视频 2. 运营场景，推广网络视频
课堂与课后	
点亮课堂表现 自评星级	☆☆☆☆☆
课后疑问记录	

导入案例：

沃尔玛精准营销案例

全球商业零售巨头沃尔玛公司拥有世界上最大的数据仓库。为了能够准确了解顾客在其门店的购买习惯，沃尔玛对其顾客的购物行为进行了购物篮关联规则分析，从而知道顾客经常一起购买的商品有哪些。在沃尔玛庞大的数据仓库里集合了其所有门店的详细原始交易数据，在这些原始交易数据的基础上，沃尔玛利用数据挖掘工具对这些数据进行分析和挖掘。一个令人意外的结果出现了："跟尿不湿一起购买最多的商品竟是啤酒！"

为了验证这一结果，沃尔玛派出市场调查人员和分析师对结果进行调查分析。经过大量实际调查和分析，他们揭示了一个隐藏在"尿不湿与啤酒"背后的美国消费者的行为模式。

在美国，到超市去买婴儿尿不湿往往是一些年轻的父母下班后的日常工作，而他们中有30%~40%的人同时会为自己买一些啤酒。产生这一现象的原因是：美国的太太们常叮嘱她们的丈夫不要忘记下班后为小孩买尿不湿，而丈夫们在买尿不湿后又随手带回了他们喜欢的啤酒。另一种情况是丈夫们在买啤酒时突然记起他们的责任，又去买了尿不湿。既然了解到尿不湿与啤酒一起被购买的机会很多，沃尔玛就在他们所有的门店里将尿不湿与啤酒并排摆放在一起，结果尿不湿与啤酒的销售量双双增长。

按常规思维，"尿不湿与啤酒"风马牛不相及，若不是借助数据挖掘技术对大量交易数据进行分析，沃尔玛是不可能发现这两者之间的联系的。

在未来，市场的争夺就是对用户资源的争夺。商家如果能够有效地利用手中大量的数据资源，在精准定位和数据分析的基础上充分运用各种数据挖掘分析技术提供更加个性化、差异化、精准化的服务，就能够深入挖掘新的市场价值，实现自身营销环境的优化演进。

学习笔记

导入案例
小组讨论问题：沃尔玛借助数据挖掘技术发现了什么规律，数据分析对企业有什么作用？ 讨论草稿区：

步骤1：认识大数据精准营销

想一想

什么是大数据技术？什么是大数据精准营销？

做一做

2014年3月，大数据首次进入我国中央政府工作报告。2015年10月，党的十八届五中全会正式提出"实施国家大数据战略，推进数据资源开放共享"。这表明中国已将大数据视作战略资源并上升为国家战略，期望运用大数据推动经济发展、完善社会治理、提升政府服务和监管能力。随着互联网信息技术的迅猛发展，全世界的数据量爆发式增长，大数据引起了各个领域的关注，大数据的应用正逐渐成为商业竞争的关键。

一、大数据精准营销的内涵及特点

在大数据时代，企业都在谋求各平台之间的内容、用户、广告投放上的互通，以期通过用户关系链的融合、网络媒体的社会化重构，为客户带来更好的精准营销效果。大数据精准营销是通过互联网采集大量的行为数据，帮助企业找出目标用户，以此为基础对广告投放的内容、时间、形式等进行预判与调配，完成广告精准投放的营销过程，如图4－20所示。

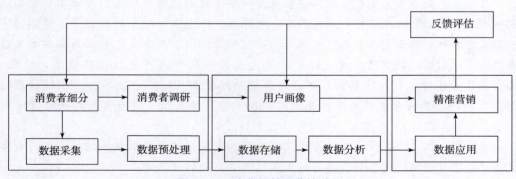

图4－20 大数据精准营销过程

大数据精准营销模式体现为以下四个特点：

1. 个体化。企业通过大数据分析可以了解消费者身处何地、关注何种信息、喜欢什么、偏好如何，从而实现为消费者量身定制的个性化营销。

2. 时效性。在移动互联网时代，面对众多诱惑，用户的消费行为和购买方式极易在短时间内发生变化。大数据营销可以通过技术手段充分分析用户的需求，并使其在决定购买的第一时间及时接收到产品广告。因此，大数据营销具有很强的时效性。

3. 关联性。关联性是指大数据营销能够让用户看到的上一条广告与下一条广告有深度的互动。在采集大数据的过程中，企业可以快速得知目标用户所关注的内容，并知晓用户所在位置及消费特征等信息。基于此，可使投放的广告产生关联。

4. 多平台。精准营销的数据来源平台多样，包括互联网、移动互联网、智能电视、户外智能终端等。这种多平台的数据采集使得对消费者的画像更加全面和准确。

二、大数据精准营销的关键要素

企业使用大量数据技术实现精准营销的一个关键就在于能够正确驾驭数据并为己所用。利用大数据洞察用户行为变化，准确分析用户的特征和偏好，挖掘产品的潜在高价值用户群体，实现市场营销的精准化、场景化。

1. 用户画像。即用户信息标签化，指企业通过收集与分析消费者的社会属性、生活习惯、消费行为等主要信息的数据之后，勾画出一个用户的商业全貌。用户画像为企业提供了足够多的信息基础，能够帮助企业快速找到精准用户群体以及用户需求等更为广泛的反馈信息。一般来说，用户画像包括用户的固定特征、用户的兴趣特征、用户的社会特征、用户的消费特征和用户的动态特征等五个维度，如表4-1所示。

表4-1 用户画像维度

用户画像维度	具体内容
用户固定特征	性别、年龄、教育水平、职业等
用户兴趣特征	兴趣爱好，经常查看的网站，使用的软件，浏览、收藏、评论的内容，品牌和产品偏好等
用户社会特征	生活习惯、婚恋情况、人际交往和社交情况、家庭成员等
用户消费特征	收入状况、消费水平、产品购买渠道、购买频次、购买产品种类及偏好等
用户动态特征	用户当下需求、正在前往的地方、周边的商户、周围的人群信息等

构建和生成用户画像一般通过采集和分析数据、用户分群和优化整理数据三个步骤。

（1）采集和分析数据。数据来源一般有相关的文献资料和研究报告、产品数据以及问卷调研和用户访谈等。

（2）用户分群。用户分群就是为用户贴上标签，用标签将用户分类，进而做到"一对一"的精准营销。

（3）优化整理数据。生成准确的用户画像后，便能清楚了解用户需求，在实际操作上便能深度经营用户关系，甚至可能找到扩散口碑的机会。

2. 预测分析。随着营销4.0时代的到来，企业营销已经转变为以客户价值观为基础，围绕着消费者行为去构建营销策略。企业运营比的是早一步的预知能力。大数据营销的预测能力强调的是决策价值，大数据的预测分析能力催生了一种新的数据驱动营销方式，并能够帮助企业完成从以产品或渠道为中心到以客户为中心的转变。

延伸阅读：
TARGET
超市的
精准预测

3. 精准推荐。大数据最大的价值在于预测和推荐，大数据营销通过积累足够多的用户数据，分析得出用户购买的习惯和偏好，甚至做到比用户更了解用户，帮助企业进行"一对一"的商品推送，提供个性化的服务。

数据整合在很大程度上改变了企业的营销方式，从海量业务广播式推送，过渡到以"一对一"的用户体验为中心的精准业务推荐。"一对一"精准营销将在某一刻，以合适的价格为用户推送最需要的业务。运营商在注重用户体验的同时可达到最佳的营销效果，并且可对营销过程进行全程跟踪，从而不断优化营销策略。

4. 技术强化。面临繁杂丰富的大数据资源，大数据精准营销要解决的首要问题就是数据整合。构建大数据共享平台，汇集用户在多个渠道上的行为数据，实时监控各渠道之间的用户特征，实现用户交互的精准识别和多渠道数据汇集，为用户提供更加专业的服务和营销策略。

汇聚、整合数据后，再对数据进行可视化分析。通过三维技术展示大数据分析结果，借助人脑的视觉思维能力，通过挖掘数据之间的重要关系，将若干关联性的可视化数据进行汇总处理，揭示出大数据中隐藏的规律和发展趋势，进一步提高大数据对精准营销的预测能力。

三、大数据精准营销的价值

对于企业来说，无论是线上还是线下，大数据营销的核心即在合适的时间，基于企业对用户的了解，以数据的形式进行分析，把企业希望推送的东西通过合适的载体，以最优的方式，推送给合适的人，从而获得客户的忠诚度，增加新用户，创造新的产品和业务模式。具体来说，大数据营销的价值主要体现在以下几方面：

1. 有利于更精准匹配目标受众。企业通过平台推送的广告是与消费者有关的，满足用户的需求时，就会吸引消费者关注产品，从而达到精准营销的目的。

2. 有利于调整投放渠道。在众多营销平台中，大多数的企业已经可以分析出渠道投入的产出比数据，并且可以准确地分析其相关数据，在很大程度上实现精准投放的目标。

3. 有利于个性化产品精准投放。个性化产品的精准投放可分为两个方面，一是可以满足消费者个性化需求的产品；二是产品的销售渠道。

4. 有利于改善用户体验，提高客户满意度。对于用户体验而言，大数据精准营销有利于改善用户体验和提高用户的满意度。因为企业的精准营销策略主要是针对用户的体验。大数据的挖掘在很大程度上，可以通过获取用户的相关数据，了解用户使用产品的情况，得到最适宜的反馈。

步骤2：分析大数据下的消费行为

想一想

互联网环境下消费者行为发生了哪些变化？

做一做

大数据时代，消费者有更多、更广泛的信息来源。消费者的选择更加充分，对商品的了解将更加透彻，自主权进一步增大，对传统的消费行为将形成冲击，基于新的消费者行为的大数据时代正逐步形成。

一、大数据时代消费者行为趋势

1. 消费者的消费行为更加理性。大数据时代消费者的主动、理性消费者行为在逐步增加，盲目的购物行为很少出现。

2. 消费者消费行为更容易受购买评价的影响。在大数据时代，消费者依靠文字描述、网络图片、视频资料来接触产品。除此之外，已有消费者的购买评价是帮助潜在消费者判断是否购买该产品的一个重要因素。

3. 消费者的品牌依赖度逐渐下降。在大数据时代背景下，产品的信息源非常广泛且大量，足以帮助消费者判断并最终做出购买决策。因此，品牌效应对消费者的购买决策所起的作用逐渐减弱。

4. 消费者的消费行为更加个性化。进入大数据时代，消费者的信息源更加广泛，可选的范围扩大，消费者的需求也在某种程度上发生了改变。除了注重产品的核心价值，还会有个性化的需求，即追求不同于大众需求的方面。

二、消费者特征分析

客户行为特征信息并不是简单的数据，而是通过客户行为模型，利用数据挖掘处理客户静态数据与动态行为数据而得出的客户行为特征信息。因此，客户行为特征信息往往难以直接采集和获得。

1. 目标消费群体分析。目标消费群体是企业产品的主要消费人群，目标消费群体分析可以说是客户定位的一种方式。

"销售销到需求上"是商业上的不变法则。有需求的客户会有很强的购买欲，通过对手中客户的大数据进行分析，抓住客户的基本需求，能够有效地锁定这些目标消费群体。

目标消费群体的特征可以细分为多个维度，如消费者特征（性别、年龄、职业）、上网时间、买家等级等，如图 4-21 所示。

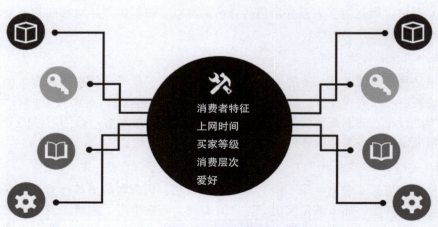

图 4-21 目标消费群体的特征

（1）性别。首先要明确目标客户群的性别是什么。

(2)年龄。人生不同阶段的奋斗目标和生活水平有很大不同，所以不同年龄段的人群的消费水平也不同，如表4-2所示。

表4-2 不同年龄段人群的消费特征

年龄段	消费水平和消费观念
18~23岁	消费者大多为在校学生，有一定的消费基础，但由于消费的是家长的钱，所以他们在性价比上有较高的追求，但家庭条件比较好的学生客户可能喜欢昂贵的商品
24~35岁	消费者多刚刚走出校门或处在升值期，往往需要构建家庭和为以后打算，所以这个人群是最有消费能力的，但是迫于家庭的压力等因素，这部分人消费能力受到一定限制
36~55岁	消费者通常不会轻易在自己身上花费太多，而是会为父母、子女购买商品时，偶有大手笔的投入，消费能力呈现上升趋势
56岁以上	因网络使用问题、消费观念的淡化等原因，消费能力略有下滑

(3)职业。不同职业的消费群体除了其职业化的功能性、风格性用途之外，更重要的是不同职业的消费群体消费水平也不同。

(4)上网时间。随着人们生活、工作的快节奏，使得上网时间呈现碎片化。

(5)买家等级。不同的买家等级会有不同的特点，比如新手买家，他们可能不会看销量、不懂看评价、不懂DSR（详细卖家评分），只要商品展现在他面前，他感觉不错就下单了。而高等级的买家会因为购买经验丰富，下单前会认真查看评价、销量，甚至会看DSR。

(6)消费层次。通过对买家消费层次的分析，可以了解到购买该产品的买家支出是位于高价位、中价位还是低价位。这样，卖家在面向大多数消费者制定套餐时，会给出合理的价位，既不需要为求销量而把价格定得过低，也不会为高利润将价格定得过高。

(7)爱好。通过对买家爱好项目的分析，可以了解到该产品与哪些其他消费项目具有比较密切的喜好关联性。

(二)消费者行为习惯

习惯是每个消费者都具有的生活共性，很多习惯一旦养成就很难改变。例如，习惯穿运动装、习惯喝果汁等。因此，在定位目标消费群体时，对消费者的行为习惯、使用习惯进行深入的调查分析是非常必要的。同时，通过对客户行为习惯的分析可以使企业精准定位某一类型的客户群，开展有针对性的营销活动。

(三)消费者心理分析

通过沃尔玛的"啤酒+尿不湿"案例不难发现，消费者的消费行为就是在相应的心理活动之后产生，那么谁先发现了客户的心理，谁就抢占了先机。但是消费者的特征并不是一成不变的，不同性别、年龄、身份的客户，其消费行为、购买心态有很大的区别，下面对这三类消费者的心理分析进行归类。如表4-3~表4-5所示。

表4-3 不同性别顾客的心理特征

顾客类型	心理特征
男顾客	购买动机一般具有被动性；有目的、有理智地采购；商品以质量为主，价格其次；交易迅速、缺乏耐心
女顾客	购买动机具有冲动性和灵活性；商品挑选比较细致；购买行为易受到情绪和外界因素的影响；选择商品注重外观，质量、价格是其次

表4-4 不同年龄顾客的心理特征

顾客类型	心理特征
青年顾客	对时尚消费品较为敏感；购买具有明显的冲动性，易受外界影响；购买优先考虑外观，其次是价格和质量；一般是新产品的第一批购买者
中年顾客	购买行为偏理性；购买商品以经济实惠为主；乐于购买经别人证实的经济适用的新商品
老年顾客	习惯购买已用习惯的商品；购买习惯稳定，不易受外界干扰；倾向方便舒适的购买过程；对健康实惠的商品比较敏感

表4-5 不同身份顾客的心理特征

顾客类型	心理特征
学生	喜欢购买稀奇的、没见过的商品
知识分子	一般喜欢造型雅致、美观大方的商品
工人、农民	一般喜欢经济实惠、坚固耐用的商品
文艺工作者	大多喜欢造型优美、别具一格、具有艺术美感的商品

需要注意的是，这三个表只是列举了每种消费者的普遍特征。其实大数据里还能透露更多的消费者特征信息，只要深入分析，就会挖掘出更多的买家特征。

步骤3：分析大数据下产品

想一想

产品属性包含哪些？

做一做

一、产品属性

属性，就是某个商品的特性，属性值即属性的具体内容。

产品属性是指产品本身所固有的性质，是产品在不同领域差异性（不同于其他产品的性质）的集合。也就是说，产品属性是产品性质的集合，是产品差异性的集合。

决定产品属性的因素，主要包括需求因素、消费者特性、市场竞争、价格档次、渠道特性、社会属性、安全属性、法律政策、传播手段等。产品在每个属性领域所体现出来的性质在产品运作的过程中所起的作用不同，地位和权重也不同，呈现在消费者眼前的产品就是这些不同属性交互作用的结果。

产品属性在一定程度上决定了消费者体验的心理属性。产品从属性上大致可以分为感性商品、理性商品和介于感性和理性之间的商品。商品必须根据自己的产品属性来营造与目标消费群体心理属性相一致的体验,从而让自己的产品成为能与消费者产品共鸣的生活同感型产品。

对于电商平台来说,属性主要是商品的品牌、尺寸、大小、颜色等。

二、产品属性分析

产品的整体概念是什么?

一般来说,可以利用阿里指数、生意参谋等工具分析产品属性。以淘宝为例,淘宝最常见的宝贝取名方式为"属性关键词+品牌关键字+促销关键字"。属性关键词是宝贝标题中非常重要的词汇,它直接决定着是否容易被买家搜索到。通过对产品属性进行分析,可以了解买家的真实需求,并为其进行精准推荐。

对于一款产品来说,品牌关键字和促销关键字都很明确,但是属性关键词就非常多,因此,属性词的选择成了优化产品标题的重要工作。

步骤4:分析大数据流量布局

想一想

大数据流量都有哪些流量?

做一做

流量是店铺能否在激烈的电子商务竞争中存活下来的关键。因此,如何引流、合理进行流向布局是众多商家需要解决的首要问题。本任务以淘宝网为例对店铺流量进行分析,包括对各种流量的解读及流量分析工具的应用。

一、流量构成

店铺流量指的是店铺中的访客数量,消费者进入店铺的途径是多方面的,一般来说可以分为四种类型:通过自然搜索进入、通过付费引流进入、通过站内其他途径进入、通过站外途径进入。店铺的四大流量来源分别为:免费流量、付费流量、站内流量和站外流量。

1. 免费流量。免费流量是指消费者直接通过关键词搜索等途径进入店铺中的流量。这类流量是店铺最需要的流量,是店铺通过关键词优化、主图优化等方式获取到的网络自然流量,流量的精准度和质量往往较高。免费流量主要来自直接访问、商品收藏、购物车、已买到的商品等途径。

2. 付费流量。付费流量是指通过付费投放广告的方法引入的消费者流量。这类流量精准度比较高,更容易获取。淘宝常见的付费推广工具有淘宝客、钻石展位、直通车等。此外也可以通过各种付费活动(聚划算、淘金币、天天特价等)来获取流量。直通车推广位如图4-22所示。

3. 站内流量。站内流量是指通过电子商务平台获取的流量,也是店铺流量最重要的构成部分。站内流量也有免费与付费之分,淘宝的站内流量的主要包括淘宝联盟、淘宝直播、淘宝官方互动交流平台等,如图4-23所示。

延伸阅读:产品

项目四　网络营销推广策略

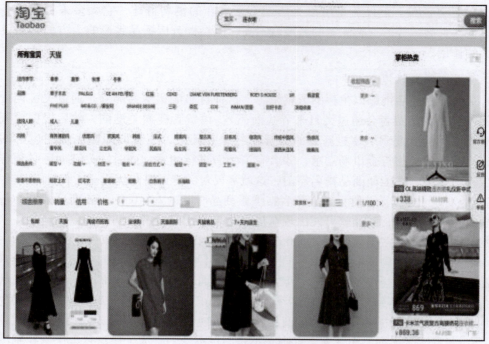

图 4-22　直通车推广位

图 4-23　淘宝联盟、直播

4. 站外流量。站外流量可以为店铺带来潜在的消费群体，它大多来自贴吧、论坛、社区、微博等。这类流量的精准度不高，但在提升店铺品牌影响力方面可以发挥巨大的作用。

二、关键词分析

免费流量是店铺赖以生存的流量来源，这种自然流量绝大部分是通过关键词搜索访问的（有的消费者会通过类目来寻找商品），消费者搜索关键词，然后根据设置的搜索规则用淘宝搜索引擎进行搜索并显示结果。其中，关键词即商品标题包含的词语，商品标题必须符合市场需求，才会有消费者进行搜索。同时，关键词还必须符合淘宝搜索规则，才能使商品排名靠前，这就需要对关键词进行优化。

1. 关键词分类。关键词即消费者在搜索商品时所输入的词语。若商品标题中包含消费者搜索关键词，商品就可能出现在搜索结果中让消费者访问。淘宝规定每一款商品的标题文字不能多于 30 字，这 30 个字如何组织和设计需要商家慎重考虑。

商品标题中的词语根据作用不同分为核心词、长尾词和修饰词三类，如果经营的是品牌商品，则还会涉及品牌词。综合使用核心词、长尾词和修饰词，例如"加绒加厚牛仔裤女 2023 年新款韩版显瘦冬季高腰弹力大码黑色小脚裤子"。消费者输入的关键词与标题的部分内容匹配，则该商品就可能出现在搜索结果中。

2. 淘宝搜索规则。淘宝搜索规则并不是固定不变的，为了使消费者快速找到满意的优质产品，同时让商家能够享受平台的公平和公正，淘宝搜索引流会不断进行优化。例如 2009 年之前，淘宝搜索规则侧重商品的下架时间，2009 年开始侧重于动态评分，2011 年侧重于淘宝分词和转化率，2013 年又侧重于个性化搜索等。

但是，无论怎样变化，影响淘宝搜索排序的因素始终体现在以下几个角度，如表 4-6 所示。

表 4-6 影响淘宝搜索排序的因素

影响因素	具体内容
商品角度	转化率、加购率、收藏率、动销率、销量、商品与描述相符等
服务角度	纠纷率、客服态度、咨询转化率、客户响应时间、客服在线时长、退款纠纷率、退款时长、发货速度等
运营能力角度	成交量、销售额、店铺层级、商品属性相关性、类目相关性、下架时间安排、橱窗推荐、违规降权、UV 价值（每个访客为店铺带来的价值）、营销策划、活动安排与规划、付费推广预算、关键词选择等
视觉角度	点击率、跳失率、页面停留时间、平均访问深度等
人群角度	个性化因素、复购率、人均购买件数等

3. 关键词质量分析。关键词质量好坏与否，与下列六个指标密切相关，如表 4-7 所示。

表 4-7 关键词质量评价指标

关键词质量评价指标	具体内容
搜索指数	代表市场需求，搜索指数越高，需求量越大
搜索指数趋势	代表未来趋势，如果某关键词目前搜索指数很高，但未来趋势直线下滑，则说明这个词没有长时间持续引流的趋势，需要注意对其进行更换优化
点击率和转化率	只有搜索需求，若不能形成有效的点击和转化，最终也无法形成交易，所以关键词不能只关注搜索率，更要关注代表购买欲和成交率的点击率和转化率
人群精准度	淘宝将个性化搜索加入搜索引擎中，形成了"千人千面"的效果，即同一关键词，不同人群搜索到的结果各不相同
商品精准度	从商品属性和卖点出发，商家选择的关键词必须与商品高度吻合，否则会影响到点击率和转化率等指标
竞争度	关注商家之间的竞争能力，如果实力不如竞争对手，淘宝将展示竞争对手的商品。因此，竞争力不足的商家，应尽力避开竞争，选择适合自己商品的关键词

4. 关键词优化。商家找到了高质量的关键词，还需要对其进一步优化，才能充分发挥这些关键词的作用，合理引流。一般可以从以下几点优化关键词：

（1）避免内部竞争。要根据同类型商品的不同人气、人群、价格等属性，合理安排关键词，尽量避免内部竞争。

（2）合理安排竞品。根据商品竞争力的不同，商家应合理安排核心关键词。竞争力较弱的商品要以长尾关键词为主，主要考虑引流能力，引流能力越强，销量就越多。

（3）匹配个性需求。根据商品对应的消费者性别、消费主要爱好偏向、消费能力、浏览行为、购物习惯等，商家来匹配关键词。

（4）组合标题。关键词的组合也应建立在关键词的分析上，如"碎花长裙和长碎花裙""秋冬连衣裙和连衣裙子秋冬"这两组关键词的引流能力、竞争情况都是不一样的，商家需要根据商品的实际情况进行选择和组合。

步骤5：熟悉大数据电商平台算法

想一想

电子商务平台都有哪些算法？

做一做

做好电商平台的第一步就是要了解平台，才会知道排名规则，店铺流量才会上去，进而增加转化率、提高店铺利润。下面主要介绍淘宝的"千人千面"算法和亚马逊的 A9 算法。

一、淘宝的"千人千面"算法

以往点开淘宝首页,大家看到的是同样的页面和内容。搜同一商品关键词,所有人结果也一样。"千人千面"是淘宝最新的一种智能排名算法,根据淘宝网站的解释,"千人千面"即定向推广依靠淘宝网庞大的数据库,构建出买家的兴趣模型。在 PC 端上,屏幕较大,但页面能展示的商品有限,尤其是首页。手机屏幕较小,普通卖家上首页的可能性几乎为零。有了"千人千面"算法后,每个人有自己的首页,各种特色商品不花钱也有机会进入首页和各频道首页去获取大量流量。"千人千面"算法契合了电商的场景化、内容化、社交化、社会化的趋势。

与传统搜索算法相比,"千人千面"算法会对用户个性习惯、浏览关注足迹、购买过类似风格、加购过、收藏过、点击过、停留过、最近浏览过,甚至朋友圈的购买习惯等数据进行抓取。其算法逻辑是根据对方的习惯数据来推送商品,而不是只根据商品的数据来搜索抓取。因此,如果店铺想在"千人千面"算法中占据优势,首先需要考虑的是,如何使店铺快速打上最多、最精准的标签,店铺宝贝就会出现在更多精准人群的手机上,店铺的流量和转化率就会提升,店铺订单、利润也会同步增加。

二、亚马逊 A9 算法

亚马逊是一个重单品轻店铺的平台,A9 算法是亚马逊搜索算法的名称,简单来说就是:每上传一件商品,平台就会给一定的自然流量,产品描述越好,越受人喜欢,下单越快越多,好评率越高,给的流量也会更多,进而使得转化率越高,亚马逊就会把该产品排名靠前,于是产品也就会卖得越来越好。亚马逊 A9 算法如图 4-24 所示。

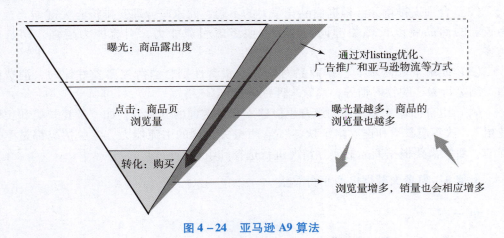

图 4-24 亚马逊 A9 算法

A9 的排名主要关注三个领域:产品搜索排名、视觉搜索排名、广告搜索排名。在产品搜索排名部分,A9 主要包含两个方面内容:一是对产品进行分类排名,包括卖家们所熟知的销量排名(BSR)、类目和不同关键词下的排名等;二是对搜索结果进行反馈,即当有买家搜索某个关键词或者点击某个类目搜索,决定展示些什么内容。因此,在 A9 算法中,排名是先于搜索存在的,搜索出来的结果只是反馈排名的内容。

为了确保客户能最快最精确地搜索到"想要购买的产品",亚马逊会分析每一个客户的行为并记录。A9 算法根据这些分析并最终执行买家最大化收益。一般来说,影响亚马逊的排名因素有三种:

1. 转化率。这是亚马逊衡量的跟转化率相关的影响因素,包括销量排名、买家评论、已回答问题、图片尺寸、质量和价格等。

2. 相关性。相关性包括标题、产品卖点和产品描述等。A9 算法的第一步是搜集结果,再决定如何排列。相关性会告诉 A9 何时将你的产品页面引向给定的搜索关键词。

3. 买家满意率和留存率方面。让买家成为回头客,就是要买家满意;另一方面,亚马逊认为最大化买家收益(RPC)来自买家留存率,包括意见反馈和订单缺陷率等方面。

三、亚马逊 A10 算法

目前,亚马逊已经将 A9 算法升级为 A10 算法。A10 算法决定排名因素也将关键词、产品评论等考虑在内,消费者行为和相关性权重加大,而赞助广告权重降低。具体包括卖家影响力(Seller Authority)、站内销量、曝光次数(广告展示的次数)、站外销量、转化率、销售历史、自然(搜索)销量、点击付费(PPC)广告销量等。这些变化对主要依靠自然搜索销售产品的商家而言影响较大。对此,商家可以采取以下措施提高排名:

1. 销售更高利润的产品。亚马逊 A10 算法对高利润产品有偏向性。因此,卖家可以从此处入手,投资亚马逊看重或偏向的产品,以便推广品牌,获得更高的曝光度。

另外,选品是关键,无论卖家是否使用亚马逊 FBA 物流,都应指导如何选择畅销产品。使用 Google Tends 搜索产品数据,包括搜索量增长的关键词,了解消费者现阶段需求;避免选择有很多差评的产品,不要选择那些市场已被大品牌占据的产品;浏览各大电商平台的畅销产品。

2. 为 Listings 找到最佳关键词。在产品标题、描述、产品卖点和后段区域使用正确、合适的关键词,这是获得靠前排名、增减销量的最佳方法。商家可以从以下三方面改进:

(1) 使用互补产品关键词。所谓互补产品,即在搜索结果中,"经常一起购买"下方展示的产品。在产品的介绍页面(Listing)中添加这类产品的关键词,能够吸引潜在消费者。

(2) 利用亚马逊的真实搜索量数据。卖家在搜索栏输入自己的产品名称,创建"关键词建议"清单,以此为基础,打造卖家自己的关键词清单。

(3) 使用关键词调查工具。如亚马逊提供的 Sonar,免费获得每月的关键词搜索量、相关产品、相关关键词等数据。而 Amazon Keyword Planner 利用"搜索建议"的数据,生成一系列长尾关键词。还有一款免费工具是 Google's Keyword Planner,可以帮助卖家找到相应的关键词,查看搜索量的分析结果,但卖家需要利用这个工具创建一个免费的 AdWords 账号。

3. 优化产品 Listing。创建产品 Listing 时,卖家要时刻以消费者为关注点。

> 学习笔记

　　（1）产品标题。这是 Listing 最重要的部分。标题开头要有最相关、最重要的关键词；关键词不要重复；添加有用的细节，吸引消费者点击 Listing；要保证标题相关、意思明确、表达准确。

　　（2）产品特征要点。卖家可借这一板块与其他类似产品区分开来，告诉消费者自家产品卖点获优势在哪里。不要使用标题中的关键词，每一条产品卖点都包含一个关键词，信息度和相关性高的产品卖点有利于提高转化率。

　　（3）产品描述。描述不影响排名，但会影响访客的浏览时长。卖家在这一板块可描述产品的用途、优势，鼓励消费者立即下单。

　　（4）后端关键词。后端关键词是专为亚马逊卖家提供的产品其他信息，消费者是看不到的。优化后端关键词有助于引流。亚马逊限制后端关键词在 250 词以内，因此，后端关键词设置应尽量不要使用标题、描述和产品卖点中的关键词，不要使用标点符号分隔关键词，避免浪费空间。这 250 个词不会影响消费者体验，但可以提升 Listing 排名。

　　4. 站外引流。卖家不要只依靠亚马逊内部流量，还要合理利用站外流量，以增加竞争力。如与社交红人合作，推广产品；加入相关社群或论坛；在社交媒体上定期发送（产品）文章等。另外，卖家也可以做自建站，只销售自己的产品，或者借其推广亚马逊平台上的产品。

素养园地：

实事求是

　　"实事求是"一词，出自东汉班固所著《汉书河．间献王传》。书中在称赞汉景帝的儿子刘德的治学态度时，说他"修学好古，实事求是"。唐代学者颜师古在对《汉书》所作的注中，把它解释为"务得事实，每求真是也"。意思是说，做学问应该掌握充分的事实材料，从事实求索其真相，引出结论。

　　我们要从国内外、省内外、县内外、区内外的实际情况出发，从中引出固有的而不是臆造的规律性，即找出周围事物变化的内部联系，作为我们行动的向导。

任务总结：

　　完成本次任务，掌握大数据精准营销的内涵，大数据下消费者行为分析，互联网产品的属性，电子商务平台的数据算法等相关知识。将大数据精准营销应用于项目中，提高客户市场的精准度，获得更好的营销效果。

能力训练 4-6：

为白鹿观村项目进行精准营销

实训计划活页			____年____月____日	
实训名称	白鹿观村项目精准营销	团队名称		
实训目的	1. 掌握大数据的相关算法 2. 能够根据大数据算法进行数据分析，了解目标客户的消费行为 3. 根据目标客户的行为进行网络产品的属性描述	任务准备	了解项目的要求，根据自身优势进行分工。利用大数据对项目进行精准营销	
素养目标	实事求是、数据保密			
实训任务	1. 通过了解电子商务平台的算法，对店铺数据进行分析 2. 利用数据进行目标客户消费行为分析 3. 完成项目中产品的卖点梳理和产品优化			
实训评价标准	1. 店铺数据的数据与分析能力（30分） 2. 精准目标客户及客户行为分析能力（30分） 3. 完成项目产品优化的程度（30分） 4. 职业素养的培养状况（10分）			
实训评价	对内自评	小组互评	老师评价	

白鹿观村项目精准营销方案

项目总结：

通过项目中每一个任务的完成，了解搜索引擎、网络广告、内容营销、新媒体营销、微博微信、场景营销和短视频营销、大数据精准营销的相关知识；掌握关键词优化、网络广告营销、微信公众号、直播和短视频营销、大数据精准营销等方式。完成项目推广方式的选择和产品优化，最后完成项目网络营销推广方案。

项目评价：

	评价标准	成绩
队内自评	1. 是否掌握相应的知识点（20 分） 2. 对各种推广方式的掌握程度（20 分） 3. 创新意识和求真务实的精神（30 分） 4. 网络推广方案的可实施性（30 分）	
各组互评	1. 对所学知识点掌握的熟练程度（30 分） 2. 具体推广方式的掌握程度（30 分） 3. 网络推广方案的可实施性（40 分）	
老师评价	1. 对各种推广方式的掌握程度，项目团队成员协作分工（30 分） 2. 选择推广方式的应用实施效果（30 分） 3. 网络推广方案的可实施性（40 分）	

知识回顾：

项目 4
知识回顾
答案

一、单选题：

1. 目前最大的中文搜索引擎是（　　）。
   A. 搜狗　　　　　　　B. 百度　　　　　　C. 360 综合搜索　　　D. Yahoo
2. 以下有关搜索引擎营销的特点描述错误的是（　　）。
   A. 以用户为主导　　　　　　　　　B. 按效果付费
   C. 分析统计复杂　　　　　　　　　D. 用户定位精准
3. （　　）是互联网上最常见的网络广告形式，是互联网上最为传统的广告形式，又名（　　）。
   A. 旗帜广告，横幅广告　　　　　　B. 按钮广告，Banner
4. 网络广告于 1994 年诞生于（　　）。
   A. 中国　　　　　　　B. 日本　　　　　　C. 美国　　　　　　　D. 德国
5. 在（　　）上投放广告，覆盖面广、针对性强、目标精准，而且按效果付费，性价比高。
   A. 网络黄页　　　　　B. 企业主页　　　　C. 门户网站　　　　　D. 搜索引擎网站
6. 绝大部分是通过关键词搜索来访问的流量是（　　）。
   A. 免费流量　　　　　B. 付费流量　　　　C. 站内流量　　　　　D. 站外流量

7. 亚马逊平台算法主要采用的是（　　）。
A. 千人千面　　　　B. 豆腐块算法　　　C. A9 算法　　　　D. 搜索排名规则
8. （　　）是一个企业微博重要的竞争力指标。
A. 专业　　　　　　B. 专注　　　　　　C. 专一　　　　　　D. 准确
9. 如果想用来管理内部企业员工、团队、对内使用，建议选用（　　）公众号。
A. 订阅号　　　　　B. 服务号　　　　　C. 企业号　　　　　D. 以上都不对
10. 微信公众平台要想让人长期保持关注，最重要的是（　　）。
A. 内容　　　　　　B. 服务　　　　　　C. 渠道　　　　　　D. 社群

二、多选题：

1. 搜索引擎优化方法和要点包括（　　）。
A. 关键词优化　　　　　　　　　　　B. 网站结构优化
C. 内外部链接优化　　　　　　　　　D. 网站内容优化
2. 做好竞价排名推广的技巧包括（　　）。
A. 精准定位关键词　　　　　　　　　B. 关键词出价合理
C. 广告和产品相关度高　　　　　　　D. 切忌和其他营销方式一并使用
3. 网络广告的主要特点有（　　）。
A. 互动性和实时性　　　　　　　　　B. 广泛性
C. 视听效果的综合性　　　　　　　　D. 非强迫性
4. 网络广告效果评估指标包括（　　）。
A. 广告展示量　　　B. 广告点击率　　　C. 网页阅读次数　　D. 销售额
5. 店铺流量一般有（　　）。
A. 免费流量　　　　B. 付费流量　　　　C. 站内流量　　　　D. 站外流量
6. 大数据精准营销模式的特点包括（　　）。
A. 个体化　　　　　B. 时效性　　　　　C. 关联性　　　　　D. 多平台
7. 电商平台数据分析的工具主要有（　　）。
A. 百度指数　　　　B. 电霸　　　　　　C. 生意参谋　　　　D. 阿里指数
8. 可以通过以下哪些方式进行短视频的关键词优化（　　）。
A. 关键词的排列组合　　　　　　　　B. 添加区域关键词
C. 控制关键词数量　　　　　　　　　D. 确定目标关键词
9. 以下属于短视频数据量指标的有（　　）。
A. 播放量　　　　　B. 点赞量　　　　　C. 点赞率　　　　　D. 转发率
10. 网络视频营销方式有（　　）。
A. 网红广告植入式营销　　　　　　　B. 场景沉浸体验式营销
C. 情感共鸣定制式营销　　　　　　　D. 需求场景式营销

三、判断题：

1. 在进行 SEO 关键词选取时，为了覆盖更大的范围，关键词的选取越宽泛越好。
（　　）
2. 搜索引擎营销的效果表现为网站访问量的增加而不是销售量的提升，至于访问

量是否可以最终转化为收益，不是搜索引擎营销可以决定的。　　（　　）
3. 网络广告创意和网络广告形式都会影响广告的效果。　　（　　）
4. CPM 是指按照网络广告点击次数计费，是十分常用的网络广告计费方式之一。
（　　）
5. 付费流量是店铺最需要的流量，是店铺通过关键词优化、主图优化等方式获取到的流量。　　（　　）
6. 大数据精准营销与传统营销模式没有实质上的区别。　　（　　）
7. 一个身份证号码可以注册无数个公众账号。　　（　　）
8. 微信公众号群发内容上限为 500 个字符。　　（　　）
9. 网络视频营销可借助互联网的超链接特性快捷迅速地将信息传播开去。
（　　）
10. 用户创作内容（UGC）视频营销因广大网友参与度不高，并不具有平民性。
（　　）

四、简答题

1. 关键词广告有哪两种基本形式？
2. 微信里有哪些营销模式？尝试说出不少于五种营销模式。
3. 大数据精准营销的关键要素是什么？
4. 网络视频的营销模式有哪些？
5. 短视频营销实施方法有哪些？
6. SEO 排名影响因素有哪些？

项目五　网络营销策划方案及效果评估

 学习目标

知识目标：

1. 了解网络营销策划活动及活动组成。
2. 熟悉网络营销策划方案的撰写与实施。
3. 掌握网络营销策划方案撰写的要点及常见问题处理。
4. 掌握网络营销活动评估的要点和方法。
5. 掌握创业策划方案的撰写。

技能目标：

1. 能够根据营销目标撰写活动方案。
2. 能够解决活动中遇到的各种问题。
3. 能够掌握活动评价指标，进行活动效果评估。

素质目标：

1. 树立全局意识，培养勤学善思的精神。
2. 培养知法守法精神及保密意识。
3. 提升创新创业能力。

思维导图：

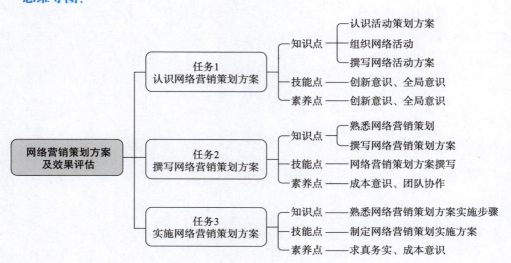

项目五　网络营销策划方案及效果评估

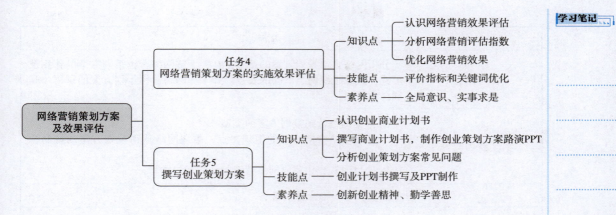

项目简介：

从白鹿观村的现状出发，为该项目的推广制定相应的网络营销方案，推销该村的农产品，吸引游客前来观光旅游，提高农户收入，促进集体经济发展。

任务1　认识网络营销策划方案

任务描述：

根据该村现状及产业情况，该村希望通过网络营销将该村的农产品进行推广宣传，促进第一产业和第三产业融合，打造形成农旅相结合的新型产业形式，反哺集体经济。根据项目要求，设计该项目的营销策划方案，分析网络营销活动的组织要点，撰写策划方案的框架。

任务分析：

1. 了解网络营销策划方案。
2. 掌握组织网络营销活动的要点。
3. 熟悉网络营销策划方案框架。

任务实施：

网络营销策划方案

活页式教学设计及反馈表				
授课对象 姓名 学号		本任务课时数		2
教学环境	实训室	实操任务数		1

续表

任务内容	
教学内容	分析网络营销策划方案的基本特征，了解网络营销策划方案的作用及形式，熟悉组织网络活动的要点。并掌握网络营销策划方案的撰写步骤和注意事项
实践内容	1. 搜集网络营销策划方案的类型 2. 分析网络营销活动的组织要点，掌握网络营销策划方案的撰写步骤和注意事项 3. 项目团队合作完成网络营销策划方案的撰写
课前准备	
导入案例	网课借势"6·18"购物节暑期大促："直播+电商"成标配
技能基础	1. 分析关键词 2. 复习如何能够快速准确地利用搜索引擎进行信息查询和收集 3. 回顾如何利用 Word 进行方案撰写 4. 回顾如何进行团队分工合作
学习准备	以小组为单位进行课前分析
学习重难点	
学习重点	1. 分析关键词 2. 进行策划方案的搜索、整理、归纳 3. 撰写网络营销策划方案
学习难点	1. 分析策划方案的作用，根据所选项目分析网络活动的组织要点 2. 讨论并完善网络活动策划，完成网络营销策划方案的撰写
课堂与课后	
点亮课堂表现 自评星级	☆☆☆☆☆
课后疑问记录	

导入案例：

网课借势"6·18"购物节暑期大促："直播+电商"成标配

电商与直播的火热让教育行业嗅到了新的机会。如今，教育行业利用直播带课已经成为常态化运营，"6·18"期间也正是暑期促销季，在政策导向下广告投入减少，直播运营成为教育行业的主流营销方式。网经社教育台获悉东奥旗舰店、网易云课堂教育旗舰店、粉笔旗舰店、流利说旗舰店、对啊网旗舰店、立刻说旗舰店等教育品牌在淘宝"6·18"期间成交破千万，"千万俱乐部"品牌数超过去年"双11"。

今年天猫"6·18"，东奥旗舰店、流利说旗舰店、网易云课堂教育旗舰店分别位居学历、职业资格考试，语言培训，技能培训、教学服务类目第一。

位居淘宝教育学历、职业资格考试成交榜 TOP3 的依次为：东奥旗舰店、粉笔旗舰店、对啊网旗舰店等；位居淘宝教育语言培训成交榜TOP3的依次为：流利说旗舰店、立刻说旗舰店、洪恩识字教育旗舰店等；位居淘宝教育技能培训、教学服务成交榜TOP3的依次为：网易云课堂教育旗舰店、WPS旗舰店、风裳旗舰店等。

京东方面，"6·18"大促开场15分钟，启蒙早教培训成交额同比增长13倍，少儿英语培训成交额同比增长21倍，考研专业课成交额同比增长6倍，职场技能提升培训成交额同比增长20倍。热销的教育培训品类中覆盖了从宝宝、少儿、到研究生、职场人士多个年龄段，消费者们用实际行动验证了"活到老学到老"。当下年轻人面对学业和工作的压力，会通过发展个人兴趣减压，画画是重要方式之一。6月18日前15分钟，京东教育绘画学习课程成交额同比增长3倍。

6月1日至18日，京东教育成交额同比增长143%。其中，语言培训成交额同比增长175%，中小学生辅导培训成交额同比增长157%。消费者们对学习的热爱不分年龄，不分专业，在最受欢迎的教育课程TOP5中，阿卡索外教口语培训班、光环PMP管理认证远程培训班、马士兵JAVA高级工程师算法课、基石高端学霸冲刺班、深空编程少儿学习班入围。

除了在京东、阿里的第三方平台，阿卡索、环球网校、正保远程教育、网易云课堂、新东方在线、51CTO、沪江网校、高顿教育、3节课、嗨学网等在线教育机构在各自官网也纷纷推出"6·18"年中大促活动，其中职业教育机构占了大多数。

导入案例	
小组讨论问题：目前网络教育的营销策划活动主要有哪些类型？"6·18"期间开展网络营销策划有哪些优势？	讨论草稿区：

步骤1：认识活动策划方案

想一想

活动策划方案一般包含哪几部分的内容？

做一做

一、策划概念

"策划"一词最早出现在《后汉书》。"策"是指计谋、谋略；"划"是指设计、筹划、谋划。《孙子兵法》曰："以正合，以奇胜。"网络营销策划机构理解这句话为：所谓正，就是指策略和系统；所谓奇，可理解为创意。策划就是进行策略思考、布局规划、谋划制胜创意的过程，并形成可安排执行的方案。

简单来说，策划是一种策略、筹划、谋划或者计划、打算。它是个人、企业、组织机构为了达到一定的目的，充分调查市场环境及相关联的环境的基础之上，遵循一定的方法或者规则，对未来即将发生的事情进行系统、周密、科学的预测并制订科学的可行性的方案。也就是说策划是指为了达成特定目标，而构思、设计、规划的过程。

二、策划案的概念

策划案又称为策划书。即对某个未来的活动或者事件进行策划,并展现给读者的文本。策划书是目标规划的文字书,是实现目标的指路灯。撰写策划书就是用现有的知识开发想象力,利用现实中可以得到的资源最快地达到目标。

三、策划案的要点

策划案的要点主要包含以下几个方面:

1. 策划案是针对未来的活动或者事件,是对未来可能发生行为的规划。

(1) 策划。面向未来,对可能发生的行为进行规划,聚焦做什么。

(2) 计划。面向未来,对未来较确定事件的规划,关注怎么做。

(3) 总结。面向过去,对已经发生行为的检讨反思。

2. 策划案不能只停留在脑海里,是需要以文字来固化和表现。

(1) 计划。依据现状,计划要完成哪些目标,

(2) 想法。通过哪些手段、方法、措施及具体怎么做才能实现目标。

(3) 书面文字。把将要实现的目标、采用的具体方法通过文字的方式,有条理地写出来。

3. 策划案是为了实现个人、企业或者组织的目标而制定的要有清晰的目标导向。并且这个目标导向是具体的、可衡量的、可达到的、切实的、有时效的。比如提升公众号粉丝基数就是一个模糊的目标,而一个具体的目标可制定为活动期间新增 3 000 个粉丝。

4. 策划是在整合现有资源的基础上,以"多快好省"的方式来实现目标。具体包括用户、产品、渠道、资源整合、品牌、技术、服务等全方位的整合。

> **学而思**
>
> 电商直播活动策划方案的目标主要包含哪些方面?

四、策划方案的分类

按照其不同用途与所突出的内容,将策划方案分为三个阶段的形态,即客户提案(Business Proposal)、可行性方案(Feasibility Report)和执行方案(Action Program)。

1. 客户提案。客户提案(Business Proposal),也称策划提案,是初步构思、建议的阶段,也是策划方案获得客户、上级部门或其他对象认可的第一步工作。在这个工作中,提案者通过简单的书面沟通,传递大致的建议内容,并希望获得提案对象的肯定性回复,以便于深入地开展策划工作,进入可行性方案设计阶段。魏涛先生将该阶段的策划提案分为两个方向,即"向目标客户的提案"和"向内部组织的提案"。

(1) 向目标客户的提案。中小企业一般使用通用的格式,称为"客户提案范本",范本内容多是格式化、套路化的表述,不提供个性化和详尽化阐述。客户提案范本多以纸质文本和电子文本为形式,通过《建议书》《提案》向客户阐述业务建议。

(2) 向内部组织的提案。该类提案的模板、范本网络流传颇多,在有关写作类、文秘类网站都可以下载,略加修改便可以使用。

2. 可行性方案。可行性方案(The Feasibility Report),是策划工作进入可行性研究、分析阶段,以书面报告形式出具的策划成果,也是策划流程的第二个步骤。一般

来看，可行性是指任何方案提议者和提议对象所期待的目标。

可行性方案是在客户提案获得认可后，对提案目标及内容的详尽阐释。可行性方案大致包括以下几个方面：

（1）提案概述（简介、目标、立意及有关信息）。

（2）环境分析（外部宏观环境和内部微观环境）。

（3）组织关系建立的选择与分析。

（4）运营方式的选择分析。

（5）运营周期、阶段计划等可行性分析。

（6）收益预估（财务数据、无形资产收益及其他）。

框架科学合理、见解独到、功效显著的可行性方案将是客户提案的升华。视策划内容的不同，可行性方案的篇幅也由数千字至数万字不等，其主要表现形式一般为"图文报告"加"摘要式PPT（或视频）"。除了文本，由讲述人对可行性方案的生动讲解，也是非常重要的一个方面。

3. 执行阶段。执行方案（Action Program）是策划工作经过了客户提案阶段，可行性方案获得一致肯定后，进入立项实施阶段的方案表述。执行方案与前两者所不同的是，其具有非常强烈的计划性和实务性，即十分具体地交代了工作的步骤、样式，并对总体目标进行了逐一分解，是方案实施的唯一参考书。

> **学而思**
>
> 网络活动可行性方案用Word和PPT展示各有哪些优缺点？

执行方案是完全个性化的，不具有通用性，同一个企业在不同的时间、地点所采用的执行路径也是不同的，所以，设计执行方案必须是有针对性的。

五、策划方案的展现形式

在策划工作中，方案的表现形式非常重要，不仅关系到方案的可读性和专业性，还影响着方案的实施效果。因此，在制订策划方案时，我们必须考虑方案的表现形式。一般来说，策划方案主要有五种表现形式：①文字方案；②PPT方案；③视频方案；④手绘方案；⑤3D方案。

步骤2：组织网络活动

想一想

网络营销策划活动的组织要点都有哪些？

做一做

一、网络活动的概念

网络活动，又称为在线活动，是指以互联网为媒体，以新的方式、方法和理念实施营销活动，更有效地促成营销目的的实现，是集广告、促销、公关、推广等一体的营销手段，也是建立在品牌营销、关系营销、数据营销的基础之上的全新营销模式。

二、网络活动的特点

网络活动具有以下特点：①不受时空所限；②互动性；③经济性；④大众性；⑤

拓展知识：3D可视化技术：提升工程设计与展示效果的创新解决方案

延伸阅读：国家发展改革委等部门关于印发《职业教育产教融合赋能提升行动实施方案（2023—2025年）》的通知

延伸性；⑥创新性。

三、网络活动的职能

网络活动的基本职能主要有以下七点，即塑造在线品牌、协助网站推广、发布产品信息、提高在线销售、提供在线客服、培养顾客忠诚度、开展在线调研。

1. 塑造在线品牌。塑造在线品牌必不可少地要开展网络活动，这与线下的公关活动性质相同，所以网络活动的目的之一就是在线上构建品牌或者使得线下品牌得到更充分的传播与延伸。

2. 协助网站推广。获得必要的访问量是网站推广取得成效的基础。

3. 发布产品信息。网络活动的基本思路就是各种互联网手段，通过互联网互动平台将企业产品、品牌及各种营销信息以高效的手段向目标用户、合作伙伴、公众等群体传递。借助在线互动平台而开展的网络活动正是可以达到传播信息的目的。

4. 提高在线销售。以网络活动为载体的各种在线整合营销的最终目的都是为了促进销售。

5. 提供在线客服。互联网提供了更加方便的顾客服务手段，在线洽谈、在线反馈、在线建议、在线投票等内容在内的在线活动都是在线客服的新模式。

6. 培养顾客忠诚度。以维护顾客关系为核心的网络活动成为企业创造和保持竞争优势的重要策略之一。

7. 开展在线调研。网上调研不仅为制定在线营销策略提供支持，也是整个市场研究活动的辅助手段之一，合理利用网上市场调研手段对于市场营销策略具有重要价值。

四、网络活动策划原则

1. 系统性原则。狭义的网络活动是以网络为工具的系统性的企业经营活动为主。

2. 操作性原则。网络活动策划的第一个结果是形成网络活动方案。网络活动方案必须具有可操作性。在未来的在线营销活动中做什么、何时做、何地做、何人做、如何做等问题进行了周密的部署、详细的阐述和具体的安排。

3. 经济性原则。网络营销策划必须以经济效益为核心。

4. 创新性原则。网络活动为顾客对不同企业的产品和服务所带来的效用和价值进行比较带来了极大的便利。创新带来特色，特色不仅意味着与众不同，还意味着额外的价值。

> **学而思**
> 网络活动在培养客户忠诚度方面起到了哪些作用？

步骤3：撰写网络活动方案

想一想

一个网络活动策划方案都包含哪些内容？

做一做

一、网络活动方案的概念

网络活动方案指的是为某一次网络活动所拟定的书面计划、具体行动实施办法细则、步骤等。

二、网络活动方案的主要内容

网络活动方案应根据活动的目标进行规划，不同的目标，方案设计的内容也不同。常见的网络活动方案主要包含以下几个方面：

1. 活动开发。活动开发是活动策划中的一个重要内容。需要制订实施计划，明确人员的组成和分配、活动的对象、相应的权利和责任、时间和地点，并考虑实施的应急程序。此外，还需要明示要实现的目标及重点，解释统计图表等。活动开发还需要注意经费预算、活动中可能遇到的问题以及活动负责人和主要参与者等因素。

2. 活动的目的、意义和目标。应当简洁明了地表述清楚，明确活动的核心组成或独特的策划，以及由此产生的经济效益、社会效益、媒体效果等意义。活动目标要具体化，同时应满足重要性、可行性、时效性等。

3. 介绍活动背景。活动背景主要包括行业市场状况、竞品研究和公司既往活动的成果分析等。

4. 费用预算。活动方案包括经费预算、活动中应注意的问题及细节、活动负责人及主要参与者等。费用预算要合理地体现成本节约和效益优先的原则。

5. 效果预估。活动方案效果预估包括地理位置、气候预测、人员分工、应急预案、活动细则、时间安排、预估流量、活动转化率等。

6. 风险防范。活动方案风险防范包括风险预防措施、风险应对措施及收益算法。风险预防措施包括相关行政执法部门的干预、解决的顾客投诉和不可控因素的预测。

7. 人员分工。通过明确各环节的负责人和完成时间，可以确保活动方案的细化、经销商沟通、货源及赠品保障、宣传物料配送跟踪等环节的顺利进行。

8. 活动负责人及主要参与者。活动负责人及主要参与者是活动方案中的重要内容。他们主要负责拟写活动策划书，指导参与人员写出专业化、规范化的策划书，以确保各项活动的顺利进行。

9. 资源需求。活动方案中的资源需求是指必要的人力资源、物力资源和使用场所等。这些资源包括活动开展的人员安排，活动所需的设备和耗材准备，以及活动开展所需的场地要求等。

10. 前期准备。活动方案包括人员的安排、物资的准备和实施方案。前期准备是指在活动开始前，对人员进行安全、技术、心理等方面的培训，确保参与者的技能和适应能力达到一定水平。这样可以减少活动过程中可能出现的不必要的问题，提高活动的顺利性和安全性。

11. 活动主题。活动主题是指在活动策划中所确定的活动核心内容。活动主题的选择通常需要考虑目标受众、场地环境、活动目的等因素。

12. 活动中应注意的问题及细节。活动方案的内容包括目标、任务、时间、地点、参与者、材料、宣传等。其中，活动中应注意的问题及细节包括执行的稳定性、环境变化对应变措施的影响、损失的概率和造成的损失大小等。

> **学而思**
>
> 网络活动方案中的费用预算都包含哪些？

在线课：
撰写网络
营销策划书

三、网络活动方案的撰写步骤

1. 确定方案提纲。撰写网络活动方案的第一步是确定方案的提纲。提纲要按照活动方案的目标逐一列出撰写内容，并召集团队成员进行研讨，通过头脑风暴进一步完善，最终确定方案提纲。

2. 收集撰写材料。按照确定的方案提纲收集撰写材料。材料包括行业权威发布的数据、行业龙头企业的经营数据、行业权威专家的研究报告、核心观点等，以及主流平台的市场发展现状调查，并对收集的材料进行整理、分析、归纳和总结，为即将开始的方案撰写提供丰富的素材。

3. 完成初稿撰写。素材整理好之后，就可以开始撰写网络活动方案的初稿了。初稿撰写应紧紧围绕活动方案的总体目标、实施步骤、具体做法、预期效果等核心要素进行撰写，文字应具有逻辑性，语言表达尽量简洁明了，突出重点。

4. 修改完善活动方案。初稿完成后，应召集团队成员共同讨论，认真听取大家对方案的意见和建议，之后按照活动方案的目标对收集的意见进行归纳整理，选出其中有建设性的意见和建议，进一步修改和完善活动方案。此过程可以多次反复进行，确保最终方案的完整性。

5. 确定终稿，提交方案。待活动方案修改完成后，再根据要求进行排版，同时安排专人对活动方案进行校对，确定无误后再进行方案打印或者印刷。建议最终方案使用 PDF 格式输出保存，这样可以避免因不同的设备和软件差别导致的格式变化。方案打印后按照要求进行装订，并提交活动方案终稿。

素养园地：

"90后"返乡大学生电商创业，助力乡村振兴

2018年初，肥东县启动农村淘宝项目建设，肥东县古城镇杨塘社区"90后"返乡女大学生胡盼盼，通过报名考试、学习培训等程序成为农村淘宝的首批合伙人，在古城镇杨塘社区设立农村淘宝服务站，为村民提供网上代买、代卖、缴费、充值等电商综合服务。

在县电子商务公共服务中心支持下，胡盼盼创建全县首个农产品直营店——"盼盼家的农场"，借助线上、线下电商模式，把村民自产的瓜果、蔬菜、大米、鸡蛋、菜籽油等农产品通过电商平台销售出去。同时代销村民散养的土鸡、黑猪肉、土鸡蛋等。开业仅4个月时间，月销售额就达到10万元，月收入3万多元。

据统计，"盼盼家的农场"使得每户平均增加收入1.1万元，让村民手中的优质农产品卖出了优价，帮助乡亲们在网上打开了一条销售农产品的新渠道。

任务总结：

完成本次任务，了解网络活动；掌握网络营销活动策划方案包含的内容；撰写白鹿观项目的营销活动策划方案。

能力训练 5-1：

撰写白鹿观村项目营销实施方案

实训计划活页			___年___月___日	
实训名称	白鹿观村项目营销活动方案		团队名称	
实训目的	1. 了解网络营销活动 2. 分析该次网络营销活动包含的内容 3. 撰写网络营销活动方案		任务准备	需要先确定活动日期，再根据活动日期确定活动内容
素养目标	创新意识、全局意识			
实训任务	1. 了解各大网络平台营销活动的时间 2. 分析各营销活动的特点 3. 根据项目特点制定营销活动方案 4. 完成白鹿观村项目网络营销活动方案的制定			
实训评价标准	1. 营销活动的目的明确程度（20分） 2. 内容的完整程度（30分） 3. 营销活动的创新性（20分） 4. 网络营销活动制定的合理性（30分）			
实训评价	对内自评		小组互评	老师评价

学习笔记

白鹿观村项目营销活动方案制定

任务2 撰写网络营销策划方案

任务描述：

根据该村现状及产业情况、项目目标，结合项目特点、现状和产品特点，分析制定网络营销活动策划方案，撰写网络营销活动策划方案。

任务分析：

1. 了解网络营销活动策划的目标、原则及策略。
2. 熟悉网络营销活动策划方案框架。
3. 撰写网络营销策划方案。

任务实施：

活页式教学设计及反馈表			
授课对象 姓名 学号		本任务课时数	2
教学环境	实训室	实操任务数	1
任务内容			
教学内容	学习网络营销策划的基本知识；了解网络营销策划的目标、原则及策略；熟悉网络营销策划方案框架梳理方法；掌握网络营销策划方案的撰写步骤和撰写技巧		
实践内容	1. 搜集网络营销策划方案的类型 2. 分析网络营销策划方案框架梳理方法，掌握网络营销策划方案的撰写步骤和撰写技巧 3. 项目团队合作完成网络营销策划方案的撰写		
课前准备			
导入案例	西安巨子生物产品的网络促销活动		
技能基础	1. 分析关键词 2. 复习如何能够快速准确地利用搜索引擎进行信息查询和收集 3. 回顾如何利用 Word 进行方案撰写 4. 回顾如何进行团队分工合作		
学习准备	以小组为单位进行课前分析		
学习重难点			
学习重点	1. 分析关键词 2. 对策划方案进行搜索、整理、归纳 3. 撰写网络营销策划方案		

学习难点	1. 分析策划方案的作用，根据所选项目分析梳理网络营销策划方案框架 2. 讨论完善的网络活动策划方案框架，完成网络营销策划方案的撰写
课堂与课后	
点亮课堂表现 自评星级	☆ ☆ ☆ ☆ ☆
课后疑问记录	

导入案例：

西安巨子生物产品的网络促销活动

西安巨子生物基因技术股份有限公司成立于2001年，是中国重组胶原蛋白行业先行者及领军者。西安巨子生物是一家以基因工程技术、生物医学材料与组织工程为主导的高新技术企业，也是全球重组胶原蛋白的领导者。

该公司拥有完全自主知识产权，荣获国家发明专利的"利用基因工程技术生产类人胶原蛋白"项目，其核心产品为类人胶原蛋白（Human－like® Collagen）。该公司与清华大学材料科学与工程系合作，开发并生产了类人胶原蛋白人工骨、蛋白矿化仿生制备骨修复材料；与北京大学开展生物医用材料的现代动物学实验；与西北大学合作开发止血海绵、复合止血膜等产品；与美国新泽西医学院合作的人工血管等方面的研究。公司自主研发的产品有人工骨、人工血管、人工器官、人工皮肤支架材料、止血海绵和胶原蛋白注射剂，可广泛应用于军事和医学等领域。公司生产的医用级类人胶原蛋白及其系列产品已出口到欧美、东南亚等10多个国家和地区。

导入案例	
小组讨论问题：假如巨子生物想在今年"三八"节开展一次网络促销活动，请你分析该公司产品网络营销策划的要点有哪些？	讨论草稿区：

步骤1：熟悉网络营销策划

想一想

网络营销策划需要考虑哪些因素？

做一做

一、网络营销策划的概念

网络营销策划是指企业以互联网为媒介，在对内外部环境进行准确分析的基础上，围绕企业发展的特定目标，全面构思、精心设计企业在未来的一定时期内的网络营销战略、阶段目标及实施方案的过程。网络营销策划就是为了达成特定的网络营销目标而进行的策略思考和方案规划的过程。

二、网络营销策划的目标

网络营销策划的目标与传统营销策划的目标一致，即确定开展网络营销想要达到的目的，制订相应的步骤，并组织有关部门和人员参与。网络营销策划的目标通常包含五种类型。

1. 销售型网络营销策划目标。销售型网络营销策划目标是指拓宽企业销售网络。借助互联网的交互性、直接性、实时性和全球性，为客户提供较为方便、快捷的线上销售点。

2. 服务型网络营销策划目标。服务型网络营销策划目标主要是指为客户提供网上联机服务。客户通过网络可以远距离进行咨询并享受售后服务，目前大部分信息技术型公司在这方面做得比较好。

3. 品牌型网络营销策划目标。品牌型网络营销策划目标主要是指企业在网络上建立自己的品牌形象，加强与客户的联系和沟通，提高客户的品牌忠诚度，为企业的后续发展打下基础。

4. 提升型网络营销策划目标。提升型网络营销策划目标主要是指以网络营销代替传统营销的手段，全面降低营销成本，提高营销效率，促进企业营销管理和提高企业竞争力。

5. 混合型网络营销策划目标。混合型网络营销策划目标是指企业为达到其营销目标，采用多种营销手段，以便同时达到上述几个目标。

三、网络营销策划的原则

1. 系统性原则。网络营销是以网络为工具的系统性企业经营活动，它是在网络环境下对市场营销的信息流、商流、制造流、物流、资金流和服务流进行的管理。因此，网络营销策划是一项复杂的系统工程。策划人员必须以系统论为指导，对企业网络营销活动的各种要素进行整合和优化，使"六流"皆备，相得益彰。

2. 创新性原则。网络为客户对于不同企业的产品和服务所带来的效用和价值进行比较提供了极大的便利。在个性化消费需求日益凸显的网络营销环境中，通过创新，创造与客户的个性化需求相适应的产品特色和服务特色是提高产品效用和价值的关键。

3. 操作性原则。网络营销策划的第一个结果是形成网络营销策划方案。网络营销策划方案必须具有可操作性，否则将毫无价值。

4. 协同性原则。网络营销策划应该是各种营销手段的综合应用，而不是单一手段的应用。例如论坛博客、社区、网络媒体等资源要协同应用才能真正达到网络营销的

拓展知识：
六流

效果。

四、网络营销策划的策略

1. 网络品牌策略。网络营销的重要任务之一就是在互联网上建立并推广企业品牌,知名企业的线下品牌可以在线上得到延伸。网络品牌建设以企业网站建设为基础,通过一系列的推广措施,力求客户和公众对企业有一定的认知和认可。在一定程度上,网络品牌的价值甚至高于企业通过网络获得的直接收益。

2. 网站策略。中小企业的网站建立后应由专人进行维护,并注意宣传。

> **学而思**
>
> 农产品网络品牌策划有哪些注意事项?

3. 产品策略。中小企业要使用网络营销方法,就必须准确定位自己的产品,明确哪些是网络上客户会选择的产品。

4. 价格策略。价格策略是最为复杂的问题之一。网络营销价格策略是成本与价格的直接对话。中小企业如果想在价格上取得优势,应注重强调自己产品的性价比,以及在与同行业竞争对手的比较中显现自身产品的优势,根据不同的营销目标和阶段制定不同的价格。

5. 促销策略。营销的根本目的是为促进销售提供帮助,网络营销也不例外,大部分网络营销方法与直接或间接促进销售有关,但促进销售并不仅限于促进线上销售。

6. 渠道策略。网络营销的渠道应该本着为客户提供方便的原则设置。为了吸引客户购买,企业应该及时在网站上发布促销信息、新产品信息、企业动态。为了方便客户购买,企业还需提供多种支付方式,让客户有多种选择。企业在建设网站时,应该设立网络店铺增加客户购买的渠道。

7. 客户服务策略。网络营销与传统营销的不同在于前者具有独特的互动方式。

步骤2:撰写网络营销策划方案

想一想

撰写网络营销策划方案应具备哪些技能,掌握哪些工具?

做一做

一、网络营销策划方案框架梳理

如何有效地梳理方案,使策划方案的整体结构完整,逻辑清晰?这里我们采用思维导图进行策划方案框架的梳理。

(一)了解思维导图

思维导图(The Mind Map),又名心智导图,是表达发散性思维的有效图形思维工具。它既简单又很高效,是一种实用性的思维工具。思维导图是一种图像式思维的工具,能够有效地表达发散性思维。它使用一个中央关键词以辐射线形式连接所有的关联项目,是一种将放射性思维具体化的方法。

(二)使用思维导图梳理策划方案

1. 打开思维导图软件,右击选择逻辑导图类型,设计网络营销策划方案框架,如

图 5-1 所示。

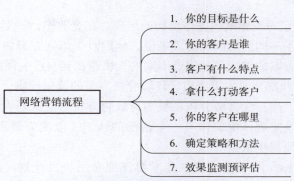

图 5-1　网络营销策划方案框架

2. 根据框架的每个步骤将问题的答案进行一一确定，构建出每个步骤的二级内容，具体如下：

（1）你的目标是什么。可以选择销售型目标、服务型目标、品牌型目标和提升型目标中的一种作为单一目标，也可以选择两种及两种以上构成混合型目标。

（2）你的客户是谁。对于营销项目，想要完成既定的目标，首先必须知道这个产品、服务的客户是谁，要把产品、服务推广给谁，即目标客户是谁。

（3）客户有什么特点。根据确定的目标客户，找到他们的特征和需求，即构建客户画像。客户画像的两类关键数据为信息数据和行为数据，通过数据找到需求。

（4）拿什么打动客户。策划人员要做的工作是找出能够打动客户的卖点，这个卖点并不仅限于产品本身，可以是能够迎合客户需求的卖点，可以是品牌、口碑、服务、成功案例等。

（5）你的客户在哪里。客户都聚集在什么地方？在哪里能够找到这些客户？要回答这些问题，就要结合客户特点和需求进行分析。

（6）确定策略和方法。根据前五步的内容，制订具体的网络营销策略和方法。具体的策略和方法可以从多个角度进行思考，如渠道、竞争对手、客户或常规的口碑品牌等。

（7）效果监控与评测。在网络营销策划阶段就应该制订相应的管理办法，这样才能有效、准确地进行效果监控与评测。效果监控与评测主要包括：建立合理目标；监控营销数据；计算客户价值；计算渠道成本；营销渠道优化。

二、网络营销策划方案的结构

网络营销策划方案是企业网络营销项目顺利运营的前提和保障，也是规范企业网络营销管理的重要支撑。鉴于网络营销策划方案对于企业经营和营销管理的重要性，策划人员更应注重网络营销策划方案的写作。要完成这项工作，策划人员要明确网络营销策划方案的结构。

1. 封面。封面需要包含策划方案的名称、策划方案服务的客户、策划部门或策划人员的名字、策划完成日期及策划适用时间段等信息。

2. 前言。前言也称摘要，用总体概括整篇方案的主旨内容或中心思想。通常情况下策划人员可以从策划的宗旨和目标、策划的由来,策划的指导思想、理论依据等方面来撰写。

3. 目录。目录是对策方案的整体结构的展现。在企业中,一套营销策划方案涉及企业多个部门,对于不同部门的负责人来说,他们对于策划方案内容的关注重点也不同,好的营销策划方案能够让关注重点不同的人快速找到自己关注的内容。

4. 环境分析。此部分要先围绕市场环境分析当前的营销环境,包括当前的市场状况及市场前景分析、项目优劣势分析、机会与威胁分析等。策划人员对同类产品的市场状况、竞争状况及宏观环境要求有一个清醒的认识,以便为制定相应的营销策略、采取正确的营销手段提供依据。

5. 制定营销目标。网络营销策划方案要详细介绍项目计划,包括项目的总体目标、阶段性目标与任务以及各目标的评估标准。制定营销目标首先要进行市场细分与目标市场选择,以保证制定的目标切合实际。项目的总体目标是长期的、宏观的、概念性的、比较抽象的描述,可以分解成一系列具体的、可衡量的、可实现的、带有明确标记的阶段性目标。

6. 确定盈利模式与网站构架。盈利模式是企业在市场竞争中逐步形成的特有的商务结构及对应的业务结构。网站构架是指在分析客户需求后,准确定位网站目标客户群体,确定营销目标,设定网站的整体构架、规划,设计网站栏目及其内容,制定网站开发流程及顺序,最大限度地进行高效的资源分配与管理设计,网络营销策划方案网站构架示例如图5-2所示。

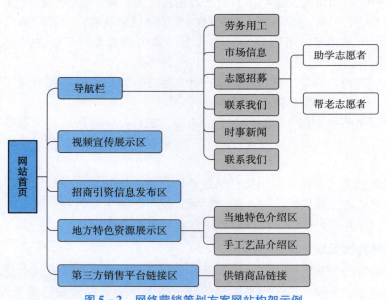

图5-2 网络营销策划方案网站构架示例

7. 营销策略及推广方式。为了实现营销目标,策划人员需要结合营销活动实现这些目标。选择推广方式时,要特别注意推广方式的特点及推广方式对项目的适用性。

8. 项目组织架构。明确团队管理架构,指明项目总负责人、财务负责人及其他各分项目的负责人。

9. 财务预算。叙述和分析预算表中的各项数据、总成本与各项分成本（包括人员设备和网络等费用），要明确地写出所需的经费总额。网络营销策划方案财务预算示例如图5-3所示。

八、财务分析

8.1 支出分析

8.1.1 网站建设初期的资金配置表

项目	所需资金/万元	备注
购置硬件资金	5	办公电脑及服务器的购买等
宣传费用	3	线上宣传和线下宣传所需的相关费用
场地租赁费用	4	工作室、仓库场地租赁
其他费用	3	办公用品、资料费、交通费、应酬费等
流动资金	7	用于公司的日常运作所需的资金
信息采集费用	5.3	实地考察所需的费用资金
合计	27.3	

表8-1：资金配置

8.1.2 工作人员开支

注释：我们初期共有1名团队主管，1名顾问及5名员工，人员分配如下表所示：

所需工作人员	所需资金（月薪×12）/元
团队主管	8 000×12
顾问	5 000×12
一般员工	3 500×12
合计	19.8万

表8-2：工作人员开支

图5-3 网络营销策划方案财务预算示例

10. 风险控制与可行性分析。任何项目都是机遇与风险共存的。项目的成功与否关键在于能否抓住机遇的同时还能控制风险，使项目在经济上、环境上及技术上都具有可行性。

11. 附件。附件对网络营销策划方案起到重要的支持作用。一般因篇幅太长而不适合放到方案正文中的文件，如调查问卷、支持文献、数据报告等，可以放到附件中。

三、网络营销策划方案撰写技巧

如果想高质量完成一份出色的网络营销策划方案，仅掌握其结构是不够的，还要掌握方案撰写的一些技巧。网络营销策划方案的撰写技巧归纳如下：

1. 结构完整、层次清晰。对于熟悉网络营销的人来说，网络营销策划方案的结构可以概括为环境分析、目标制订和执行落实等三大部分。一份结构完整、层次清晰的策划方案可以帮助策划人员在整体上对网络营销策划方案进行把握，使策划人员思路清晰，从而使策划人员更有效地开展策划工作。

2. 主线明确、战略统领。围绕一条主线展开分析。如企业欲推广电子商务平台，发展初期以提高电子商务平台访问量为主要目标，整个网络营销策划方案以此为核心，辅以搜索引擎优化及增强客户黏性等方法，使电子商务平台以最快的速度被客户了解和使用。

为了更好地运用这一技巧，策划人员可以在策划方案中使用一些重点符号、特殊的版式、不同的字体或字号，强调突出策划方案的主线内容，利于执行人员准确把握策划主线。

3. 图表丰富、分析深入。在网络营销策划方案中使用图表进行分析，不仅可以使策划方案看上去更简明、真实，还能让客户关注图表的数据内容，增加策划方案的深度、可读性和真实性。

素养园地：

拓展知识：
Power BI

格局——你有多少颗"心"？

曾经，有一个孩子问自己的父亲："要想成为一个成功的人，要做些什么？"这个父亲跟孩子说："要用心做事！你有多少颗心，就能做多大的事！你数一数，你有多少颗心啊？"心？和心有关的词有哪些呢？这个孩子掰着手指数："信心、决心、用心、专心、恒心、耐心、爱心、诚心……"他一连数了20多颗心，连手指都不够用了，然后问道："人真的有那么多颗心吗？"父亲答道："当然有！你要时常数一数，你有多少颗心！如果越来越多，你就离成功越来越近了。"

从此，这个孩子，总是不时地问自己：已经做到了哪些"心"，没有做到哪些"心"，还有哪些"心"可以做得更好？最终，他成为世界第一大汽车玻璃供应商，登顶有企业界奥斯卡之称的"安永全球企业家大奖"，是首位华人获得者！那这个数"心"的孩子，究竟是谁呢？

他就是福耀玻璃集团创始人曹德旺。

小时候，因为家里穷，曹德旺一天只能吃两顿饭。而那两顿饭，也只是些汤汤水水，难顶饥饿。饿得受不了，就会忍不住叫。这个时候，他的母亲就会带他吹口琴、唱歌、玩游戏，转移他的注意力。然后，对他说："千万不要跟人家讲，你只吃两顿饭。让人知道了，会看不起你。出门时，要把胸挺起来，要对人微笑，不要说肚子饿！要有骨气、有志气！穷不可怕，最怕的是没有志气！做人最重要的是人格的完整，最需要的是取得他人的信任！"

一个人，出国要维护国家的国格，做人要维护自己的人格。要想真正成功，你做出的行为、显示的格局、展现出的形象，都非常关键。它的背后，代表着你是不是用心、有没有信心、能不能诚心，以及你到底有多少颗心！

任务总结：

完成本次任务，了解网络营销活动的目标、原则及策略；熟悉网络营销活动策划方案框架；熟练撰写网络营销活动策划方案；根据白鹿观项目撰写网络营销活动方案。

能力训练 5-2：

撰写白鹿观村项目网络营销活动方案

实训计划活页			___年___月___日	
实训名称	白鹿观村项目网络营销活动策划	团队名称		
实训目的	1. 了解网络营销活动目标、原则及策略 2. 熟悉网络营销活动策划方案 3. 熟练撰写网络营销活动策划方案 4. 根据项目进行网络营销活动策划方案撰写	任务准备	了解白鹿观村乡村振兴项目，根据项目特点进行网络营销模式分析	
素养目标	团队协作、成本意识			
实训任务	1. 搜索各类营销活动策划方案 2. 分析各类营销活动方案的主题、目标 3. 分析项目自身特点，确定营销活动主题 4. 完成白鹿观村项目网络营销活动方案的撰写			
实训评价标准	1. PPT 的美观程度、布局、展示方式（20 分） 2. 内容的完整程度（30 分） 3. 团队协作、成本意识（20 分） 4. 网络营销活动方案的合理性（30 分）			
实训评价	对内自评		小组互评	老师评价

白鹿观村项目营销活动策划方案

任务3　实施网络营销策划方案

任务描述：

根据该村现状及产业情况及项目要求，结合不同节日和活动特点，进行网络营销活动方案的实施，撰写活动方案实施细节。

任务分析：

1. 掌握网络营销策划方案的实施步骤。
2. 分析并解决网络营销策划方案常见的问题。
3. 以小组为单位讨论策划方案的人员分工和行动方案。

任务实施：

实施网络营销策划方案

活页式教学设计及反馈表			
授课对象 姓名 学号		本任务课时数	2
教学环境	实训室	实操任务数	1
任务内容			
教学内容	本任务根据前面撰写的网络营销策划方案进行方案实施，在实施之前首先分析可能遇到的一些问题，并进行问题方案的设定，同时掌握问题的处理方式方法，最后达到网络营销策划活动的效果		
实践内容	1. 撰写网络营销策划方案的实施步骤 2. 分析实施过程中常见的问题 3. 制定策划方案的人员分工和行动方案		
课前准备			
导入案例	×网网络营销实施方案		
技能基础	1. 策划方案的撰写 2. 活动策划方案中的几个步骤要点 3. 团队管理、分工 4. 回顾如何制作 PPT		
学习准备	以小组为单位进行课前分析		
学习重难点			
学习重点	1. 分析活动主题及目标 2. 进行活动方案的落实，团队人员分工 3. 制作 PPT		
学习难点	1. 预测并规避活动中遇到的一些问题 2. 根据活动方案进行人员分工		

学习笔记

课堂与课后	
点亮课堂表现 自评星级	☆☆☆☆☆
课后疑问记录	

续表

导入案例：

×网网络营销实施方案

×网是一家作为商家与百姓之间的桥梁，更好地为商家服务、更好地给百姓带来实惠的网站。所以×网更加需要将自己的品牌深入百姓心中，形成强大的品牌效应，让百姓与商家互惠互利，达到共赢。

一、活动目的

将全民"×网"品牌推广进入哈尔滨市，让百姓更加了解×网，通过×网线上、线下进行兑换或者折现，进而映射到哈尔滨全市，在全市范围内提高知名度。

二、活动名称

全民×网以及特约商户的品牌推广。

三、活动时间

10月1日–10月3日（可根据变化而变动，如场地等因素限制）

四、活动地点

凯德广场（埃德店）

五、主办单位

由×网哈尔滨运营中心主办，各商户协办。

六、主要对象

主要针对有×卡的消费者。

七、活动形式

在活动现场展示、兑换实体商品，并由公司相关负责人员进行产品的展示以及对×网功能的解说，现场分发展示册，前后张贴海报、易拉宝，并做相关意见调查反馈等。

八、活动分工

活动前：1. 市场部约谈相关冠名商家。2. 活动开始前一周，市场部组织下发传单，以确保宣传的时效性。传单中介绍大概的活动时间与内容。分发地点在各个合作商家附近，目的是让消费者拿到更多的×卡。3. 在各大论坛、贴吧、微信，发表相关的宣传信息。4. 由组织人员联系会场、会场设备、购买产品、布置会场、准备意见调查反馈表。5. 预计好活动中可能出现的问题，做好准备工作和解决方案。

活动中：1. 工作人员配合布置会场，包括搭帐篷，桌椅、产品摆放，音响、麦克调试，准备展示册以及相关表格、文件。2. 发放展示册人员应对×网相关功能详尽解说，使消费者清楚了解、认同×网模式的价值，组织人员维持现场人员秩序，记录产品兑换的品种、数量，兑换人信息、意见调查反馈、回收等面值×卡，及时做好剩余产品盘点。

活动后：1. 市场部负责清理现场卫生，回收工作用具。2. 统计产品兑换的品种、数量，兑换人信息、意见调查反馈、回收等面值×卡，盘点剩余产品。3. 整编意见调查反馈，并对意见进行总结、分析、解决。

九、成本核算

场地费用：商场正门门口×米，×元；×元×卡置换（实际费用×元）

设备：四角架子、桌椅、音响等共计×元

司仪：×元

派单员×名，活动期间工资×元，活动前宣传工资×元

海报传单画册×元

（资料来源：百度文库）

导入案例	
小组讨论问题：企业活动策划方案的实施步骤分为哪些？在活动如何进行分工？	讨论草稿区：

步骤1：熟悉网络营销策划方案实施步骤

想一想

网络营销策划方案如何实施，实施步骤及应注意的事项有哪些？

做一做

网络营销方案的实施是指企业为确保营销目标的实现，将网络营销战略和计划转化为具体的营销活动的过程。营销策划方案解决企业"应该做什么"和"为什么这样做"的问题，而网络营销方案实施则要解决企业"什么人在什么地方、什么时候、怎么做"的问题。网络营销策划方案必须得到有效实施才能体现其价值。在实施过程中，企业可按照实际情况对方案的内容进行部分调整。

一、网络营销方案的实施步骤

1. 制定行动方案。为了有效地实施网络营销策划方案，必须制定详细的行动方案。这个方案应该明确网络营销策略实施的关键性决策和任务，并将执行这些决策和任务的责任落实到个人或小组。另外，方案还应包含具体的时间表，确定行动的确切时间。

2. 建立正式组织。企业的正式组织在网络营销执行过程中起决定性的作用，组织将战略实施的任务分配给具体的部门和人员，规定明确的职权界限和信息沟通渠道，协调企业内部的各项决策和行动。实施不同战略的企业，需要建立不同的组织。

3. 设计决策和报酬制度。为了实施网络营销策划方案，还必须设计相应的决策和报酬制度。这些制度直接关系到方案实施的成败。

4. 进行人力资源开发。网络营销策划方案最终是由企业内部的工作人员执行的，所以人力资源的开发至关重要，这涉及人员的考核、选拔、安置、培训和激励等问题。

5. 建设企业文化。企业文化是指企业内部全体人员共同持有和遵循的价值标准、基本信念和行为准则。企业文化对企业经营思想和领导风格，对职工的工作态度和作风均起到决定性的作用。这些标准和信念通过模范人物得以体现，通过正式或非正式的组织加以树立、强化和传播。

二、方案实施常见问题分析

1. 计划脱离实际。企业的网络营销战略和网络营销策划方案通常是由专业策划人员制定的，而执行则要依靠网络营销管理人员，这两类人员之间往往缺少必要的沟通和协调，容易出现下列问题：

（1）企业的专业策划人员只考虑总体战略而忽视执行中的细节，结果使网络营销策划方案过于笼统和流于形式。

（2）专业策划人员不了解执行过程中的具体问题，所制定的方案脱离实际。

（3）专业策划人员和网络营销管理人员之间没有充分的交流和沟通，致使网络营销管理人员在执行过程中经常遇到困难，因为他们并不完全理解需要执行的战略。

2. 长期目标和短期目标相矛盾。

3. 因循守旧的惰性。新旧网络营销策划方案的差异越大，执行新网络营销策划方案遇到的阻力可能就越大。要想执行与旧网络营销策划方案截然不同的新网络营销策划方案，常常需要打破企业传统的组织机构。

4. 缺乏具体明确的执行方案。有些网络营销策划方案之所以失败，是因为专业策划人员没有制定明确且可以具体执行的方案。

> **学而思**
> 京东、阿里巴巴的企业文化是什么？

> **学而思**
> 你的短、中、长期目标分别是什么？

素养园地：

传统美德——诚信

"诚信"较早出现于《礼记·祭统》，是"故贤者之祭也，致其诚信，与其忠敬"。"诚信"是中华传统道德规范中的重要范畴，是日常行为的诚实和正式交流的信用的统称。"诚信"一般指两个方面：一是指为人处事真诚老实，讲信用，尊重事实，实事求是；二是指信守诺言，一诺千金。

任务总结：

　　完成本次任务，掌握网络营销策划方案实施的步骤以及在实施过程中遇到的常规问题，期望在实施网络营销策划方案的过程中能够避免，使网络营销策划方案得以有效实施。

能力训练 5-3：

白鹿观村项目网络营销行动方案

实训计划活页				___年___月___日
实训名称	白鹿观村项目网络营销行动方案		团队名称	
实训目的	1. 了解网络营销策划方案的实施步骤 2. 掌握网络营销策划方案常见问题 3. 撰写网营销策划方案的具体行动方案		任务准备	根据策划方案撰写行动方案
素养目标	求真务实，团队协作			
实训任务	1. 根据网络营销活动策划方案撰写活动行动方案 2. 根据活动策划方案提前预测常见的一些问题并提出解决方法 3. 完成白鹿观村项目的一次活动策划方案的行动方案的撰写并进行活动实施			
实训评价标准	1. 行动方案的落实情况（30分） 2. 方案的可行性分析（30分） 3. 求真务实、团队协作方面的表现（20分） 4. 行动方案落实情况（20分）			
实训评价		对内自评	小组互评	老师评价

白鹿观村项目营销行动方案

任务 4　网络营销策划方案的实施效果评估

任务描述：

根据该项目要求，针对不同的节日策划不同的活动。对策划活动实施情况进行监测、效果评估，明确后期如何调整，撰写评估及改进报告。

任务分析：

1. 掌握效果评估的常用指标和主要指标。
2. 了解线下效果评测的重要性。
3. 以小组为单位讨论策划方案改进措施。

任务实施：

效果评估网络营销活动策划方案实施

活页式教学设计及反馈表				
授课对象 姓名 学号		本任务课时数		2
教学环境	实训室	实操任务数		1
任务内容				
教学内容	本任务根据前面网络营销活动方案的实施情况进行效果评估，理解进行网络营销效果评估的目的，掌握网络营销的评估指标及网络营销优化的内容			
实践内容	1. 分析网络营销活动效果的常见指标和主要指标 2. 评价网络营销活动的实施效果 3. 根据评价结果进行内容优化			
课前准备				
导入案例	钻石小鸟网络营销方案			
技能基础	1. 掌握评价指标 2. 针对活动方案，利用评价指标进行正确的数据分析 3. 团队协作精神、分析解决问题的能力 4. 撰写网络营销策划方案			
学习准备	以小组为单位进行课前分析			
学习重难点				
学习重点	1. 分析网络营销活动的各项评价指标 2. 根据评价指标分析的结果进行方案优化 3. 撰写优化内容			

项目五　网络营销策划方案及效果评估

续表

学习难点	1. 根据评价指标进行数据分析 2. 通过数据分析给出优化方案
课堂与课后	
点亮课堂表现 自评星级	☆☆☆☆☆
课后疑问记录	

导入案例：

钻石小鸟网络营销方案

钻石小鸟是国内知名珠宝品牌，中国婚戒首选品牌。公司总部位于上海，有一个以品牌命名的官方网站，通过网络可以销售并定制产品。线下拥有 12 家体验中心供消费者体验，且每一家体验中心都有一家自己的淘宝店，是国内最早从事网络钻石销售的专业珠宝品牌，一直致力于引领全新钻石消费潮流，成为中国网络钻石销售领先品牌。钻石小鸟作为中国网络销售钻石的翘楚，创造了"线上定制+线下体验"的全新体验式购物模式，使在网上销售奢侈品从不可能变为可能，为类似于钻石这样的奢侈品的网上销售开启了一个新的时代。但是，随着整个行业的发展，九钻网、珂兰网、BLOVES 等网络 B2C 钻石品牌都在走"鼠标+水泥"的路线，此时，整个行业面临着新的机遇和挑战。基于上述考虑，钻石小鸟拟计划对现有的公司网站、网络销售渠道进行全方位的效果评估，从而制定全新的网络营销方案。然而具体应该从哪些角度、建立哪些指标来评估公司现有的状况，是钻石小鸟公司面临的当务之急。

导入案例	
小组讨论问题：网络营销评估都有哪评价指标，从哪些角度进行评价？	讨论草稿区：

步骤1：认识网络营销效果评估

想一想

什么是网络营销评价？

做一做

一、认识网络营销效果评估

网络营销效果评估就是对各种网络营销活动进行及时跟踪控制，以保证各种网络营销方法可以达到预期的效果，同时对网络营销方案的正确性和网络营销人员的工作成效进行检验。网络营销效果评估非常重要，企业应重视起来。

因此，应该综合评估网络营销的总体效果，即评估各种效果的综合，如企业品牌提升、客户关系和客户服务、销售促进等方面，而不仅仅局限于销售额等个别指标，网络营销的根本目的在于企业整体效益的最大化。

二、网站访问统计常用指标类型

1. 网站流量统计指标。网站流量（Traffic）是指网站的访问量，是用来描述访问一个网站的用户数量以及用户所浏览的网页数量等的指标。常用的网站流量统计指标包括网站独立访问者数量、总访问者数量（含重复访问者）、页面浏览数、每个访问者的页面浏览数、用户在网站的平均停留时间等。

独立访问者数量（UV）是指在一定时期内访问网站的人数，每一个固定的访问者代表一个用户。每个访问者的页面浏览数（PV）是指在一定时间内全部页面浏览数与所有访问者数相除的平均数。

2. 用户行为指标。用户行为指标主要反映用户是如何来到网站的、在网站上停留了多长时间、访问了哪些页面等，主要的统计指标包括用户在网站的停留时间、网站跳出率、用户来源网站（引导网站）、用户所使用的搜索引擎及其关键词、在不同时段的用户访问量情况等。

3. 用户浏览网站的方式。用户浏览网站的方式主要是指用户的来源及其使用的相关设备，主要的统计指标包括用户所在地理区域分布状况、用户的上网设备类型、用户浏览器的名称和版本、访问者计算机的分辨率显示模式、用户所使用的操作系统名称和版本等。

除了要分析自己网站的访问情况外，专业的网站访问分析还应该包括对竞争者网站的分析评估等内容。

步骤2：分析网络营销评估指数

想一想

网络营销评估指数有哪些？

做一做

一、页面浏览数分析

网站流量统计分析报告中给出的网站的页面浏览数，一般是指一个统计时期内的网页浏览总数，以及每天平均网页浏览数。这个数字表明了网站的访问量情况，可以用作网站推广运营效果的评估指标之一。

页面浏览数对网络营销的效果评估主要体现在以下四个方面：

1. 分析页面浏览数的历史数据与网站发展阶段的相关性。可以对3个月以来网站每天的页面浏览数进行分析，从中找出网站流量的发展趋势，并将这些数据与网站所处阶段的特点结合起来分析。

2. 分析页面浏览数变化周期。当网站运营一段时间之后，网站会处于相对稳定阶段，此期间网站访问量会呈现一定的周期性变化规律，掌握了这些规律后，就可以充分利用户的访问特点,在访问高峰到来之前推出最新的内容,尽可能提高网站信息传递的效果。

3. 分析单个访问者的页面浏览数的变化趋势,判断网站访问量的实际增长量。用户页面浏览数的变化,反映了用户从网站获取信息的数据。

4. 利用各个栏目(频道)页面浏览数的比例,分析网站的重要信息是否被用户所关注。

二、独立访问者数量分析

独立访问者数量有时也称为独立用户数量,是网站流量统计分析中另一个重要的数据,它与网页浏览数分析之间有着密切关系。独立访问者越多,说明网站推广越有成效,也意味着网络营销的效果卓有成效,因此,它是最有说服力的评估指标之一。相对于页面浏览数指标,独立访问者数量更能体现出网站推广的效果。

通常是按照访问者的独立 IP 来进行统计的,实际与真正的独立用户存在差别。因此,企业可采用更精确的方式来记录独立访问者数量,如用户网卡的物理地址等多种方式综合应用。尽管独立的 IP 数量与真正的用户数量之间可能存在一定差别,但在实际统计中,仍然倾向于采用 IP 数量统计。

三、用户来源分析

网站用户来源统计信息为网络营销人员从不同角度分析网站运营的效果提供了方便。例如,它可以分析常用的网站推广手段带来的访问量。

用户来到一个网站的方式通常用两种:一是在浏览器地址栏中直接输入网址或者点击收藏夹中的网站链接;二是通过别的网站引导而来,即来源于其他网站。用户来源网站,也称为引导网站或推荐网站。许多网站统计分析系统都提供了用户来源网站统计的功能,这对于网站推广分析具有重要意义。

四、搜索引擎和关键词分析

通过网站流量统计数据,企业可以对用户使用的搜索引擎及关键词进行统计分析,具体指标包括各个搜索引擎重要程度的统计、关键词使用情况的统计、最重要的搜索引擎分析、最重要的关键词分析、分散关键词的分析、搜索引擎带来的访问量占网站总访问量的百分比。

总之,网站流量统计分析非常重要,尤其是其中的搜索引擎关键词分析,对于制定和改进网站的搜索引擎推广策略至关重要。

步骤3:优化网络营销效果

想一想

如何优化网络营销策划效果?

做一做

网络营销效果优化主要是指在对网络流量统计数据、点击率、转化率等数据进行分析并正确评估的基础上,对原有的网络营销策略进行调整、优化的行为。

一、访客流量的分析及优化

1. 根据网站每天的访客流量高峰及低谷，优化客服人员安排、商品上下架时间、广告投放时段等。例如：商家通过访客流量分析发现流量的高峰期在13：00—16：00及20：00—23：00，流量的低谷期在凌晨3：00—5：00，针对网站每天的访客流量高峰及低谷的变化规律，对该网站进行如下的调整和优化：

（1）客服人员安排。4：00左右可以休息，14：00、22：00要适当增减客服人员。

（2）重要商品的上下架时间要错开高流量的14：00和22：00时间段，上架时间提前1小时左右。

（3）在推广预算有限的情况，公司如果参加百度竞价或淘宝直通车，应尽量多安排在14：00和22：00流量高峰期。

2. 根据网站的月访客数及转化率变化情况，优化上架商品种类、商品关键词设置等内容。例如，某店铺的访客数快速增加，而转化率呈快速下降的趋势，说明店铺的上架商品选择、商品关键词设置等出现了问题，客服人员应该及时进行调整和优化，具体操作可从以下几方面着手：

（1）商品方面，选择应季、时尚、款式好、性价比高的商品，并且每类商品只推广1~2款，其他商品适当做关联销售。

（2）商品的关键词设置应精准，尽量与推广商品的目标客户搜索习惯及需求相一致。

（3）商品图片一定要清晰、美观、大气，商品描述一定要图文并茂，以提高商品的转化率。

（4）客户对所购商品的评价尽量避免中差评。假如客户给了中差评，客服人员应尽量与客户沟通交流，让客户修改中差评。即使最后客户给了中差评，客服人员也应该给出一个合乎情理的解释与回复，防止不良信息发酵并持续扩散。

二、访客来源的分析及优化

通过分析某网站的访问来源图发现：最重要的客户区域为山东、湖南、浙江、福建；次重要的客户区域为河南、四川、吉林、辽宁、江西、安慰、广东等。针对这种状况，应对公司的网络营销策略进行相应的调整。

1. 对于访客比较集中的山东、湖南、浙江、福建等区域，可以单独针对此区域的客户实施一些优惠促销活动，如包邮等，以提高转化率；也可以实施区域定向的百度竞价（或淘宝直通车）推广计划。

2. 注意维护好与这些区域老客户的关系，定期发送一些促销打折信息给这些老客户。

3. 对于访客稀少的区域，要认真研究为什么会缺少流量。如果是地域原本人烟稀少，就要进行调整，例如查看运费设计是否合理等。另外，在网站（网店）测试阶段，还可以做包邮尝试，通过开展促销活动增减访问流量；如果确实无力量，可以暂时放弃该区域。

三、访客关键词的分析及优化

通过某淘宝店铺的访客关键词分析图发现，某关键词相对其他的关键词的展现量较高，点击量少，点击率低，针对此情况，店家就应该采取相应的优化策略来改变这种情况。

  1. 优化主题图片。主图要清晰、突出特点；图片文案突出卖点；图片要有创意，要适当制造购买紧迫感。

  2. 优化关键词标题。使标题更具吸引力，如特价包邮、打折促销等。

  3. 优选推广产品。推广商品应选择性价比较高的商品，从而使推广商品的价格更有吸引力。

  4. 优化关键词。关键词的设计要最大限度与商品目标客户的搜索习惯及需求相一致。

四、访客行为的分析及优化

优化的措施如下：

1. 注意维护好与老客户的关系，定期给他们发送一些打折促销或新商品信息。
2. 注意店铺商品的更显换代，多方面满足老客户的需求。
3. 店铺的装修风格应保持稳定，避免老客户对新风格的反感。

  总之，网络营销效果评估与优化是一项复杂而又非常重要的系统工程。随着电子商务的飞速发展，网络营销必然会受到越来越多专业人士的青睐，评估与优化的手段也会不断创新与发展。可以预见，在不久的将来，会有越来越多的有识之士耕耘在中国互联网的这片沃土上，在辛勤探索与不断创新中成就其网络时代的追求与梦想。

素养园地：

传统美德——慎独

  "慎独"可以从以下几个方面着手实施，首先，慎独要做到"慎心"，即诚其意，正其心，在各种物与欲的利诱惑面前，靠"心"把持住自己，做到吾心有主，不为所动。其次，慎独要做到"慎始"，做任何事从头开始就要十分谨慎，如果开始时就不谨慎，就无法保证有好的结局。再次，慎独要做到"慎终"，"慎终如始，则无败事"。意思是说，当事情临近结束时，也要像刚开始一样慎重、认真地对待。此外，慎独还需用礼来约束自己，就不会离经叛道。防止离经叛道要做到"非礼勿视，非礼勿听，非礼勿言，非礼勿动。"

任务总结：

  完成本次任务，掌握网络营销策划方案的评估指标，如何优化方案，通过掌握把知识融入策划方案中，不断改进策略方案，以达到更好的效果。

学习笔记

能力训练 5-4：

白鹿观村项目网络营销优化方案

实训计划活页			___年___月___日
实训名称	白鹿观村项目网络营销优化方案	团队名称	
实训目的	1. 了解网络营销策划方案的优化步骤 2. 掌握网络营销策划方案优化的方法及指数 3. 撰写网营销策划方案的优化方案	任务准备	根据策划方案评估结果进行优化
素养目标	全局意识、实事求是		
实训任务	1. 根据网络营销活动策划方案的评估效果进行优化 2. 根据活动策划方案撰写优化方案 3. 完成白鹿观村项目活动策划方案进行优化		
实训评价标准	1. 方案的优化情况（30 分） 2. 优化方案的实施情况（30 分） 3. 全局意识、实事求是精神的体现情况（20 分） 4. 优化方案落实情况（20 分）		
实训评价	对内自评	小组互评	老师评价

白鹿观村项目网络营销活动优化方案

任务 5　撰写创业策划方案

任务描述：

根据项目要求，可以依据自己对市场的了解，撰写一份创业策划方案。

任务分析：

1. 了解创业的相关知识。
2. 熟悉创业策划方案的框架及内容。
3. 掌握创业策划方案及路演 PPT 的制作。

任务实施：

创业策划方案的撰写

活页式教学设计及反馈表			
授课对象 姓名 学号		本任务课时数	2
教学环境	实训室	实操任务数	1
任务内容			
教学内容	本任务根据前面对白鹿观项目的了解，以及对市场的分析，将其作为一个创业项目，撰写创业策划方案。介绍创业的相关概念及相关知识，创业策划方案的框架，撰写创业策划方案，制作路演 PPT		
实践内容	1. 分析市场需求，确定目标客户 2. 分析商业模式、营销模式 3. 根据分析结果撰写创业商业计划书和制作路演 PPT		
课前准备			
导入案例	农产品电商成就农村创业之梦		
技能基础	1. 掌握 PPT 的制作 2. 熟悉 Word 的排版 3. 团队协作，分析解决问题的能力 4. 商业计划书的写作方法		
学习准备	以小组为单位进行课前分析		
学习重难点			
学习重点	1. 挖掘市场需求 2. 掌握商业模式、营销模式和盈利模式等区别 3. 撰写商业计划书		

续表

学习难点	1. 确定商业模式，营销模式 2. 撰写完整的商业计划书
课堂与课后	
点亮课堂表现 自评星级	☆☆☆☆☆
课后疑问记录	

导入案例：

农产品电商成就农村创业之梦

密云区是北京市重要水源地之一，具有得天独厚的环境优势。优质农产品资源丰富，但受到交通不便、观念落后及销售渠道等因素制约，因此优质的产品没能实现应有的价值。

孔博2008年毕业于北京理工大学，毕业后就职于一家外企投资咨询公司，在解决一个又一个产业规划方案的同时，一直在思考在消费升级的背景下如何能通过新渠道和新模式解决家乡农产品优质优价的问题。2012年孔博回到家乡北京市密云区河南寨镇中庄村创办了农产品销售电商企业"密农人家"。该企业依托密云区的优质农产品资源，通过互联网渠道进行农产品的推广和销售，实现了"互联网+农业"的完美结合，为密云区的农产品插上了腾飞的翅膀，同时也实现了自己农村创业之梦。目前密农人家拥有职工50多人，吸引了26名大学生回乡创业。

孔博与当地50多家合作社签约种植生产，通过密农人家电商平台在天猫、淘宝、京东、微信等渠道全年稳定供应140余种优质农产品的销售，聚焦北京城区中高端市场，辐射津冀、江浙沪等省份。其中淘宝店铺2013—2015年连续三年位居淘宝网蔬菜类目首位，2015年销售额突破1 000万元，带动了2 000余农户种植转型，用大数据支持生产，早上采摘，当日送达，在网络市场上塑造了密云区农产品"优质、新鲜、放心"的品牌形象。2016年预计实现销售收入2 800万元，目前每天有近10 000斤的农产品通过密农人家配送到京津冀甚至更远的城市。经过四年的努力，密农人家荣获北京市农业信息化龙头企业，北京市农业信息化示范基地等称号，2015年获团市委首都青年创新创业大赛第一名。创始人孔博荣获团中央和农业部组织的"第九届全国农村青年致富带头人"荣誉称号，获得第三十届北京青年五四奖章。公司被评为北京市农业信息化龙头企业北京市农业农村信息化示范基地。

（资料来源：中华人民共和国农业农村部 http://www.moa.gov.cn/ztzl/scdh/sbal/201609/t20160905_5265233.htm）

导入案例	
小组讨论问题：如何寻找创业机会？创新创业如何开展？	讨论草稿区：

步骤1：认识创业商业计划书

想一想

什么是创业？

做一做

随着我国"大众创业、万众创新"政策的持续推进，大学生创新创业日益受到社会各界的高度关注。在创业初期，创业者有诸多事情要做，如不及时理清工作重点，久而久之，事情越积越多，就可能束手无策。所以，创业者要做好各项工作、提高工作效率，必须要有一个合理的计划。

一、认识创新创业

创新创业是非常重要的技能，随着创新型经济不断发展，越来越多的人正在认识到有必要加强创新创业的学习。

1. 了解创新创业。创新创业，也就是利用新技术、新思想以及新方法创造新价值、新产品、新服务、新模式的过程。

2. 认识创新创业需要具备的条件。要想开展创新创业，先要具备认识市场和顾客需求，掌握创新技术和管理等知识，比如如何利用商业模式等；还要拥有自我驱动的能力，以及领导能力和一定的经济基础；最后，要具备组织内部合作能力和外部环境适应性等能力。

3. 创业动机。创业动机就是指引发和保持个体专门从事创业活动，并使活动朝向某些目标的内部动力。它就是引导和鼓励个体为同时实现创业顺利而行动的内在力量。

二、创新创业进阶知识

1. 了解创新技术。创新创业产品的营销不仅仅是运用市场营销策略，更重要的是要熟悉各种最新的创新技术，比如人工智能、大数据、生物科技等，以便帮助企业获取更多有效信息，以及更好地服务客户。

2. 熟悉创新创业项目的评估。要做好创新创业的项目评估，首先要了解企业的价值定位，分析项目的有效性，分析其商业价值，并分析其长期发展前景。

3. 锻炼团队和领导力。当企业要开展创新项目时，要把握团队的凝聚力，包括培养团队成员的领导力，以及建立规范化组织流程，有助于提高项目效率和团队凝聚力，更好地服务顾客。

拓展知识：
创业动机

三、实施创新创业

1. 搜集项目信息。首先，要制定一个具体的目标，并做到仔细地调研，搜集相关的信息。这对于战略规划和项目实施都十分重要。

2. 选择适合的商业模式。创新创业的成功主要取决于战略的把握，所以要根据自身的优势条件来进行商业模式的选择，以便更好地实现目标。

3. 项目实施。最后，要做好项目实施工作，做到及时反馈、监督督促，以便检查工作进程，共同推动企业发展。

步骤2：撰写商业计划书

想一想

什么是商业计划书？

做一做

一、商业计划书

（一）商业计划书概念

创业计划书也称为商业计划书（Business Plan，BP），是有关创业项目的文件，详细描述了创业目标，为创业提供路线图、实现步骤、时间进度安排。

（二）商业计划书的作用

1. 整理思路、凝聚共识的基础。
2. 扣响投资人大门的"敲门砖"。
3. 创业项目实施和评估的依据。

（三）创业计划书的编写过程

创业计划书的编制大体分为六个阶段：第一步，确定创业计划书编制的目的；第二步，确定计划书整体篇幅与框架结构；第三步，准备创业计划书编制素材；第四步，撰写计划书正文并制作附录文档；第五步，创业计划书内容优化并撰写执行摘要；第六步，创业计划书形式优化。

二、创业计划书的内容写作

（一）主要框架

创业计划书没有固定的格式，主要框架的确定即是创业活动各要素的选择和组织过程。创业计划书的框架有多种形式，主要有产品类创业计划书框架和服务类项目创业计划书框架，如表5-1、5-2所示。

表5-1 产品类创业计划书写作框架

	主要内容
封面	项目名称、企业名称、团队名称
执行摘要	企业概要、产业发展现状、产品类型、融资计划、财务预算

续表

	主要内容
目录	正文目录
公司情况	企业简介、历史沿革、股权结构、公司现况、发展规划等
产品	产品描述、生产技术、工艺技术、研发能力介绍、专利说明等
环境和行业分析	前景和趋势分析、竞争分析、行业和市场预测
生产计划	生产流程、机器设备、原材料供应情况
运营计划	企业运营描述、产品的订单流程说明、技术利用情况
市场营销计划	定价、分销、促销、产品预测、控制
团队与管理	创业团队成员介绍、组织架构介绍、高管学历及经历说明、管理规章制度介绍、公司的激励方案说明
风险评估	潜在风险、风险带来的后果、应对措施
财务计划	资金需求、资金使用计划、财务预测、财务分析
附录	创业团队简历、产品或产品原型的图示或照片、契约或合同、市场研究数据、专利等

表5-2 服务类项目创业计划书框架

	主要内容
封面	项目名称、企业名称、团队名称、日期等基本信息
项目摘要	企业概要、产业发展现状、商业模式、融资计划、财务预算等简介
目录	正文目录
公司情况	企业简介、历史沿革情况、股权结构、公司现况、发展规划等
服务项目	服务项目描述、市场概况、目标对象、商业模式、运营描述
市场推广	产业分析、竞争分析、营销规划、营销方案设计
团队与管理	创业团队成员介绍、组织架构介绍、高管学历及经历说明、管理规章制度介绍、公司的激励方案说明
财务计划	资金需求、资金使用计划、财务预测、财务分析
风险规避说明	潜在风险、风险带来的后果、应对措施
附录	审查报告、章程、验资证明、合同、产权等

(二) 写作要点

1. 执行摘要。执行摘要列在创业计划书的最前面，是计划书最核心的内容之一。执行摘要涵盖了创业计划书的要点，一般包括企业介绍、主要产品和业务范围、市场概貌、营销策略、销售计划、生产运作计划、管理者及其组织、财务计划、资金需求状况等内容。建议创业者在完成正文内容并优化后再撰写执行摘要。

2. 产品（服务）介绍。在进行项目评估时，投资人最关心的问题之一，就是企业的产品和服务能否解决问题以及在多大程度上解决现实生活中的问题。因此，在产品、服务介绍中应该包括以下内容：产品（服务）的概念、性能及特性、主要产品（服务）介绍、产品（服务）的市场竞争力等。在产品介绍部分，要对产品、服务进行详细的说明，说明既要准确，又要通俗易懂，使不是专业人员的投资人也能明白。

3. 人员及组织结构。高素质的创业团队、管理团队和良好的组织结构是管理好企业的重要保证，也直接影响投资人对创业项目的评估。创业计划书应该对创业团队主要人员、企业组织机构图、各部门的功能与责任等进行介绍。

4. 市场预测。在创业计划书中，市场预测应包括以下内容：市场现状、本企业产品的市场地位、竞争厂商概览、目标顾客、目标市场特征、市场需求量预测等。尤其要注意的是，市场预测不可凭空想象，对市场的错误预测是很多新创企业创业失败的最主要原因之一。新创企业对时长的预测应建立在严密、科学的市场调查基础上。

5. 营销策略。营销是企业经营中最富挑战性的环节，对很多新创企业来说，由于产品和服务知名度低，很难进入稳定的销售渠道。与此同时，受资金限制，创业项目不能无选择性地同时并用多渠道、多种营销手段。创业者必须制定出低成本、高效率的营销组合策略。

6. 经营管理。创业计划书应列明让项目运转起来的经营管理计划，主要包括创业项目产品的生产工艺（或服务流程）、产品制造和技术设备现状、新产品投产计划等。

7. 财务规划。包括资金需求、资金使用计划、财务预测、财务分析等。新创企业可以在获得目标市场信息的基础上，对企业头一年的销售规模进行规划。

8. 关键的风险与问题。对潜在风险、风险带来的后果进行预测，并预先制定相应的应对措施。

三、创业计划书的优化

根据优化对象的不同，创业计划书可以分为内容优化和形式优化两大类。

（一）内容优化

1. 篇幅结构的优化，尽量做到详略得当、突出重点、同时保护机密。
2. 语言表述的优化，做到简单明了、深入浅出、科学严谨。
3. 文字统一性优化，做到文字通达、表述统一。

（二）形式优化

1. 图表处理。尽量选用高清晰度图片，将全文图片格式设置得一致。制作表格应保持各行各列分布均匀，表格内字体统一，并按顺序依次为图表设置编号与标题，并对图表进行统一排版。

2. 排版设计。创业计划书要美观大方，应恰当使用不同的字体、字号、文字颜色、段落间距等。

3. 封面制作。创业计划书的封面应包括文字信息和图片元素两大内容。文字包含创业项目名称、企业名称、日期等。图片不仅应美化封面，更应突出创业项目的特色。

步骤3：制作创业策划方案路演PPT

想一想

PPT如何制作？

做一做

所有的路演材料中，PPT是最重要的，因为它是用于现场演示，直接和顾客见面的最生动、形象的材料。因此其内容、架构、风格、逻辑等会直接影响联营企业家对项目的喜好度与接受度，决定了项目能否打动听众、产生信任并采取行动。

一、路演PPT的结构设计

路演PPT可以按照下面七点建议来设计结构。

1. 一句话定位项目。开门见山地说清楚要做什么，可以高瞻远瞩，可以"哗众取宠"，也可以朴素动人，同时一定要引人入胜。
2. 市场分析。用数据说话，梳理一个逻辑，通过一个个小结论，最终证明一个大结论，也就是项目所想要说明的市场动向。
3. 优势和亮点。独立提出或有关联地单独提出优势和亮点，与市场分析相呼应，配合详细的演说，充分展示所有内容。
4. 团队构成及主要经历。可将团队结构图像化并配以高清照片及3个以下的重点经历，并单独列出团队经历。
5. 战略结构及发展。阐述当下的战略结构和未来的预发展战略结构，并按照时间节点，介绍发展计划以及说明业务规模发展计划、业务能力发展计划等。
6. 财务预估和融资信息。将财务结构图像化，包括股权比例图、投资回报周期图、资金分配图等。
7. 结束页面。公布联系方式，包括手机号、二维码、公司的地址和网址等；也可以加上结语，突出企业的LOGO等。

二、路演PPT的内容设计

在大多数情况下，人们对于图的记忆总是优于对文字的记忆。所以，路演者在设计路演PPT的内容时，可以用有逻辑的图形或表格、形象生动的画面、动态的视频影像来表达想传递的信息，将会更好地被观众接受。

当要呈现信息量特别大的文本材料时，路演者应该减少观众的阅读量，主要方法有两种：一是将文字浓缩，以主题来呈现；二是利用动态效果来呈现信息。例如，在2020年，我国坚决打赢脱贫攻坚战、全面迈向小康社会的收官之年，河南姜庄的"百美村宿"乡村旅游创业项目的PPT制作就体现了这样的特点，项目并没有采用文字来阐述企业名称、注册地、创始人、规模、发展过程等信息，而是直接提炼出"乡村、扶贫"等核心点，并把几个重量级的合作单位归类排列，让观众一目了然。

三、路演PPT的设计原则

设计路演PPT应该遵循以下三个原则：

1. 遵循统一性原则。包括画面风格、文字形式和排版方式的统一。
2. 遵循主题性原则。可以用颜色、图片和文字来凸显主题。如草书一般反映个性化的主题，微软雅黑一般反映商务的主题。
3. 遵循简洁性原则。在演示路演 PPT 时，多余、无关紧要的信息越少越好，尽量呈现简洁的信息。

四、路演的讲解

1. 演讲稿的准备。一份好的演讲稿，能突出创业项目重点，助力路演者充分展现创业项目的优势。在准备演讲稿时应注意：①结构清楚，逻辑清晰；②内容出彩，触动观众；③要点明确，支撑有效；④善用修辞，造势点睛。

2. 路演演讲的语言技巧。路演者可从以下四个方面入手，掌握相关的语言技巧：

（1）人称选择。使用第一人称会让演讲更加有亲切感。

（2）用词及语气选择。在路演中，如果路演者能经常使用一些比较专业的词汇，就能有效地提升个人的专业度。当然，使用专业词汇的前提是观众能够理解路演者说的是什么。同时，路演者要注意运用适合口语表达的语气。

（3）语音语调。路演者应准确把握音量，有效地控制节奏，根据现场情况及时调整语速，尤其是在演讲的后半部分，应通过激越高亢的语调将演讲推至高潮。

（4）兴奋语言。在演讲时，路演者可按照演讲内容的需要，有计划、有目的地选出一些兴奋语言，将其巧妙地穿插于演讲过程中，利用它拉近和投资人的心理距离，满足投资人的心理需要。

3. 路演演讲的非语言技巧。

（1）面部表情。路演者在演讲时，表情要自然，应面带微笑，要直视观众，与他们做眼神上的交流。

（2）站姿与走姿。路演者的站姿要尽可能的挺拔、舒展，如果要走动，要保持双肩打开，收腹，抬头挺胸，尽可能地放慢移动的速度，避免手舞足蹈，左顾右盼。

（3）手势。手势在演讲中是最有力的肢体语言之一。要注意避免重复同一手势，切勿在演讲时玩弄话筒、白板笔之类的道具。

（4）外在形象。路演者的外在形象会直接影响投资人对项目的第一印象。因此，路演者需要从多个方面改善个人形象。

步骤4：分析创业策划方案常见问题

想一想

商业计划书常遇到哪些问题？

做一做

商业计划书中的常见问题如下：
1. 全靠文字
抱着把所有信息都告诉投资人的想法，很容易出现过长篇幅的商业计划书。然而，文字过多、没有重点会让投资人很难抓到创业者真正想表达的东西。投资人每天面对成百上千的商业计划书，如果不能在短短几分钟内吸引到投资人的眼球，那么投资人会选择扔掉这份商业计划书了。毕竟，对他们来说，好的项目多得是。但对创业者来说，投资人可是"金主爸爸"。

2. 套用模板

网络上有各种各样好看的模板，创业者想要套用模板其实并不是不行的。但是，套用模板的前提是符合实际情况。比方说，有些模板俏皮可爱、花里胡哨，本来是设计给二次元产业的。如果创业者是做企业服务项目，也套用这样的模板，就不够得体，难道要让投资人看着"萌萌哒"思考严谨的项目？当然是不可行的。套用模板没毛病，但一定要考虑到自身情况，做出相应的变通。

3. 细究专业

从事专业领域的创业者很容易在商业计划书中使用大量的专业词汇，认为能突显自身专业性。但是，投资人真的看得懂吗？投资人真的肯花时间去学习这些晦涩难懂的词语吗？这对投资人来说只能是浪费时间的行为，还有很大可能会造成投资人对项目的误解。所以，在阐述产品、服务的时候需要详细，但是尽量避免过度解释专业概念，节省投资人的时间，也让投资人更容易理解。

4. 误用数据

商业计划书中有很多用到数据的部分，比方说市场分析、竞争分析、财务预测等等。首先要做到的是不能有原则上的错误。这对投资人来说就是小学生 1 + 1 都算不出来的低级错误，会让投资人完全不肯给这样的商业计划书机会了。其次，直接照搬现有的市场数据或者竞业数据也是投资人非常厌恶的一种行为。网络信息的发达使很多数据更加公开化，然而创业者直接使用公开的数据会被看作是"不走心"。连企业所在行业的市场调研都不肯亲自去做，投资人只会觉得这样的创业者要么"懒"，要么"笨"，该项目不是一个值得投资的好项目。

5. 人人都有

团队介绍是商业计划书的重要部分，特别是对于初创企业而言，团队是体现企业发展能力的核心。创业者或许认为团队里的每个人都是核心成员，都起到了决定性的作用。然而投资人只关心其中最为核心的几个人。有相关行业从业经验？加分；有大型企业高管经历？加分；名牌大学毕业很有潜力？并不是投资人关注的事。

6. 过分预测

发展预测是创业者在商业计划书中必须要展示的环节。显而易见，投资回报当然是越高越吸引投资人。但是，投资人也不傻，分辨出哪些数字是切实可行、哪些数字是虚高的本事还是有的。所以说，不要一味追求数字好看，更重要的要让投资人相信创业者对未来的预测是有理有据的。同时，财务预测上不要过分使用数字图表。投资人大都不是专业财务出身，太复杂的数据他们看不懂也不想看。商业计划书中表明重点数字、合理预测投资回报，足够了。

创业者需要明确地知道，商业计划书不是越详细越好，投资人没有那么多时间去阅读几十上百页的商业计划书。能让投资人在一两分钟之内"确认过眼神"，愿意继续深入的项目，才是好的项目。

素养园地：

学习精神

　　学习精神在表面上看似乎与创新精神相悖，但实际上却是创新精神的基础。无中生有的零基础的创新是不存在的，没有强大的学习精神和学习能力，也就谈不上创新。创新是相对于已存在的事物而言，只有通过新旧的比较，才能凸显创新的价值。一切科学创新都是在批判性继承前人学说的基础上做出的。牛顿曾说："如果说我看到的比别人更远些，那是因为我站在巨人的肩膀上。"学习不光是知识的继承，更有方法的借鉴，不只是"鱼"，更重要的是"渔"。善于学习者，能够在消化吸收的基础上，向前更进一步，实现自主创新。学习是为创新提供了源源不断的素材和灵感。"问渠那得清如许，为有源头活水来"这句话表示如果放弃学习，创新也便成了无源之水，无本之木。

任务总结：

　　完成本次任务，掌握创业计划书如何撰写；如何制作路演文稿及PPT；以及在撰写创业计划书的过程中如何避免常见的一些问题，使创业计划书更容易落地实施。

能力训练 5-5：

撰写白鹿观村项目创业计划书

实训计划活页				___年___月___日
实训名称	白鹿观村项目创业计划书		团队名称	
实训目的	1. 了解创业的相关知识 2. 掌握创业计划书的框架 3. 掌握路演 PPT 制作 4. 根据项目进行创业计划书撰写		任务准备	了解白鹿观村乡村振兴项目，根据项目特点撰写创业计划书
素养目标	创新的意识、创新创业精神			
实训任务	1. 通过理论知识的学习，掌握创业计划书撰写的框架及包含的内容 2. 分析商业模式及营销模式 3. 根据项目制作路演 PPT			
实训评价标准	1. 创业计划书完整度（20 分） 2. 对该项目的商业模式、营销模式的表述是否清晰（30 分） 3. 敢于创新的意识、创新创业精神（20 分） 4. 路演表现及路演 PPT 水平（30 分）			
实训评价	对内自评		小组互评	老师评价

白鹿观村项目创业计划书

项目总结：

通过项目中每一个任务的完成，了解网络营销活动策划方案的撰写、实施、评估及优化，根据项目撰写创业计划书及路演PPT，最后完成一份完整的创业计划书。

项目评价：

	评价标准	成绩
队内自评	1. 掌握相应的知识点（20分） 2. 对项目了解的程度（20分） 3. 对项目的分析是否实事求是（30分） 4. 商业计划书的完整程度（30分）	
各组互评	1. 所学知识点掌握的熟练程度（30分） 2. 对项目的分析是否实事求是（30分） 3. 商业计划书的完整程度（40分）	
老师评价	1. 对岗位职能了解程度，项目团队成员岗位的设置及职能是否合理（30分） 2. 对项目的分析是否实事求是（30分） 3. 商业计划书完整程度（40分）	

知识回顾：

一、单项选择题

1. 下面不属于网络营销效果评估体系的是（　　）。
   A. 网站建设专业性的评估　　　　B. 网站推广和网络品牌的评估
   C. 网站访问量指标的评估　　　　D. 网络广告效果的评估

2. 下列既属于电商运营核心指标，也可用来判断营销效果的指标是（　　）。
   A. 新访客数　　　B. 转化率　　　C. 动销率　　　D. 咨询成交率

3. 下列可以反映客户对品牌忠诚度的数据指标是（　　）。
   A. 复购率　　　　　　　　　　　B. 新客户数量
   C. 最近一次购买时间　　　　　　D. 消费金额

4. 店铺成交客户平均购买次数的最小值为（　　）。
   A. 0　　　　　B. 1　　　　　C. 2　　　　　D. 3

5. 以下说法错误的是（　　）。
   A. 可以根据网店每天的访客高峰及低谷来优化客服人员安排、商品上架时间、广告投放时段等
   B. 在访客比较集中的地区可以开展一些优惠活动，提高转化率；对于访客稀少的地区，要认真研究为什么会缺少流量

C. 相对于网站独立访问者数量而言，页面浏览数指标更能体现出网站推广的效果

D. 通过网站各个栏目（频道）页面浏览数比例，可以分析网站的重要信息是否被用户关注

二、多项选择题

1. 网络营销评估的功能有（   ）。
   A. 有效地评测出那个推广平台更适合企业的发展
   B. 通过网络营销效果评估评测出哪个营销活动更有效
   C. 对所有数据进行统计分析得出月度、季度、年度投资收益率
   D. 通过网络营销效果评估评测出哪些产品销量好，哪些产品销量不好

2. 关于市场数据分析的价值，下列说法正确的是（   ）。
   A. 可帮助电商企业发现经营中存在的问题并找出解决的办法
   B. 有利于电商企业预测市场行情
   C. 有助于电商企业发现并开拓潜在市场
   D. 提高电商企业经营管理决策的科学性、有效性

3. 市场需求分析包括（   ）这几项内容。
   A. 行业集中度分析   B. 客户属性偏好分析
   C. 客户品牌偏好分析   D. 需求量变化趋势分析

4. 网站访问量评估的主要指标包括（   ）。
   A. 独立用户数   B. 总用户数
   C. 页面浏览数   D. 每个用户的页面流量

5. 用户行为指标包括（   ）。
   A. 用户网站停留时间   B. 网站跳出率
   C. 用户来源网站   D. 用户所用的关键词

三、简单题

1. 网站流量分析的指标有哪些？
2. 企业要提高网络用户对网站的回访率，可以采取哪些措施？
3. 针对网店的访客关键词出现展现量高、点击率低的情况，应该采取什么优化策略？

参考文献

[1] 郦瞻. 网络营销 [M]. 北京：清华大学出版社，2023.
[2] 陈德人. 网络营销与策划 [M]. 北京：人民邮电出版社，2022.
[3] 徐小红，单锦怡. 网络营销实务 [M]. 北京：中国石化出版社有限公司，2021.
[4] 龚芳. 网络营销实务 [M]. 北京：北京邮电大学出版社，2021.
[5] 陈广明. 网络营销实战 [M]. 北京：中国人民大学出版社，2022.
[6] 盘红华. 网络营销策划 [M]. 北京：北京理工大学出版社，2021.
[7] 杨韵. 网络营销（定位、推广与策划）[M]. 北京：人民邮电出版社，2021.
[8] 阮伟卿. 网络营销实务 [M]. 北京：北京理工大学出版社，2021.
[9] 丁明华，李敏. 网络营销实务 [M]. 北京：北京理工大学出版社，2021.
[10] 杨立钒，杨坚争. 网络营销教程 [M]. 北京：中国人民大学出版社，2019.
[11] 何晓兵. 网络营销 [M]. 北京：人民邮电出版社，2023.
[12] 徐向晖. 网络营销导论 [M]. 北京：清华大学出版社，2019.
[13] 赵雨，彭坤. 新媒体推广教材 [M]. 北京：人民邮电出版社，2021.
[14] 华迎. 新媒体营销：营销方式+推广技巧+案例实训 [M]. 北京：人民邮电出版社，2020.
[15] 王春霞，左利，张恒儒. 电商运营与网络营销 [M]. 北京：中国农业科学技术出版社，2021.
[16] 王冠宁，张光，张瀛，等. 短视频创作实战 [M]. 北京：人民邮电出版社，2022.
[17] 王丽丽. 新媒体营销实务 [M]. 北京：中国人民大学出版社，2020.
[18] 林海. 新媒体营销 [M]. 北京：高等教育出版社，2021.
[19] 汪永华，郑经全. 直播电商运营 [M]. 北京：北京理工大学出版社，2020.
[20] 秋叶. 直播营销 [M]. 北京：人民邮电出版社，2021.